JN172392

1924

ヒトラーが〝ヒトラー〟になった年

1924: The Year That Made Hitler

Peter Ross Range

ピーター・ロス・レンジ　菅野楽章＝訳

亜紀書房

1924——ヒトラーが〝ヒトラー〟になった年

ドイツ人はヒトラーから解放されたが、決して彼を追い払うことはできないだろう。

エバーハルト・イエッケル（歴史家）、一九七九年

ヒトラーがいかに権力を握ったかというのは、いまもって十九〜二十世紀のドイツ史における最も重要な問題だ、ドイツの全歴史とは言わないにしても。

ハインリヒ・アウグスト・ヴィンクラー（歴史家）、二〇〇〇年

アウシュヴィッツは癒えることのないドイツの傷だ。

ガボール・シュタインガルト（ジャーナリスト、出版人）、二〇一五年

目次

プロローグ　不可解な躍進

「プッチの失敗は、わが人生最大の幸運だったかもしれない」[1]

——アドルフ・ヒトラー

一九二三年十一月八日の夜、雪が降りそうな空気の中、猛烈な雄弁で知られていた三十四歳の政治家アドルフ・ヒトラーは、ミュンヘン南東部の混み合ったビアホールに押し入った。三人のボディーガード——そのうち二人は軍服姿——に囲まれ、片手に拳銃を持っていた。「目をぎょろっとさせ、酔っ払った狂信者のよう」な様子で、身長百七十五センチの冴えない男は、バイエルン州総督の演説を遮ろうとした。[2] しかし、その声は届かなかった。彼は椅子の上に乗ると、腕を上げ、高い格天井《ごうてんじょう》に向けて発砲した。「静粛に！」と叫んだ。ある目撃者によれば、三千人の聴衆は「完全に静まり返った」。そこで椅子の上の男は衝撃的な宣言をした。

「国民革命が始まった！　この建物は六百人の重装備の男に包囲されている！　誰もここを出てはならない」。ヒトラーのうしろでは、鉄兜をかぶった男たちが、ヘルマン・ゲーリング大尉の指揮のもと、重機関銃をビアホールの入口へ引きずっていた。

こうして、アドルフ・ヒトラーによる悪名高きビアホールクーデター（ミュンヘン一揆）が始まった。ドイツ語で〈Putsch〉（プッチ）と言われるこの転覆の企ては、十七時間のうちに砕け散った。十五人のヒトラーの仲間、四人の警官、一人の見物人が死んだ。二日後、ヒトラーは捕まり、ミュンヘンの六十キロ西にあるランツベルク刑務所に移送された。それから十三ヵ月間、一九二三年十一月十一日から一九二四年十二月二十日まで拘留された。

失敗に終わったプッチ――バイエルン政府とドイツ政府の両方を倒そうとしていた――は、新進気鋭のナチスの指導者と、小規模ながら急進的な彼の運動にとって、人目を引く敗北だった。ヒトラーの刑務所での一年――一九二四年のほぼすべて――は、早まった権力への猛進の代償だった。彼は、政治家にできる最大の賭けに敗れただけでなく、面目まで失った。一部の人たちからは、取り巻きを災難と死に追いやった過激派の道化だと一笑に付された。

だが釈放時までに、彼は失墜を恵みに、隠遁を成功への踏み台に変えていた。挫折したクーデターは、結局のところ、彼の人生にとって、そしてドイツの独裁者になるという公然の計画にとって、これ以上ない出来事だった。一九二四年をランツベルク刑務所で過ごしていなければ、政治家として再評価、再充電されることはなく、ドイツの支配、世界に対する戦争、ホロコーストは成し遂げられなかったかもしれない。ヒトラーを落ち込ませた一年――一九二三年の終わりごろから一九二四年の終わりごろ――は、本来ならば彼のキャリアを終わらせるはずだったが、現実にはヒトラーが変化する決定的な時期となった。衝動的な革命家が、権力獲得に向けた長期的視野を持つ忍耐強い政治家に変わったのである。

この変化はいかにして起きたのか？　ヒトラーは失敗をいかに戦略的に利用したのか？　彼はまず、売名の好機をめざとく察知した。広く注目された一ヵ月の反逆罪裁判を厚かましくも政治演説の場に変え、自らをミュンヘンのビアホールの扇動家から全国的に知られる政治家に押し上げたのだ。ヒトラーを政界から追放し、その運動とカリスマ性を消し去ることもできたであろう裁判は、実際には、多くの法学者がドイツの司法制度の恥とみなす展開になってしまった。歴史家たちはこれを、ヒトラーの権力への道の分岐点だと考えている。

ヒトラーは、ランツベルク入所当初の暗い時期を抜け出すとすぐ、政治的争いとは無縁の長い月日を、勉強、内省、考えの明確化の時間に変えた。刑務所には、四十人の囚われの聴衆、プッチ仲間がおり、執筆中の文章を読み聞かせたり、忙しい頭の中にある話を伝えたりした。しかし彼には世界に向けて話す必要があった。書きたい、政治哲学を形にして信奉者に届けたい、確かになりつつある信条と信念を印刷物に永久に残したい、という衝動でいっぱいだった。一日中、夜遅くまで、小型のタイプライターを叩き続け、ナチズムの聖書となる自伝的で政治的なマニフェスト、『わが闘争』を生み出した。釈放後に出版されたその本は、まもなくヒトラーに運動内での知的信頼性をもたらす。彼は刑務所での日々を「国費による大学教育」と呼んだ。[3]

「教育」の年は、ヒトラーの戦略的ビジョンを変え、彼自身を変えた。自己不信に陥っていた（プッチの最中とその後の数日は、自殺と死という言葉を繰り返していた）欲求不満で憂鬱な男は、服役中に、過大な自惚《うぬぼ》れを抱くとともに、ドイツをさまざまな病からいかに救うかということに関して、過激に信念を定めた。そして一九二三年十一月九日の破滅の行進を、英雄の受難に作り変えた。日々の政治活動から安全に離れ、ナチ党内部に争いと自滅を巧みにもたらし、そうすることで、のちに党を自分の思いどおりに蘇らせ、決定的に手中に収められるようにした。活力を取り戻すとともに救世主《メサイア》思想にとらわれた出所後のヒトラーは、高い地位に向けて歩む用意ができていたのである。のちに東部占領地域大臣となるプッチ時の側近の一人、残忍なイデオローグのアルフレート・ローゼンベルクは、ずばりこう言っている。「一九二三年十一月九日が一九三三年一月十三日「ヒトラーがドイツの首相となった日」を生んだ[4]」

ランツベルク刑務所第７“監房”の窓際に立つヒトラー。（National Archives）

アドルフ・ヒトラーの研究は豊富にあるが、その力点はやはり第三帝国の痛ましい十二年間、一九三三年から一九四五年にある。しかしながら、それに先立つ十四年、一九一九年から一九三三年は、ヒトラーの政治的台頭とナチスの悪夢を理解するのに欠かせない時期だ。「ヒトラーがいかに権力を握ったかというのは、いまもって十九～二十世紀のドイツ史における最も重要な問題だ、ドイツの全歴史とは言わないにしても」と、歴史家のハインリヒ・アウグスト・ヴィンクラーは書いている。[5] これは、世界を惑わせ、悩ませ続けている問題である。ヒトラーの腹心の一人、ハンス・フランクでさえ、一九四六年のニュルンベルク裁判のあいだに書いた懺悔の回想録の中で、ヒトラーの出世は「不可解な躍進」だったと言っている。[6] 本書ではそこを解明していこうと思う。無教育の元陸軍兵が、輝かしい声と、ドイツの救済者であるという並外れた信念だけで、いかにして多くの人々の指導者になれたのか？　そしてその人々は、この騒々しい小男、頭の回転が速く、歴史と運命を都合良く解釈する男の、何にそれほどの力を感じたのか？　ヒトラーは、行き過ぎた尊大な妄想のために一九二三年に舞台から追い出されながら、刑務所の監房でいかに再起し、偉大な指導者たることを運命づけられた存在となったのか？　本書では、その答えを見つけるため、歴史のルービックキューブをいじくり回しながら、あらためて手がかりを探し、考察していきたい。

ヒトラーの台頭までの十四年には大きく分けて二つの時期がある。一つ目は「修業」の時代の一九一九年から一九二三年で、自己発見をしたばかりの政治家が本領を発揮し始めた時期である。議論のゲームを学び、拳、肘、言葉を使って、扇動的な弁舌と暴力的な革命で権力をつかもうとしていた。「一九一九年から一九二三年まで、私は革命のことしか考えていなかった」とヒトラーは言っている。[7]

二つ目の時期、一九二五年から一九三三年は、「戦い」の時代と呼ばれることが多く、その始まりは、プッチが失敗したのと同じビアホールでのナチ党の再始動。終わりは、八年間の激しい政争の末の、一九三三年ベルリンでの首相就任である。

これら二つの重要な期間のあいだに、一九二四年、刑務所での一年がある。明らかに歴史的意味が大きいにもかかわらず、この一年はナチスの歴史の中で最も論じられていない、最も理解されていない時期のひとつだ。また、ヒトラーの政治的軌道の転換点、革命と選挙という二つのまったく異なるフェーズを結び付ける大事なときでもある。一九二四年はヒトラーの焦点を革命から選挙へと移し、彼の信念を強固なものにし、乗り越えられないと思われた敗北からの見事なカムバックへの土台を作った。本書が取り上げるのはその時期である。

ヒトラーの刑務所での変化の一年を理解するには、まず、収監の原因となったプッチのことを知らなければならない。プッチのことを知るには、それに先立つ一九二三年の混乱の十ヵ月、バイエルンの狂った政治情勢に目を向ける必要がある。バイエルンの政治を把握するということは、一九二〇年代のヴァイマル共和国の政治的狂騒を明らかにするということだ。

そうすることで、ヒトラーを作った一年が見えてくる。

第一章　ミッション発見

「第一次世界大戦がヒトラーを可能にした」[1]

――イアン・カーショー、一九九八年

何ヵ月も、バイエルンの州都ミュンヘンではプッチの噂が渦巻いていた。一九二三年の秋、混雑したビアホールや、緑に囲まれた屋外カフェで、繰り返し唱えられていた言葉は〈losschlagen〉だった。[2]ドイツ語で〈losschlagen〉は、攻撃する、仕掛ける、放つ、事を起こす、というような意味である。人々の関心は、アドルフ・ヒトラーとナチスはいつ〈losschlagen〉するのか、ということだった。さらに言えば、バイエルンの既存権力――文民と軍人が奇妙に手を結んだ非公式の三頭政治体制――はいつ〈losschlagen〉するのか、ということもあった。誰かが何かをしなければならなかった。ヒトラーの望みは、「不正の巣窟」であるベルリンへ進軍し、ヴァイマル共和国政府を倒すことだった。バイエルン州議会の社会民主党員ヴィルヘルム・ヘグナーが書いていることによれば、当時のバイエルン人の大半にとってこれは素晴らしいアイデアに思えた。不安定な混迷の時期にあったバイエルンの州都において、プッチが起こりそうだというのは「固定観念になっていた」[3]。ヒトラーはこう言っている。「人々が屋上から囃し立てていた」[4]

第一次世界大戦終戦の五年後、ドイツは大変動、社会混乱、絶え間ない転落を経験していた。戦争によって政治の軌道が変わり、何世紀も続いた君主制が崩壊した。一八一五年のウィーン会議以来大きな変化のなかった世界が分裂し、国境が引き直され、新たな主権のもとで人口が変動した。ドイツは海外領土を失い、植民地競争からはじき出された。ロシアでは共産主義革命が国を掌握した。そして、ヴァイマル共和国――ドイツで最初の完全な民主制の試み――は、常に足元がぐらついていた。すでに首相が六度、内閣が八度交代していた[5]。戦後の一九一八年に、四百年に及んだホーエンツォレルン家による君主制から、経験したことのない議会制度に突如転換したこと――上からの革命――は、極右のナショナリスト、多くの軍人、一部の政治エリートから受け入れられていなかった。共和国の初代大統領フリードリヒ・エーベルトでさえ煮え切らなかった。社会民主党の党首である彼は、一九一八年十一月のヴィルヘルム二世の退位後、イギリス式の立憲君主制が築かれることを望んでいたが、世襲君主を頂点としない純粋な共和制には反対していた。一九一八年十一月九日には、ライヒスターク（国会）の窓から共和国の樹立を宣言したフィリップ・シャイデマン議員に対し、「あなたに共和国樹立を宣言する権利はない！」と憤慨した[6]。

一九二〇年代初め、経済の崩壊を受けて、強い人物の復活――場合によっては君主制の復活――を望む声が一部に広まった。一九二三年は、一九一八年の壊滅的な敗戦以来、ドイツにとって最悪の年だった。ハイパーインフレが起こり、通貨価値は一ドル＝四・二兆マルクにまでなっていた。パン一斤が二千億マルク、卵一個が約八百億マルクで[7]、金銭ではなく卵二個で劇場のチケットが買われることもあった。しかも、人々の貯金は無価値になっており、農家は、豊作であったにもかかわらず、金を得ても翌日にはほとんど無意味になることから、生産物を売ることを拒んだ。そして食糧不足は暴動を引き起こした。このインフレスパイラルに対して、ドイツ政府はただ紙幣の発行を増やし続けるだけだった。国民は手押し車で金を運んで買い物に行くこともあった。

ドイツ国内は、深く激しい政治的対立によって引き裂かれていた。極左（共産主義者）と極右（ナショナリストおよびフェルキッシュ*と呼ばれる人種主義者）が、そのあいだにある多数の政党と勢力争いをしていた。一九二〇年には、ヴァルター・フォン・リュトヴィッツとヴォルフガング・カップによる右翼クーデター――カップ一揆として知られるようになる――が四日にわたってベルリンで起きた（政府を追放したが、結局失敗に終わった）。政治的暴力が蔓延していた。その始まりは一九一九年に共産主義者（スパルタクス団）の指導者、カール・リープクネヒトとローザ・ルクセンブルクが暗殺されたことだったが、一九一九年から一九二二年のあいだに、右翼グループは三百五十件を超える政治的殺人を犯し、ヴァイマル共和国の初期を特徴づける「暴力への倫理的無関心」という風潮を強めることとなった[8]。「コンスル」という右翼の殺し屋集団は、第一次世界大戦の休戦協定に署名した政治家のマティアス・エルツベルガー、外相でユダヤ人のヴァルター・ラーテナウを暗殺したことで称賛を受けた。

不満のもうひとつの原因は、ドイツが世界の中で不安定な位置にあることだった。一九一九年のヴェルサイユ条約で、アルザス＝ロレーヌをフランスに、上シレジアの重要地域をポーランドに奪われたことに、多くのドイツ人は恨みを抱いていた。また、フランス軍などが一九一八年からラインラントを、さらに最近ではドイツの産業の心臓部であるルール地方を占領していることにも憤っていた。一九二三年一月、ベルギーとフランスの軍隊――六個師団で、兵士の一部はフランスのアフリカ植民地から来たセネガル人――が、石炭と鉄鋼の産地であるルール地方を占領した。[9] これには、デュッセルドルフ、デュースブルク、エッセンなどの主要都市も含まれていた。この侵略は公式にはドイツが戦後賠償金の支払いを怠っていることへの報復とされていたが、多くの人は違う解釈をしていた。フランスのレイモン・ポアンカレ首相の真の目的は、ドイツのフランス、ベルギー、オランダとの国境沿いの緩衝地帯を開拓する都合の良い口実を見つけ、ドイツの炭田へアクセスすることである、と。この侵略的な領土の再分配にはイギリスが難色を示した。遅れている賠償金の支払いの大部分が石炭と木製電柱でなされる予定であったことから、あるイギリスの政治家はこうぼやいた。「これほど有害な木の使い方はトロイの木馬以来だ」[10]

いずれにせよ、この大変動と不安定な状況は、革命、反乱、暴力行為がいつ起きてもおかしくない雰囲気を生み出していた。ドイツ政府はフランスの侵略に対して消極的抵抗を呼びかけ、労働者はストライキを始めた。積極的な抵抗や妨害行為に出る者や、捕まり、裁かれ、フランスの銃殺隊

＊　フェルキッシュ（Völkisch）は定義が非常に難しく、正確に翻訳するのはほぼ不可能だ。大衆的、一般向けの、人々の、人種の、レイシズム的、自民族優越主義的、ナショナリズム的、（ドイツ人のみの）共同体主義的、保守的、伝統的、北欧ゲルマン系の、空想的、などと解釈されているが、実のところ、それらすべてを意味するのである。フェルキッシュの政治イデオロギーは、ドイツの優越感から「産業化の悪と現代人の分裂」への精神的抵抗まで多岐にわたっていたと、学者のデイヴィッド・ジャブロンスキーは書いている。とはいえ、その中心要素は、ハロルド・J・ゴードン・ジュニアが指摘しているとおり、常にレイシズムだった。

に処刑される者もいた。妨害行為で捕らえられ銃殺された右翼活動家のアルベルト・レオ・シュラゲーターは、国民的な殉教者、そしてナチスの英雄となった。しかしこの政治的反抗は、ドイツの国民感情には訴えかけたものの、経済的には悲惨な結果を招いた。重要な工業生産はほとんど停止し、失業が蔓延した。失われた給与および手当を償うために、政府はますます紙幣を発行し、ハイパーインフレ状態の通貨をさらに弱くしてしまった。ベルリン、ハンブルク、ケルンなどの都市ではハンガーストライキが起こり、ドイツの警察と軍隊は飢えた国民に向けて発砲すらしていた。

第一次世界大戦後の急速な軍の解体によって、労働市場には五百万人以上の男たちがあふれていた。その多くは仕事も将来の見込みもなかったが、ただひとつ鍛えられていることがあった。戦うことである。そして彼らには戦うべきことがたくさんあった。文化、政治、社会構造が、制御できない遠心力に動かされ、危険にさらされていると人々は感じていた。歴史家のゴードン・クレイグは、ヴァイマル共和国では「危機が通常状態だった」と書いている。[11] 一九一九年のヴェルサイユ条約の「単独戦争責任」条項で屈辱を受けたドイツ人は、破滅的と思われる千三百二十億金マルクもの賠償義務を負わされていた。黄金の二〇年代――ベルリンを中心としたアヴァンギャルド文化の開花――の始まりさえ、ドイツの多くの地域、特にバイエルンでは、首都の退廃と崩壊の証として見られていた。

こうした問題がほかのどこより盛んに議論されていたのはバイエルンだ。ヒトラーのナチスをはじめ、多くの過激なナショナリズム組織の拠点になっていた同州は、ドイツ連邦の手に負えない裏切り者の集まりだった。しきりに特別な要求をし、全国的な決定を受け入れず、独自の通貨や郵便制度、鉄道ネットワークを作って独立あるいは一部離脱をすると脅しをかけていた。プロイセンに次ぐ第二の規模の州は、ヴァイマル共和国の嫌われ者、ドイツのクーデターの首都だった。また、この自称「自由州」は反乱や混乱に自ら苦しんでもいた。まず一九一八年、髭もじゃの知識人クルト・アイスナー率いる左翼のデモが、バイエルン国王を一晩のうちに退かせた。アイスナーは社会主義政権の樹立を目指したものの、それから三ヵ月のうちにミュンヘンの歩道で暗殺された。騒乱はさらに続いた。中産階級のミュンヘン市民がぞっとしたのは、バイエルン・ソヴィエト（レーテ）共和国が、権力を掌握したわずか三週間後に、バイエルン外の右翼部隊であるドイツ義勇軍らの新たな突発的暴力によって追放されたことだった。残虐行為は両サイドで行われていた。

それ以来、バイエルンは大きく右に傾き、好戦的なナショナリスト、潜在的な革命家、すなわちヒトラーや反民主主義のナチ党のような勢力をますます引きつけるようになった。革命家は反革命でもあり、一九一八年十一月の共和主義革命を認めていなかった。ヒトラーはのちにこう言っている。「私が革命家としてここに立っているとしたら……革命と［政治］犯罪に反対するために立っているのでもある」[12]。彼は、ほかの多くの急進的な右翼とともに、一九一八年の革命家たちを「十一月の犯罪者」と呼んだ。〈Frontgemeinschaft〉――第一次世界大戦中に塹壕で長く戦った前線兵士たち――は、ベルリンの文民に「背後の一突き」をされたと苛立っていた。「戦場では負けていない」が彼らのモットーだった。彼らの英雄の一人、第一次世界大戦の偉大な戦術家エーリヒ・ルーデンドルフ将軍も、ベルリンからバイエルンに移り、強硬な人種主義的政治に関わるようになっていた。バイエルンは、ベルリンの中央政府に指名手配されていたカップ一揆の指導者、ヘルマン・エアハルトをかくまってもいた。社会民主党――保守的なバイエルン人からはマルクス主義とみなされていた――が優勢だった中央政府に対して、ミュンヘンは親ドイツ、反セムのレイシズムを唱えるフェルキッシュのたまり場になっていた。保守的な新政府は強硬路線を推し進めており、一九二〇年には、バイエルンは「秩序の砦」になると宣言した——ほかのドイツの地域が左翼主義の泥沼にあると思われる中で、特に右翼政党にとっての平和と社会的地位を担保する特別区域になるということである。バイエルンはいつもどおり孤立地帯だった。

ヒトラーにしてみれば、バイエルンは天国のようだった。オーストリア生まれの彼は、リンツの田舎町で育った。だが、十八歳から二十四歳のあいだ、約五年の重要な時期を過ごしたのは首都のウィーンだった。そこでは、画家としてうまくいかず、放浪生活を送っていた。ウィーン美術アカデミーの入学試験に二度落ち、高校も出ていなかった彼は、一九〇八年から一九一三年にかけて徐々に困窮していき、観光客向けの絵葉書を描いては、路上で販売したり、そこらの画商——主にユダヤ人——に売ったりして食いつないでいた[13]。住む場所もどんどん悪くなり、安い共有の部屋から粗末な一人部屋へ転居したのち、二人の男（そのうちの一人は裕福なユダヤ人家族からいくらか金銭援助を受けていた）に世話をしてもらうようになった。一九〇九年の秋には、どうやら無宿となったようで、少なくとも何度かは二十四時間営業のカフェや公園のベンチで惨めな夜を過ごし、その結果として「指、手、足にしもやけができた」という[14]。このような窮乏もあり、ヒトラーはウィーンのことを「わが人生における最も過酷な、しかし最も完璧な学校」だったと言っている[15]。

政治的には、戦前ウィーン——古くから住む富裕層のユダヤ人エリートに加え、東方の大虐殺《ポグロム》を逃れた貧しいユダヤ人が流れ込んできていた——のナショナリズム、反セム主義に染まった。急進的な反ユダヤ論者のウィーン市長、カール・ルエーガーの政治スタイルに感銘を受けるとともに、オーストリア人のゲオルク・フォン・シェーネラーがかつて提唱した汎ドイツ運動を信奉するようにもなった。シェーネラーは狂信的なナショナリスト、反セム主義者で、ドイツ語を話す者はすべてひとつの大ドイツに属するべきだと考えていた。彼の考えによれば、ドイツ語話者はオーストリア＝ハンガリー帝国の支配階級であるにもかかわらず、非ドイツ人――チェコ人、スラヴ人、マジャール人――よりも数が少ないために隅に追いやられているということだった。ヒトラーは、これと同じ精神で、ハプスブルク家による「オーストリアのスラヴ化」を嘆いた。[16]

当時二十歳の若いヒトラーは、理解できない多言語の議論、異文化間の騒々しい対立が見られるウィーン議会の光景にショックを受けたという。[17] そして、ドイツ国家主義の新聞、扇動的な小冊子、レイシスト雑誌「オスタラ」のような過激なパルプマガジンに熱中し、購入するなり、よく訪れたという「安い大衆のカフェ」でもらうなりして、ほぼ必ず手に入れるようになった。マルクス主義を、「国民国家を滅ぼし、ユダヤ人の専制的な世界支配を生み出す道具[18]」として激しく憎むと同時に、人種に基づくナショナリズムよりも組織労働や労働者階級の国際的団結に力を入れているとして、オーストリア社会民主党にも憎悪を募らせるようになった（のちに、自らのプロパガンダと暴力――「恐怖」――の巧みな組み合わせは、社会主義者から学んだものだと言っているが[19]）。「穏やかな観察」の期間だったという一年が過ぎると、左派による衆愚政治にしかつながらない致命的欠陥を負った政治体制だと言って、議会制民主主義にも反対するようになった。「今日の西洋の民主主義はマルクス主義の先駆けである」と彼は書いている。

そして、左派勢力をすべて忌々しいものとみなし、そういった勢力の影響力と拡大をユダヤ人と結び付けていった。初めて真の反セム感情が生じたのは、ウィーンの街で一人の東方ユダヤ人――

「黒いカフタンを着た黒い髪の房のある亡霊」――をふと目にしたときだったと彼は主張している。[20] もっとも、当時のウィーンで正統派ユダヤ教徒に気づかないのは盲目の人だけだっただろうから、これはヒトラーの出世譚を劇的にするために作り上げられた「発見」の瞬間だという感がある。実際、大半の歴史家が、この逸話はいろいろな話をまとめてでっち上げたものだと考えている。とはいえ、強迫観念のような政治的反セム主義に目覚めたのはウィーン時代だという大まかな主張――『わが闘争』と一九二四年の反逆罪裁判ではっきり示されることになる考え――については、多くの人が受け入れている。[21] だが一方、主張されている出来事を裏付ける証拠が欠けているとして、ヒトラーの反セム主義が、歴史家オトマール・プレッキンガーが言うところの「顕在的、急進的、積極的」になったのは、第一次世界大戦後のミュンヘンにおいてだと論じる人たちもいる。こうした見方によれば、ヒトラーのウィーン時代の政治的興味に関する入念な説明は、現実の状況に反応する無邪気な若者という作られたイメージに合わせて捏造《ねつぞう》されたのであり、実際に反セム主義に目覚めるのは、行き場のない退役軍人として政治家の仕事を探していたミュンヘン時代だということになる。この解釈でいくと、ヒトラーは「当時の政治状況における勝ち馬」として反セム主義に乗っただけだと、歴史家のロマン・トゥッペルは指摘する。[22] しかし、これは少し話を先取りし過ぎたようだ。

一九一三年五月、オーストリアの首都で厳しい五年間を過ごし、二十四歳の誕生日に少しばかりの遺産を受け取ったのち、ヒトラーはミュンヘンに移った――歴史的建造物と芸術的創造精神にあふれたドイツ人だけの世界に住むという夢の実現だった。ミュンヘンは「世界中のどこよりも愛着を感じる」場所になった。[23]「[第一次世界大戦前の」このときがわが人生で最も幸せかつ最も満ち足りた時期だった」[24]。彼はのちに、ドイツに移ったのは「主に政治的な理由」――オーストリアとハンガリーの混成国家への嫌悪感――だったと言っている。しかし、ミュンヘン移住は別の理由でも魅力的だった。徴兵に来るオーストリア当局の一歩先を行こうとしていたのである。軍に入れば、三年間の現役勤務、その後七年間の予備軍勤務、二年間の国家保安隊勤務を果たさなければならなかった。

ヒトラーはミュンヘンをこれからの人生の真のホームと考えるようになっていたが、しっかりとした教育を受けていない彼は、ここでも定職に就くことがなかった。またしても絵葉書や観光名所の絵を描き、ミュンヘン名物の騒々しいビアホールや路上で売った。相変わらず安い簡素な又貸しの部屋に一人で住んだ。やはり人間的にも職業的にも見込みのない底辺の人間だった。そんな中、彼の運命はさらに悪い方向に転がる。一九一四年一月、オーストリア徴兵委員会に捕まり、入隊のためにリンツに来るよう求められたのである。一晩拘束までされた。ヒトラーは弁解と書状ではぐらかし、最終的にザルツブルクの国境付近で出頭することになった。そこで、彼にとっては大いに安心したことだろうが、身体検査に落ちた。青白く弱々しいアドルフ・ヒトラー、未来の戦争屋、大量殺人者は、「虚弱過ぎ」て衛生兵にもなれず、「武器を扱うのに適さない」と宣告されたわけだ。[25]もし採用されていれば、この男は一生世に知られることも恐れられることもなかったかもしれないが、その運命からかろうじて逃れられた。こういったことは、彼が世に出るまでにたびたび起こっている。

皮肉なことに、これがひとつのきっかけとなってヒトラーは別の軍隊に入り、そこで逆の方向に人生が変わることになる。一九一四年六月、サラエボでフランツ・フェルディナンド大公が暗殺されたことで、戦争の火種が生まれた。同年八月、ヒトラーは戦争に熱狂する何千人もの人々とともに、ミュンヘンのオデオン広場に集まったようである[26]——このときの様子を撮影した写真の中に彼の喜びにあふれた顔が確認されているが、政治利用やプロパガンダのためにあとから修正されたものではないかと考える人もいる[27]。いずれにせよ、ヒトラーは何百万人ものドイツの若者と同じく軍に入り、貧乏な放浪人としての人生を捨て、兵士としての道を歩み始めた。入隊手続きはふつうよりも一日長くかかった。オーストリア人であるため、バイエルン王室から特別な許可をもらう必要があったからである。彼は国王に手紙を書き、二十四時間以内に王室事務局から前向きな返事をもらったという。「陛下の事務局は対応が素早い」と彼は書いている[28]。この逸話にも疑問が投げかけられているが、いずれにせよヒトラーはすぐにバイエルン陸軍——戦争に向けて準備をしていたドイツ軍の一部——に入隊した。このとき、彼が兵役に適さないと考える人はいなかった。またしてもヒトラーの人生はひとつの出来事、そして一枚の書状によって変えられ、それが歴史の流れを形作ることになった。「第一次世界大戦がヒトラーを可能にした」と、歴史家のイアン・カーショーは書いている[29]。

バイエルン予備歩兵第十六連隊の一員となったヒトラーは、西部戦線のぬかるんだ塹壕で伝令兵として過酷な四年間を過ごした。ベルギーのイーペルやフランスのマルヌ川での惨たらしい戦いを含む多くの戦闘に参加し、指令を本部から前線に伝えた。塹壕まで行き来するのは非常に危険な任務だったが、その合間には後衛の本部部隊でくつろげる時間があった（前線の兵士たちは伝令兵を「後衛の豚ども」と罵《ののし》った）。このような中休みのあいだ、ヒトラーはむさぼるように本を読

この有名な写真は、1914年8月2日、ミュンヘンのオデオン広場に集まった戦争支持者の中にいるヒトラーを写している。しかし、プロパガンダ目的で後年に修正されている可能性がある。（Fotoarchiv Heinrich Hoffman, Bayerische Staatsbibliothek）

んでおり――ショーペンハウアーの『意志と表象としての世界』の小型版をナップサックに入れていたという――歴史の本を熟読したり歴史的な日付を覚えようとしたりしているところがたびたび目撃されている。[30]近くの農家の家屋をスケッチすることもたまにあり、軍曹のマックス・アマン（のちにヒトラーの著書の発行人となる）によれば、仲間の伝令兵たちからは「アーティスト」と呼ばれることもあったという。また、少し不器用だとも思われており、ヒトラーは缶詰工場で飢え死にするだろう、と冗談を言う兵士もいた。伝令兵の中でただ一人、糧食の缶詰を銃剣で開けられなかったからだ。[31]戦争中の写真に写るヒトラーは、見栄えは良いが笑顔のない若者で、立派な、ときにカールした口髭を蓄えている。後年の、チャップリンのような、茶化されやすい短く太いものではなかった[32]。しかし、歴史家のトーマス・ヴェーバーが指摘しているように、現存する戦時中の集合写真六枚のどれを見ても、ヒトラーは集団の端にいる――自ら課したアウトサイダーの身分が暗喩されているかのようだ。犬のフォクスル（ネズミを追って塹壕に飛び込んだのを捕まえて飼い始めた）を除いて、親しい仲間はほとんどいなかった[33]。ほかの兵士たちは彼のことを、手紙のやりとりもほぼしない一匹狼の「変人」として記憶した。「彼に差し入れを送る人はいなかった」とアマンは言っている[34]。

それでもヒトラーは勇敢で意欲的な兵士だと考えられていた。二度負傷し、一級と二級の鉄十字勲章を授けられた。だが、上等兵より上に昇進することはなかった――仲間の一人によれば、居心地の良い伝令部隊を離れたくなかったこと、下士官に必要とされるリーダー性が見られなかったことがその理由だった[35]（初期のある戦いで兵員の多大な損失が生じ、多くの兵士が昇進した。ヒトラーは〈Gefreiter〉となった。これは長いこと誤って伍長と訳されてきたが、〈Gefreiter〉には伍長のような下士官が持つ指揮責任はない。兵卒の中でランクがひとつ上がっただけであり、米軍で言えば、「下っ端」から上等兵になったということである[36]）。

軍の記録によれば、兵卒ヒトラーは一九一八年の十月から十一月にかけての戦争の最後の日々を陸軍病院で過ごした。イギリスのマスタードガス攻撃で「ガス病」になったためである。彼がのちに言っていることによれば、一時的に失明したが、ドイツ降伏のニュースが病院に伝わったときは大っぴらに泣きわめき（「母が死んだとき以来だ[37]」）、「すべて無駄になってしまった！[38]」とうめいたという。また、あまり信用性はないが、傷を負って横たわり、敗戦に導いた「哀れな犯罪者ど

ヒトラー（左端）と第一次世界大戦のドイツ軍伝令兵たち。ヒトラーはいつも集団の端にいた。（National Archives）

も」に対する憎しみでいっぱいになりながら、「政治家になる」という決断をしたとも言っている。[39] 一部の歴史家からは疑問を投げかけられているが、この主張は聞こえが良く、のちに念入りに構築されるヒトラーの指導者伝説の一部になった。一九一八年十一月後半、彼はミュンヘンに戻ったが、引き続き軍に所属し、[40] 引き続き大した目標がなかった。軍以外の仕事はしていなかったし、スキルもなかった。アーティストや絵葉書作家を自称することもなく、安心できる軍隊にとどまることを選んだ。そこは十八歳のとき以来初めて知る本当のホームであり、屋根と食事が保証された場所だった。ほかの何百万人という兵士が復員する中で、彼はいつまでも兵舎に残り、中央駅で歩哨として勤務し、トラウンシュタイン（オーストリアとの国境付近）のまもなく立ち退きが終わる捕虜収容所で一時的な任務に就いた。ミュンヘン駐屯隊に戻ると、一九一九年の春に「兵士評議会」（バイエルンがソヴィエト型の共和制を試みた惨たらしい短期間、彼の部隊を名目上支配していた）の代表代理に選ばれた。一九一九年六月、ヒトラーの無益な日々は決定的に転換する。またしてもそのきっかけは、内なる信念というより外からの幸運だった。十分に使われずくすぶっていた兵卒が、新設された諜報・プロパガンダ部隊の指揮官カール・マイヤー大尉にスカウトされ、政治教育課報員、内部軍事スパイ（Vertrauensmann, V-mann）となったのである。マイヤーの部隊が創設されたのは、戦後の不安定な政治状況の中で兵士たちのあいだにマルクス主義の「ウィルス」が広まっていることを軍の指導部が心配していたからだった。軍――国軍（Reichswehr）と呼ばれるようになっていた――は「兵士たちに革命思想への免疫を与え」たいと考えていた。[41]

マルクス主義を攻撃し、ドイツ国家主義を軍の中に広めるという任務に備えさせるため、マイヤー大尉はヒトラーとほか数名の兵士をミュンヘン大学に送り、歴史と政治に関する一週間の講義を受けさせた。[42] 講師の一人は自称経済専門家のゴットフリート・フェーダーで、彼の持論はヒトラーの心に訴えるものだった。ドイツの苦難は「強欲な資本」――「ユダヤ人の金融資本」のことを暗に言っている――のせいだと言うフェーダーは、ドイツは国際的な（ユダヤ人の）「株式市場資本主義」の奴隷になっていると主張し、「資本の奴隷制度」を批判した。この考えはヒトラーのポピュリスト的側面と反セム主義的側面の両方に響いたようだ。一方、保守的な歴史家のカール・アレクサンダー・フォン・ミュラー教授は、講義のあと、ヒトラーが別の生徒たちに向かって生き生きと鋭い声で弁を振るっているのに気づいた。ミュラーはマイヤーに、ヒトラーには弁論の才能があると思うと伝えた[43]。

そして実際、ヒトラーの並外れた雄弁の才能はまもなく劇的な形で明らかになり、人生が変わったと彼自身が言う啓示に至る。その話が正しいとすれば――実際、大半の歴史家が正しいと考えている――そのときこそが行き場のない退役軍人が新進気鋭の演説家に変わった瞬間である。未来の使命のビジョンを得た瞬間、政治家アドルフ・ヒトラーが生まれた瞬間である。

人生を変える出来事が起こったのは一九一九年八月、大学で政治について弁を振るった二ヵ月後のことだった。ヒトラーとほか数人の修了生は、ナショナリズムと反ボリシェヴィズムの思想を兵士たちに植え付けるため、ミュンヘンから六十五キロの距離にある国軍の兵舎、キャンプ・レヒフェルトに送られた。そこで彼らは「公民教育」と称して五日間話をした。ヒトラーはこの任務に打ち込み、コースの指導者とともに講義の大部分を担当した。彼の話すテーマは、いわゆるドイツの戦争犯罪から、「社会的、経済的、政治的スローガン」まで多岐にわたった。繰り返し語られたのは反セム思想だった。「私は兵士を『国有化』した」と彼はのちに書いている[44]。その情熱は、包括的な――素人の独学かもしれないが――歴史理解とともに、彼の株を上げた。「ヘル・ヒトラーは、こういう言い方が良いかは分からないが、生まれながらの大衆演説家だ」と、ある参加者はコース修了後の評価用紙に記した。「その熱情と大衆受けする話しぶりは……聞き手の注目を集め、協力したいと思わせる」。別の兵士はこう記している。ヒトラーは「エネルギッシュで素晴らしい話し手だ。……一度、長い講義が時間内に終わらなかったとき、彼はここで終えるべきか、時間を延長して残りを聞いてくれるかと尋ねた。全員が聞くと即答した[45]」。レヒフェルトでヒトラーはスターだった。

この能力と成功は、ヒトラー自身にとっても驚きだったようだ。彼は昔から親分風を吹かせがちで、オーストリアでの子供時代は友達との遊びをすべて仕切りたがっていた。「私はガキ大将で、初めは学業優秀だったが、少し扱いにくい子供だった」と自ら回想している。[46] ティーンエイジャーのころの友人であるアウグスト・クビツェクによれば、ヒトラーはいつもおしゃべりで、会話の相手に対して支配的だった。「話し好きで、絶え間なく話していた」が、その会話は、特に愛するリヒャルト・ワーグナーのオペラに行ったあとは、いつも一方的になったという。[47] このような人格的特徴がプロフェッショナルな強みに変わりうると、元伝令兵はそれまで考えたことがなかった。しかしいま、キャンプ・レヒフェルトで、人々を支配できる力に気づいた。政治人生の決定的な力となるもの――声――を発見したのだ。「話せたのだ！」と彼は書いた。まるでダマスカスへの道でイエスの声を聞いたパウロのようだった。ヒトラーは以前から何となくこの能力に気づいていたというが、他人に影響を及ぼすことができると知ったのはこのときだった。ミュンヘンの揺れ動く政治の舞台で、何者でもなかった彼は、何者かになろうとしていた。[48]

一ヵ月後、また運命的な出来事が起こり、ヒトラーを天職の発見にさらに一歩近づかせた。マイヤー大尉から、軍事スパイ（V-mann）の任務として、ドイツ労働者党（Deutsche Arbeiterpartei）というできたばかりの政治グループの視察を命じられたのである。豊富な資金を持つカルト的右翼組織、トゥーレ協会の後押しで発足したこの小さな「政党」は、実際のところ、ごく小規模な議論グループに過ぎなかった。最初の指導者は、現状に不満を抱く反マルクス主義、反セム主義者の鉄道機械工[49]アントン・ドレクスラーと、政治活動に熱心なスポーツジャーナリストのカール・ハラーだった。

九月のある夜、シュテルンエッカーブロイというミュンヘン旧市街の目立たないパブで開かれた会合で、ドイツ労働者党は四十人ほどしか人を集められなかった。[50]下っ端の諜報員として極秘に任務にあたった（国軍の制服ではなく、平服を着ていた）ヒトラーが最初に抱いた印象は、「良くも悪くもない――誰もが党を創らなければいけないと感じているときに、また新たなグループができたというだけである」というものだった。[51]しかし、集会の終わり近くに、出席者の一人が立ち上がり、バイエルンのドイツ連邦からの離脱に賛成する意見を述べると、ヒトラーは怒りに燃えた。以降しばしば起こるように、彼は衝動的な感情に支配され、匿名の傍聴人という役割を捨てて熱っぽい議論を始めた。いつもの辛辣《しんらつ》な口調とすっかり板についた論法で、分離主義を激しく攻撃し、ドイツとオーストリアの統合、大ドイツの思想を擁護した。そうしてあっという間に相手の立場を崩し――ヒトラー自身が語ったことによれば――その惨めな男を「水に濡れたプードルのように」して集会から追い出した。[52]

ヒトラーは口が達者だということを証明しただけでなく、頭の回転の速いデマゴーグになりうるということも示してみせた。[53]その平凡な外見と高くない背丈が、異様に青白い肌、「光っていた」と多くの人が言う鋭い青い目とともに、熱っぽい議論に特別な強烈さを加えたのかもしれない。[54]いずれにせよ、ドイツ労働者党の共同創設者ドレクスラーは非常に感銘を受けたため、会合後にヒトラーをつかまえ、自作の四十ページのマニフェスト「わが政治的目覚め」を受け取らせた。また来てほしいとも言った。そしてある出席者にこう言った。「この男は弁が立つ！　使えるに違いない！」

シュテルンエッカーブロイで挑発的な行動に出たあと、事は素早く進んだ。その日の深夜、兵舎に戻ったヒトラーは、うるさいネズミのせいで眠れず、ドレクスラーの小冊子を読むくらいしかすることがなかった。ドイツ人の生活への「ユダヤ人の破壊的な影響」に対する非難、「大資本」に対する攻撃、労働者階級と中産階級の格差をなくすという信念が長々と綴られたその冊子に、彼はすぐさま共感した。読んでいるあいだに「再び将来が開けてくるのが分かった」という。[55]しかし、また来てほしいというドレクスラーの誘いを受けるかどうか決めかねているうちに、ドイツ労働者党の党員として採用するという葉書が届いた。[56]ヒトラーは二日にわたって「苦悩」し、あの「滑稽な」少人数のクラブ（と彼は呼んだ）について考えた末、受け入れることに決めた。「人生で最も重大な決断だった」と彼は書いている。「もう戻ることはできなくなった」。そしてヒトラーは党に加入し、演説の場、政治的基盤を得た。そこでの数年から、二十世紀のヨーロッパで最も強大な政治権力を獲得していくのである。

ヒトラーを最初に党の会合に行かせたことから、マイヤー大尉はのちに、自分がヒトラーの精神的な生みの親、すべてを可能にした人物だと好んで言うようになった。しかし、ヒトラーに知的なインスピレーションを与えた真の人物はほかにいた。荒れた生活を送る名うての知識人、ディートリヒ・エッカートである。ヒトラーはドイツ労働者党を通してエッカートと知り合い、深く影響を受けるようになった。党内唯一のブレーンと考えられていた彼は、ボヘミアン、詩人、ときにジャーナリストであり、ドイツ語への翻訳と制作を手がけたヘンリック・イプセンの『ペール・ギュント』の成功で名声を得ていた。猛烈な反セム主義者であり、「Auf Gut Deutsch」（「分かりやすいドイツ語で」）という反ユダヤ週刊誌を発行していた。明るい青い目、広い額、つるっ禿げで、芸術や文学が盛んなミュンヘンのシュヴァービング地区のカフェカルチャーにおいて異彩を放っていた。アルコールとモルヒネの依存症（それが原因で五十五歳で亡くなることになる）を抱えていたが、反セム主義フェルキッシュ運動の賢人だと考えられていた。彼はかつてこの新たな政党についてこう語っていた。「機関銃の音を何とも思わない指導者が必要だ。……最も良いのは、話がうまく、……椅子を振りかざしてくる相手から逃げない労働者だろう。独身でなければならない――女性票が得られるように！」[57] 政治に興味を持ち始めていた怖いもの知らずの元伝令兵をほとんど完璧に言い表しているようだった。ヒトラーに会って、エッカートはついに見つけたと思い始めた。

ヒトラーがのちに言っているように、エッカートはすぐに知的な面での「北極星」になり、ヒトラーの反セム主義の信念に磨きをかけるとともに、ミュンヘンのボヘミアン社会と上流社会の両方を彼に紹介した。また、この新進の政治家を初めての空の旅に連れ出し、ベルリンの人々にも引き合わせたが、そこで未来の独裁者は、名高い裕福なピアノ製造業者のエトヴィン・ベヒシュタイン、そしてその妻のヘレーネと知り合った。ベヒシュタイン夫人は熱心に資金援助をするようになり、のちにヒトラーがランツベルク刑務所に入ったときには頻繁に面会に訪れた（「彼が私の息子だったらいいのに」と言ったこともあった[58]）。また、レザーの犬用鞭を彼にプレゼントした。ヒトラーは犬用鞭を三人の女性ファンからもらい、ミュンヘンを移動する際に持ち歩くようになるが、これはそのうちのひとつである。

政党政治に最初の一歩を踏み出す一方で、新たに発見した言葉の力を書面で試す機会もあった。一九一九年九月、マイヤー大尉はミュンヘン大学のコースを受講していたアドルフ・ゲムリヒから手紙を受け取った。「ユダヤの問題」についてさらに説明してほしいということだった。マイヤーはヒトラー（まだ兵卒として仕えていた）にその手紙を渡し、返事を出すように言った。

ヒトラーは千語近い返信に多くを詰め込んだ。そこで根深い反セム主義を初めて文章に表し、のちの反ユダヤ政策の基礎となる重要な要素のいくつかを示した。それは、第三帝国、ホロコーストから、ベルリンの地下壕での自殺の数日前に書かれる最後の「政治的遺書」にまでつながるものである。

ヨーロッパ、特にバイエルンのフェルキッシュに広まっていた反セム主義のステレオタイプや常《じょう》套句《とうく》を利用し、ヒトラーは自身の主張に論理的な説明と過激さを加えたが、これはゲムリヒへの書簡を際立ったものにしている。ヒトラーは、「感情的な反セム主義」を、あくまで個人的で、大量虐殺にしかつながらない、それゆえ政治的に役に立たないものとして否定し、「事実に基づき」、政策を具体化する意図を持った、「理性の反セム主義」を推奨した。ユダヤとは、彼の主張では、宗教ではなく人種だった。そしてユダヤ人種は「寄生虫」として多数の文化に住みついているのであり、その存在理由は富を集めるために「金の子牛のまわりで踊る」ことだけだった。ヴァイマル共和国の指導者たちはユダヤの金にとらわれている、そしてその金は「反セム運動」――ナショナリストとフェルキッシュのグループ――に対する不当な戦いに使われている、とヒトラーは主張した。「[ユダヤの]力は、彼らの手中で利子という形で絶えず増えていく金の力であり、それは人々に何より危険な隷属を強いている」。ユダヤ人を病気や寄生虫と同一視する思考が初めて記されたこの文書で、彼はユダヤを「人種的結核」と表現し、この脅威に理性的に対処することで「体系的で法的な闘争とユダヤ人の特権の解消」が必然的にもたらされると書いた。

この長い書簡のその後の部分では、ドイツには「再生」が必要だが、「無責任な報道機関」、すなわちユダヤ資本の新聞があっては前に進まないとも言っている。「指導力のある個人」の毅然とした取り組みを通してしかドイツは復活しないと主張し、救世主《メサイア》コンプレックスが芽を出していることも匂わせている。また、「ユダヤの問題」に対するシンプルな解答を提示しているが、これは二十年以上あとに起こることの恐ろしい予兆となっている。「[反セム主義の」最終目標は全ユダヤ人の徹底的な完全排除にほかならない」

この書簡の敵意むき出しの残忍性から、ヒトラーの反セム主義が一九一九年後半の時点ですでにすっかり深まっていたことが分かる。また、政治信条を正式に定めるより前の書簡でありながら、権力を握った場合に取ろうとしている急進的な方策までもが明らかにされている。いまや三十歳を迎えていたヒトラーは、その探求に乗り出す準備ができていた。

第二章　魅了された集団

「これから私は独り我が道を行く」[1]

——アドルフ・ヒトラー、一九二二年

「私が話すときは聴衆がいなければならない」と、ヒトラーはあるとき友人に言った。「小規模な内輪の集まりでは何を言ったらいいか分からない」。一九一九年十月、彼がドイツ労働者党で演説家としてデビューした夜、出席者は百人だけだったが、その雄弁力を引き出すには十分だった。メインの登壇者ではなかったものの、その熱烈な言葉はめざましい資金提供の増加をもたらし、芽を出しつつあったプロパガンディストとしての役割を強固にした。ここから、彼は演説を始める。プロパガンダを始める。彼の好んだ言い方で言えば、「運動」の「太鼓たたき」になる。この時点で、ヒトラーはまだ自身を政治的指導者とは見ておらず、むしろ騒々しい客引きと見ていたのである。やがて現れる選ばれし指導者、ドイツの独裁者のために支援体制を築くのだと考えていた。「われわれの任務は、今後現れる独裁者に、その到来を受け入れる準備ができた人民を差し出すことだ」[2]

一九二〇年二月、ヒトラーは民衆扇動家として本格的に世に出ることとなった。大言壮語の『わが闘争』では、ジークフリート〔訳註　ドイツの叙事詩『ニーベルンゲンの歌』の主人公で、ゲルマン民族の英雄〕的な英雄譚として語られているが、ミュンヘンの名高いビアホール、ホフブロイハウスで起きたことは、実際にはそこまで劇的ではなかった。このときもメインの演説者は別におり、ヒトラーの名前はビラに書かれてすらいなかった。しかし彼は、告知されていないおまけの演説者でありながら、約二千人の聴衆を熱狂の渦に巻き込んだ。一癖あるが陳腐な、党の二十五ヵ条綱領を発表しているあいだも、支持者からの歓声と、政敵である数百人の社会主義者からの野次を集めた。ビアホールは白熱した政治集会の場と化し、人々が椅子やテーブルの上に乗って熱弁を振るい合った。[3] ナチ党員と社会主義者のあいだで衝突が起きかけると、聴衆は外に出て、ヒトラーとその演説、彼が提示した問題について声高に議論を始めた。喧嘩腰の共産主義者と社会主義者のグループは、左翼のアンセム「インターナショナル」を歌った。こうしてヒトラーはまさに望んでいたことを達成した――党の存在を世に知らしめたのである。「笑われようが罵られようが関係ない」と彼はのちに書いている。「重要なのは話題にされることだ」

聴衆の数が多ければ多いほど、ヒトラーはうまく話せるようだった。大衆と心を通わせ、彼らのムードを察知し、彼らの言葉を話すコツをつかんでいた。「優れた演説家は……自らを大衆に委ねるから、彼らの心に届く言葉が感覚的に分かるようになる」と彼は書いている。「彼らの顔を見れば分かる……納得しているかどうかは」[4]。大衆は、関心を向け、賛美の言葉を送ることで、彼を鼓舞した。これはヒトラーの政治人生を定義することになる相互関係――まさに関係――である。「二千人の前で話し、そのうちの千八百人から敵対的な目で見られていた」こともあったという。

しかしその三時間後には、彼が語った政治の非道に対する「憤りに満ちた大衆のうねりが生じていた」[5]。ヒトラーは情報操作の達人だが、大演説の成功を伝える報告を見るかぎり、この主張は少なくとも信頼できそうである。

ホフブロイハウスでのきわめて重要な集会の前、ドイツ労働者党の中には、そのような大きな会場を押さえるのが適切かどうかについて激しい議論があった。共同創設者のカール・ハラーは、席が半分しか埋まらず、集会が失敗に見えることを恐れていた。それに対してヒトラーは逆の主張をし、結果的に彼が正しかったことが証明された。この成功のあと、党は大きな会場での集会に尻込みしなくなり、ヒトラーはどこに行ってもメインの演説者になった。ポスターに彼の名前が載っているということは、政治的エンターテインメントが行われるということであり、興奮と、場合によっては争いが生まれることを意味した。彼はことあるごとにホフブロイハウスに戻り、大聴衆を魅了した。一九二〇年の秋には、満員の会場で、「なぜわれわれは反セム主義者なのか」という熱狂的な演説を行った。二千人の聴衆は五十回以上も拍手喝采で話を中断させたという[6]。

「太鼓たたき」のヒトラーは、ドイツ労働者党の正式な指導部には入っていなかった。しかし、プロパガンダが党の活動の中心であることが急速に明らかになってきていた。党は選挙に出ず、候補者も立てておらず、公的な立場を持っていなかった。ただ騒いでいるだけであり、プロパガンダこそが存在理由だった。そしてヒトラーは党内きってのプロパガンディストになっていた。

ヒトラーの人気が高まるにつれ、ハラーの存在はかすんでいった。失敗すると思われた会場で新参者が成功を収めたことにムッとし、彼は指導部から退いた。そしてヒトラーの教唆《きょうさ》で、党の名前がドイツ労働者党から国家社会主義ドイツ労働者党（ＮＳＤＡＰ）に変更された。「国家社会主義」（Nationalsozialistisch）という言葉を加えることで、ヒトラーは労働者という当初のアイデンティティを超えた響きを持たせようとした。国際主義者のマルキスト的社会主義に対して、国家主義者による社会主義の再定義を求めたのである。そして階級闘争という共産主義の概念を否定し——階級格差のない共同体意識を国民に根付かせたいと考えていた——私有財産を擁護する一方で、例のごとく「大資本」の略奪を激しく責めた。彼の考えでは、「国家的」と「社会的」は「同一の共同体主義的概念」だった。「『国家的』であるということは、何よりも「ドイツ」国民に対する無限の包括的な愛をもって行動することだ。……『社会的』であるということは……すべての個人が共同体のために行動し、そのために死ぬ覚悟があるということだ」[7]（「ナチ（Nazi）」はNationalsozialistisch の自然な省略形——社会主義者の「ゾチ（Sozi）」と同じように——だが、ナチという呼称が使われるようになるのは数年先で、主に外国人やＮＳＤＡＰの敵対者によって使われた。本書では読者にとって馴染みのある「ナチ」という呼称を便宜的に用いる）

ハラーが去ったことで、もう一人の創設者アントン・ドレクスラーだけがヒトラーと指導部のあいだに立つことになったが、ハラー退任から一年余りのうちに、今度はヒトラーが党を去ることになった。もっとも、これには芝居めいたところがないわけではなかった。ほかの党との合併に激しく反対したヒトラーは、一九二一年七月、指導部の会合を飛び出し、三日後に辞表を送ったのである。茫然としたドレクスラーら指導者たちは、最大の呼び物だけでなく、資金源をも失おうとしていることに気づいた。それはナチスの大規模集会のスター、多額の寄付を引きつける人物がやめてしまうということだった。ヒトラーは、自らの正しさを見せつけるかのように、ミュンヘン最大の屋内会場サーカス・クローネを——自分の名前だけで——数日のうちに六千人の熱烈な聴衆でいっぱいにした。

ヒトラーの作戦はうまくいった。一週間後、ドレクスラーら党の指導者たちは彼に復党を要請し、「独裁的な権力を持つ」党の唯一の指導者に就任させろという彼のオールオアナッシングな要求に屈した。彼は内部反乱を起こし、勝利を収めたのである。完全にヒトラー個人の勝利となったこの取り決めは、第三帝国のナチ党とナチスドイツを特徴づけることになる指導者原理（Führerprinzip）へ向けた戦略的転換を示してもいた。この原理は指導者の言葉を最初で最後の絶対的に正しいものとし、民主的な内部プロセスや合議制を排除するものである。アイデアや発案はしっかり議論されるとはかぎらない。ヒトラーに提案されたのち、絶対的な決定として戻される、ということがしょっちゅうだった。一九二一年の夏に起きたこの力関係の変化は、ヒトラーがナチスの運動を指導者支配の党（Führerpartei）に作り変え始めたことを告げていた。それは、ヒトラーの個人崇拝に向かう最初の一歩でもあった。未婚で一途、強迫観念にとりつかれ、使命感に駆られていたヒトラーにとって、政治以外に人生はなかった。

ヒトラーのリーダーシップは主にプロパガンダ活動の面で感じられた。その面において、彼の決断は緻密で見事だった。一方、管理者としてはひどいものであり、気の赴くままに街中を回り、約束を忘れ、お気に入りのカフェや新たに買収した新聞社の「フェルキッシャー・ベオバハター」（「フェルキッシュ観察者」）に妙な時間に姿を見せたという。ヒトラーは「火山のようにエネルギーを蓄え」ており、「彼を街から遠ざけることはできなかった」と、当時の親しい友人は回想している。[8] 質素なアパートで朝遅く起き、午前十一時ごろに髭を剃ったりパンにバターを塗ったりしながら最初の会議を行うこともあった。「いつも立ったまま議論をした」と、党の初期メンバーで

「フェルキッシャー・ベオバハター」の編集人となったヘルマン・エッサーは言っている。「彼はお茶やコーヒーも出してくれなかった。ナイフで髭を剃っていた。金ができると一枚刃の髭剃りを使うようになったが。いつも自分で剃っていたが、夕方まで出血していることもあった。このことはよく知られていた」[9]

ヒトラーは基盤を拡大していった。彼の主張は、公民権を奪われた労働者階級の人々だけでなく、ブルーカラーより少し上だが転落を恐れているプチブルジョワ階級にことのほか受けた。また、裕福な保守層、特に反セム主義者——ある同時代人に言わせれば[10]、狂信的な「上流階級の大衆」——にも受けが良かった。

演説の場と機関紙だけでなく、真の政治組織に必要な飾りがほかにも整えられ始めた。大衆心理と記号の力をよく理解していたヒトラーは、卐《まんじ》をもとにした党章、旗、党の制服を作った。ヒンドゥー教の吉兆の象徴から生まれ、何世紀にもわたって多くの宗教やカルトに使われてきた卐のモチーフは、超ドイツ主義のトゥーレ協会が北方人種の優越の象徴とするなど、さまざまな人種主義的グループに採用されていた。ヒトラーは数多くのスケッチや下絵を吟味し、党旗のベースとなる色を自ら選んだ——赤地、白い円、そしてシンプルな黒い卐を斜めにして真ん中に置く。複雑で凝った卐が当時広まっていたことを考えると、最もはっきりした簡素なものを選んだというのは、ヒトラーの宣伝の才を証明している。ナチスの旗は力強く主張し、遠くからでも認識しやすく、ときに畏れを抱かせた。ヒトラーはこう説明している。「赤はこの運動の根底にある社会正義の考えを表現した。白は国家主義の信念である。そして卐が示すのは、われわれにあてがわれた使命——アーリア人の勝利に向けた闘い——である」[11]。さらに、赤地は、その色を自分たちのものだと思っている共産党員や社会民主党員をあざとく挑発してもいた。明るい赤色で左翼を集会におびき寄せることで、「彼らの立場を崩して対話に持ち込む」ことができると考えたのである。[12]

ミュンヘンの大半の活動家グループ——共産主義者や社会主義者を含む——と同じように、ナチ党も「会場警備部隊」を創設した。これは武装した荒くれ者の集まりで、ビアホールで競争相手やその他の破壊分子と乱闘を始めたり止めたりするものだった。当初は党の「スポーツ体育部門」と称されたが、その名前は何度かの変更の末に〈Sturmabteilung〉——突撃隊、略称ＳＡ——となった。メリケンサックとゴムの棍棒を持った突撃隊がヒトラーとともにその力をはっきり見せつけたのは、一九二一年九月、バイエルン同盟という分離主義グループの集会を襲撃し、その指導者のオットー・バラーシュテットを血まみれになるまで殴りつけたときである。バラーシュテットはのちにヒトラーを訴え、その結果ヒトラーは治安妨害罪で有罪となり、一九二二年の夏に三ヵ月の刑期のうち一ヵ月服役した（その時点で仮釈放された）。

突撃隊を創設するにあたって、「見た目がだらしない者を重点的に探した」とヒトラーは言っている。汚れ仕事を引き受けられる、荒っぽい連中ということである。戦後、ドイツ軍の急速な解体とそれに呼応する略奪的な民兵の登場で、一部に「好戦的な超男性的」文化があったことを考えると、そのような人員を見つけるのは難しくなかったと、ある歴史家は言っている。[13] ヒトラーが言うところのこの「陽気なごろつきたち」は、一年以上先のミュンヘン一揆（プッチ）で重要な役割を果たすことになるが、[14] そのときまで彼らを指揮することになったのは、ナチスの新たな党員ヘルマン・ゲーリング大尉だった。

一九二三年のプッチまでの数年間に、ヒトラーのもとには支持者、ごますり、ビアホールの乱暴者が集まってきていた。彼らはそれぞれ側近、取り巻き、プッチ仲間となるが、ヘルマン・ゲーリングはその中心メンバーの一人だった。第一次世界大戦で二十二機を撃墜し、ドイツ最高の勲章であるプール・ル・メリット勲章*を授与された、有名なエースパイロットのゲーリングは、戦後の数年間をデンマークとスウェーデンで自家用操縦士、曲芸飛行家として過ごしたあと、ドイツに帰国していた。ちょうど新たな冒険を探していたところだった。ミュンヘン大学に入学したものの、派手好きで金持ちの彼は、注目を集められそうな政治の世界に惹かれた。ミュンヘンの政界を見て回り、最終的にナチスを選んだが、それは党の綱領や政策のためではなく、小さな党のほうが出世できると考えたからだった——その判断が正しかったことは歴史によって証明される。

ヒトラーは、向こう見ずなゲーリングがナチ党の荒れ果てた本部にやってきて協力を申し出たことに大喜びだった。すぐさま彼を、拡大はしていたが組織立っていなかった突撃隊の責任者に任命した。そしてこの元航空兵はさっそく部隊を強力なものにした。

同じくミュンヘン大学の学生で、やはり第一次世界大戦で航空兵だったルドルフ・ヘスは、すでにヒトラーの虜になっていた。エジプトのアレクサンドリアで裕福なドイツ人実業家の息子として生まれたヘスは、地政学の理論で名高いカール・ハウスホーファー教授の影響を受けていた。ヘスを介して、ヒトラーはのちにハウスホーファーの考えを「生存圏」（Lebensraum）政策に織り込み、

＊　プール・ル・メリット勲章は一七四〇年にフリードリヒ大王によって制定された。彼は王室内でフランス語を好んで使っており、この名称にもフランス語が採用されている。

第二次世界大戦におけるロシアの領土への侵攻を正当化する。[15] ハンサムだが物憂げなヘス（「僕は奇妙な混合物だ」とフィアンセへの手紙に書いている）は、資金豊富な「ドイツの歴史を論じる『知性』のクラブ」とも言われたトゥーレ協会と関わりを持っていた。[16] ナチスの中では、ヒトラーの個人アシスタント兼書記という役割を見つけた――これは天職であり、まもなくヒトラーの獄中における最側近、そしてのちにはナチ党副総統となる。ミュンヘンでは、学業を怠ってナチス本部に入りびたり、あちこちを動き回っている気まぐれな党指導者のスケジュールを管理した。

ヒトラーのブレーンの中には、第一次世界大戦の西部戦線で兵卒ヒトラーを指揮した元軍曹のマックス・アマンもいた。ビアホールでの乱闘を楽しむ「荒っぽい奴」だったアマンは、ヒトラーの万能の出版専門家となった。ヒトラーは彼を「フェルキッシャー・ベオバハター」のビジネスマネージャーに任命し、のちに著書の発行人とする――『わが闘争』は両者に巨万の富をもたらした。アマンはまた、第三帝国の時代に、報道機関を弾圧した帝国新聞院の総裁にもなった。

ヒトラーのメンターで、『ペール・ギュント』の翻訳者、多才な放蕩者であるディートリヒ・エッカートのほかにも、知性を持つ者たちが熱情的な若い雄弁家とその力強い運動に惹きつけられた。ロシアで教育を受けたエストニア系ドイツ人で、文豪を自負するアルフレート・ローゼンベルクは、「フェルキッシャー・ベオバハター」に惚れ込み、その編集人となった。ヒトラーはローゼンベルクの反セム論『Die Spur des Juden im Wandel der Zeiten』（『猶太民族の歴史的足跡』）を読み、影響を受けた。禿げ頭で厳格な、やはり教養あるバルト・ドイツ人のマックス・エルヴィン・フォン・ショイブナー＝リヒターも、ヒトラーの粗削りな仲間たちに少しばかりの洗練を与え、優れた知能と、裕福なロシア人亡命者のネットワークを通じた資金源を提供した。ローゼンベルクとショイブナー＝リヒターの二人は、ロシアで「三千万人」の共産主義者が犠牲になった処刑の陰に「ユダヤ人作家ども」――レフ・トロツキーなどのユダヤ人ボリシェヴィスト――がいるという、ヒトラーが抱き始めていた考えに強く影響を与えた。徐々にヒトラーは、反セム主義の拠りどころとして、ロシアの恐怖と、ローゼンベルクに渡されたであろう下卑な偽書『シオン賢者の議定書』に言及するようになり、『血のユダヤ人』は議会の代わりに絞首台を導入し、インテリゲンチアの破壊、そしてボリシェヴィズムを招いた」と繰り返し主張した。[17] ローゼンベルクはのちに、第三帝国の過酷な人種法の制定において重要な役割を果たすことになる。

しかしヒトラーの個人的な好みは、エリートよりも大衆を動かすことに政治的魅力を感じていたように、社会的に低いほうを向くことが多かった。ミュンヘンのあちこちのカフェで頻繁に行った時間外のミーティングには、ボディーガードで元肉屋のウルリヒ・グラーフ、パブの用心棒や馬商人をしていた太り過ぎのクリスティアン・ヴェーバーを参加させていた。[18] ときに運転手を務め、カフェにも頻繁に顔を見せていたのは、北ドイツ出身で陰のあるハンサムな時計屋のエミール・モーリスである（彼はのちにユダヤ系の出自であることが判明し、側近グループから抜けることになる）。また、写真家のハインリヒ・ホフマンは、ヒトラーが金鉱になりうることを早くから見抜き、ミュンヘンでヒトラーに付いて回るようになった。このにぎやかな一団は、そのときどきでメンバーは違ったが、午後から夕方にかけて各所に姿を見せた――ガレリエン通りの宮廷庭園に隣接する優雅なカフェ・ヘック、中心部の古くからあるカフェ・ノイマイアー（ヒトラーは月曜の夜にいつもここに来た）、シェリング通りの「フェルキッシャー・ベオバハター」本部から数ブロックのところにある、アルプス料理も提供するイタリアンビストロのオステリア・バヴァリアなど。彼らを目撃した人たちが決まって言っていたこと、それはヒトラーがほとんど会話を独占していたということだった。

ヒトラーに魅了された集団の中で、遅れて加入しながら重要な人物となったのが、エルンスト・ハンフシュテングルである。美術書出版業者のドイツ人の父とアメリカ人の母のもとに生まれ、ハーヴァード大学に通ったハンフシュテングルは、その長身（約百九十三センチ）、突き出た顎、洗練された雰囲気で人目を引いた。プッツィ（チビ）という反語的なニックネームで呼ばれていた彼は、一九二二年十一月、ハーヴァード時代の旧友であるトルーマン・スミス大尉からヒトラーの演説に行くよう頼まれた。当時ベルリンのアメリカ大使館で駐在武官補佐を務めていた若いスミスは、ミュンヘンで個人的にヒトラーと会ったことがあり、簡単な質問を受けるたびに「完全版の演説」を行える――「蓄音機のスイッチを入れたかのようだった」――ナチスの指導者に感銘を受けていた[19]。そのため、正式な演説をするときのヒトラーの話しぶりがいかなるものかを見てきてほしかったのである。ハンフシュテングルは集会に出向き、圧倒された。「風刺と皮肉のきいた名人芸で、これに匹敵するものは聞いたことがない」。演説のあと、彼はヒトラーに自己紹介し、二人はすぐに親近感を覚えた。ハンフシュテングルは、「あなたがおっしゃったことの九十五パーセントには賛成ですが、残りの五パーセントについてはぜひいつか話し合いたい」と言った。「その五パーセントについてわれわれが言い争う必要はないでしょう」とヒトラーは答えた。初めのうち、それは事実だった[20]。

ハンフシュテングルはまもなくヒトラーの側近グループに入った。暇な時間と財力があったことから、彼はヒトラーとミュンヘンを歩き回るいちばんの相手になった。多くの時間をともに過ごし

ミュンヘンの宮廷庭園の端に位置するカフェ・ヘックで、散歩仲間のエルンスト・ハンフシュテングルと過ごすヒトラー。（Fotoarchiv Heinrich Hoffman, Bayerische Staatsbibliothek）

たため、指導者の禁欲的な暮らしぶりをたいていの人より理解できるようになった。ヒトラーはイザール川に近いティールシュ通りの小さな借部屋で「みすぼらしい事務員のように暮らしていた」と、ハンフシュテングルは言っている。リノリウムの床に「擦り切れた絨毯《じゅうたん》」がいくつか敷かれているような場所だったが、女家主と共用の大きな控えの間にはひとつだけ救いとなるものがあった。アップライトピアノである。ピアノのうまいハンフシュテングルはときどきそれを弾き、ヒトラーの好みを知った。「バッハのフーガを弾いた」とき、ヒトラーは「興味なさそうにうなずく」だけだった。しかし、彼にとってのマエストロで政治的英雄の一人でもあるワーグナーの曲を弾き始めると、様子が変わったという。「『マイスタージンガー』の前奏曲を弾いてみた。これだった。これがヒトラーの曲だった。彼は完璧に諳《そら》んじており、すべての音を口笛で吹くことができた。不思議なやかましいビブラートがかかっていたが、音程には狂いがなかった」。驚くことではないが、ヒトラーはハンフシュテングルが弾いたハーヴァードの古い応援歌（「万歳《ラー》！　万歳《ラー》！万歳《ラー》！」と歌われる）にも興奮した。[21]

出版業者の御曹司で顔の広いハンフシュテングルは、ヒトラーと非常に親しくなり、ついにはナチ党に千ドルを貸与した。これはインフレに苦しむドイツにおいては途方もない額であり、これによって大判印刷用の輪転機を二台購入できた「フェルキッシャー・ベオバハター」は、世間により幅広くアピールできるフォーマットを手に入れることとなった。[22]ハンフシュテングルはヒトラーを上流階級の人々に紹介する役割も果たした。ディナーに招き、有名な芸術一家のフリッツ＝アウグスト・フォン・カウルバッハ家など、支持者や寄付者となりそうな人たちとのつながりを作った。[23]オーストリア人らしい魅力を発揮したヒトラーは、ややぎこちないところもあったが（ハンフシュテングルはヒトラーがワインに砂糖を入れるのを見た）、おおむね受けが良く、特に女性たちに人気があった。

ヒトラーに夢中になった女性の中には、ピアノ製造業者の妻ヘレーネ・ベヒシュタインのほかにも、ディートリヒ・エッカートが紹介した別の裕福な夫人がいた。ミュンヘンの歴史地区に大邸宅をかまえる保守系の出版業者フーゴ・ブルックマンの妻、エルザ・ブルックマンである。ルーマニアの王女として生まれた彼女は、有名なサロンの女主人だった。彼女の夜会に招待されるということは、ミュンヘンの社会に受け入れられるということを意味した。たびたびその栄誉にあずかったヒトラーは、その集まりの中で特別に注目を集めるようになった。ベヒシュタイン夫人もブルックマン夫人も、夫から頻繁に入ってくる金をヒトラーに渡した。直接渡すのではないやり方で資産を譲ることもあった。ある夜、ベルリンのベヒシュタインの豪邸で食事中、エトヴィン・ベヒシュタインは、資金不足なのだと言ってヒトラーの新たな寄付の願いを断った。しかし、ヒトラーが帰ろうとしていると、ベヒシュタイン夫人が現金に換えやすい煌《きら》びやかな宝石を彼の手に押しつけた。彼女はその後、自らのコレクションから高価な絵も贈った。ヒトラーは、公に女性と関係を持つことがなく、死の直前まで未婚だったが、多くの女性を惹きつけるほとんど神秘的な魅力を持っていた。

一九二二年の秋までに、ミュンヘンではすでにヒトラーのプッチの噂が沸き立っていた。実際に行動が起こされる丸一年前のことである。クーデターの話が広まったのは、ヒトラーの言動のためというより、ドイツの外での劇的な出来事のためだった。一九二二年十月、ベニート・ムッソリーニとファシスト党が、突然のクーデターでイタリアの統治権を奪取したのだ。これは「ローマ進軍」により始まったと言われたが、歴史家たちが指摘しているように、実際には儀式的な進軍であり、最終的には交渉によって奪取がなされている。しかし、大衆の進軍という神話とその鮮やかなイメージは強烈だった――とりわけドイツにおいては、そしてとりわけヒトラーのような革命家を目指す者にとっては。ムッソリーニの果敢な一撃を「歴史の転換点のひとつ」と見たヒトラーは、すぐにローマ進軍のドイツ版、ベルリン進軍を構想した。[24] バイエルンの全戦力――強力な右翼の民兵、国軍バイエルン師団、軍隊式のバイエルン州警察――を味方につけ、ミュンヘンからベルリンへ大進軍を行い、「国民蜂起」を引き起こして権力を掌握したいと考えた。軍隊と偉大な道徳的大義――ドイツの「再生」――とともにベルリンへ向かい、政府を転覆させたいと願った。ヒトラーは冷酷で優秀なプロパガンディストで、どうしようもなく夢見がちだった。ベルリン進軍という映画的イメージはその二つの性質両方に響いた。たんにヴァイマル共和国を倒すだけでなく、壮大なやり方で権力を奪いたかったのだ――ムッソリーニがやったように。

ヒトラーは、トルコの地方のアンカラからコンスタンティノープルの政府に対するクーデターを成功させたケマル・パシャ（のちのアタテュルク）からも刺激を受けた。自分がプッチを試みるときは、ムッソリーニとパシャのアプローチを組み合わせ、地方のミュンヘンをスタート地点としながらも、最大の目標であるベルリンにしっかりと照準を合わせようと考えた。

ヒトラーとしては、このチャンスに気分を良くする理由があった。ムッソリーニが行動を起こすわずか一週間前、自らも大胆な側面攻撃を仕掛けていたのだ。バイエルン北部の町コーブルクでの国家主義的イベントに少数の派遣団とともに招待された彼は、騒ぎを起こすなという求めがあったにもかかわらず、六百五十人の突撃隊員を引き連れて特別列車で現れ、実質的に町を占拠した。部隊は同じくパレードに来ていた左翼のグループを暴行し、その結果ヒトラーは初めて、「赤の脅威」からの「解放者」という評判を得た。[25] この刺激的な経験によって彼はこれまでになく自信を持ち、「これから私は独りわが道を行く」と宣言するに至ったのである。[26]

まだ何も準備はしておらず、襲撃（losschlagen）の用意ができていると考える具体的な理由も誰にも伝えていなかったが、ヒトラーは明らかにベルリン進軍を含めたプッチの計画を練り始めていた。「正しい愛国心に導かれたときに少数派に何ができるかをムッソリーニは示した」と、彼は一九二二年十一月の「議論の夕べ」で信奉者たちに語った。[27] 噂に火をつけ、バイエルン当局をあたふたさせるには、これで十分だった。ヒトラーの向こう見ずな計画は、ひとたび彼の心に植え付けられると、深く根付き、ある敵対者いわく、「強迫観念」になった。そして彼の執念は、遅かれ早かれ、ほぼ間違いなく行動に移されるのだった。

第三章　高まる圧力

「救世主《メサイア》コンプレックスによって自制心を失えば、彼はわれわれすべてを滅ぼすだろう」

――ディートリヒ・エッカート、一九二三年

ヒトラーが獄中に入ることになる年――一九二三年――は、二つの劇的な出来事で幕を開けた。一つ目は、一月十一日のフランスによるルール占領。これによって、ベルリン中央政府の悲惨な消極的抵抗、妨害工作者に対するフランス軍の血の報復、ドイツの破滅的なハイパーインフレが引き起こされた。二つ目は、ナチ党初の「全国」党大会の計画をめぐるヒトラーとバイエルン当局の深刻な対立。一月二十七日から二十九日にミュンヘンで行われる予定の党大会で、ヒトラーは一日に十二回の行進と集会を行い、そのすべてで自ら演説をすると発表した。ナチスが事実上ミュンヘンを一日占領し、六十五万人の都市を混乱に陥れるというわけである。ナチスとその大敵――共産主義者と社会主義者――のあいだで大きな衝突が起こる可能性があることから、治安維持を司る軍

や州警察の指揮官は不安を感じた。国軍第七師団――いわゆるバイエルン師団――を指揮していた厳《いか》めしいオットー・フォン・ロッソウ将軍は、プロイセンで訓練を受けたバイエルン人で、ベルリンよりもミュンヘンに対する忠誠心が大きかった。同じくプロイセンの軍隊にいたハンス・リッター・フォン・ザイサー大佐は、バイエルン州警察――歩兵部隊と機動部隊を含む師団ほどの戦力――を率いていた。政敵同士が路上で争う可能性のほかに、ロッソウとザイサーがとりわけ心配したのは、ヒトラーがムッソリーニに倣ってクーデターを起こすのではないかということだった。そこで彼らはヒトラーの十二回の集会を禁止した。

ヒトラーの癇癪《かんしゃく》、暴力的本能、食うか食われるかの権力願望がこれで刺激された。彼は当局に猛々しく詰め寄り、脅しをかけた。禁止令が撤回されず、軍や警察が力ずくで行進を止めようとするなら、自ら「最前列で行進し、最初に銃弾を受ける」と。そして、もしそうなった場合、「バイエルン政府は二時間以内に滅びるだろう」と、傲慢《ごうまん》にも付け加えた。[1] ミュンヘン市警のエドゥアルト・ノルツ警察長との会合を飛び出したヒトラーは、例によって大げさな歴史的比喩を使い、こう叫んだ。「フィリッピの平原で会おう！」[2]（フィリッピはマケドニアの戦場で、紀元前四十二年、言語を絶する殺戮の中、マルクス・アントニウスがマルクス・ブルトゥスの軍を破った場所である。カエサルの暗殺者であるブルトゥスは、そこで自殺した。この出来事はシェイクスピアの『ジュリアス・シーザー』で劇化されているが、ヒトラーはそれを読んでいたようだ）

ロッソウ将軍との会合では、ヒトラーは禁止令の撤回を訴え、プッチの計画はないと「名誉にかけて」誓った。[3] 一九二〇年代のドイツで、名誉にかけた誓い――〈Ehrenwort〉――は、絶対的な約束として受け止められた。ヒトラーの〈Ehrenwort〉に基づいて、ロッソウ、ザイサー、ノルツ警察長は譲歩したが、集会は十二回ではなく六回にすること、突撃隊の旗を称える大々的なセレモニーは屋外ではなく屋内のサーカス・クローネで行うことを命じ、自分たちの権威をわずかばかりでも維持しようとした。ヒトラーはこの妥協案を受け入れたが、結局、気にすることなく元の計画を進めた。十二回の集会を開き、サーカス・クローネ近くのマースフェルト練兵場で制服を着た六千人のナチ党員の野外閲兵式を行った。当局はヒトラーの不敵さに啞然としたが、干渉はしなかった。彼は州の軍力に対して一歩も引かずに勝利を収めたのであり、誰もがそのことを知ることとなった。ロッソウとザイサーの退却は、ヒトラーにとってはプロパガンダの大きな勝利であり、制服組にとっては失態だった。

ヒトラーの攻撃的な態度は、ほかならぬ国軍最高司令官ハンス・フォン・ゼークトその人の目に留まった。ベルリンを拠点とするドイツ最高位の軍人である彼は、絶大な政治的影響力を持っていた。ヴェルサイユ条約による軍備縮小で、ドイツの兵力は十万人以下、そのうち将校はわずか四千人——国内の騒乱を鎮めるには十分だが、周辺国で戦争をすることはできない程度——と制限されていたが、それでもゼークトが指揮する国軍は「国家の中の国家」と評されていた。[4] 政府が反抗的な民兵や軍の部隊から脅威にさらされ、政治的混乱が生じていたとき、頭を悩ませたドイツ大統領のフリードリヒ・エーベルトは、国軍は誰を支えているのかと尋ねた。すると、ごわごわの灰色の軍服を着た、笑顔のない片眼鏡の将軍はこう答えた。「国軍は私を支えている」。ゼークトは、端的に言って、銃砲の男だった。[5]

一九二三年三月、ゼークトは説得を受け、ロッソウとザイサーに多大な恨みを抱かせた成り上がりの元兵卒と面会した。ミュンヘン訪問中のことで、四時間にわたり、辛抱強く、あるいは無表情で、ヒトラーのお馴染みの大言壮語を聞いた。「十一月の犯罪者」、不誠実なユダヤ人、偉大な人物による支配の必要性、という話である。同席していたゼークトの補佐役ハンス＝ハラルド・フォン・ゼルコー大佐の報告によると、オーストリアの高校中退者であるヒトラーは、ドイツの最高司令官に向かって歴史の講義をし、ドイツの運命を、過去に思い切った行動で立ち直ってきた国々になぞらえたという。そして過激な言葉でこう言った。「われわれ国家社会主義者は、現行のベルリンのマルキスト政権の者たちを街灯柱に吊り下げるべく取り計らうものであります。国会議事堂を炎に包み、流動的な状況となった際には、ドイツの全労働者の指導者として将軍殿を頼りにする所存です[6]」

多くの人にとって、これは魅力的なオファーだったかもしれない。しかし、昔気質のプロイセンの将軍は、右翼政権に賛成だったとはいえ、街灯柱への吊り下げや、恫喝的なビアホール政治家の過激な言葉にはいっさい関わりたくなかった。ゼルコーによると、ゼークトはシンプルにこう答えたという。「今日から先、ヒトラー殿、われわれはもうお互いに何も言うことはない！」そしてゼークトはベルリンへ発った[7]。

このころまでにヒトラーは、ブルジョワ政治家に立ち向かう鉄の男という評価を築いていた。ナチ党の党員数は、地域内で急増しており、一九二三年だけで二万人から五万五千人に増えていた[*]。ミュンヘンでのヒトラーの演説はいつもポスターで〈Riesenversammlung〉――「巨大集会」――と宣伝されたが、実際にそのとおりだった。黙示録的な予言、都合のいい解決策、大衆の感情への率直な訴えかけで、サーカス・クローネを六千人に及ぶ聴衆で埋め尽くすことができた。

聴衆は、苦しみが募るばかりの現状に対して、簡単な説明を求めていたが、ヒトラーはその責任を負わせるべきところを知っていた。一九一八年に「前線の兵士」を「裏切り」、ドイツを敗戦に追い込んだ「背後の一突き」をした文官たち、特にユダヤ人を名指しし、現行のドイツ政府とヴァイマル憲法は非合法だと毒づいた。ヴァイマル共和国を否定する多くの過激派——左派の共産主義者、右派のウルトラナショナリストおよび時代錯誤の君主主義者を含む——の中でも、ヒトラーの声は特に大きくなった。彼は「大資本」と「国際主義者」、すなわち社会主義的な国際親善を促進する左派を化け物であるかのように言った。フランスとイギリスを糾弾し、実現に至っていないウッドロウ・ウィルソンの十四ヵ条平和構想を「ペテン」だと嘲笑った。また、現在の「不面目と挫折」と比べ、戦前のドイツがいかにバラ色であったかを語った[8]。複雑な物事を単純化したのである。「政治運動は原始的でなければならない」と彼は言っていた[9]。

ヒトラーの聴衆を刺激する力、ほかの政治家たちよりも深く感情に訴える力が発揮されたのは、扇動行為においてだけではなかった。同時代の政治課題の背景や、聴衆の望みをとらえることにおいても、その技量は優れていた。フランスによる占領、インフレ、失業、ベルリンの無能な政府について誰にも劣らず批判するとともに、手に負えない状況に打ちのめされている人々の個人的なレベルの感情に響く、より大きなもの——「偉大さの感覚」——にも訴えかけた。「ドイツの回復の問題は、経済回復の問題ではない」と、彼は党の内部メモに書いている。「むしろ、人々の内なる感情を取り戻すという話である。それこそが国の偉大さを蘇らせ、そうして再び経済的繁栄に導くことができる唯一のものなのである」[10]。ヒトラーは、強いマルクや正当な賃金だけでなく、ドイツ人の善良さや潜在能力を称えていた。彼がヴェルサイユ条約の「非道」を糾弾し、「人民に対する高利貸し」についてわめき散らし、ゲルマン民族の「文化創造」性を熱狂的に語ったとき、それを聴いた人々は、これは抽象的な話ではなく、われわれの話だと感じた。第一次世界大戦の過ちが何であれ、「単独の戦争責任」をドイツ全体に課すことの意味が何であれ、個人としてのドイツ人は、自分たちがフランス人やベルギー人よりも、あるいはほかの誰よりも劣っているとは思っていなかった。自尊心が打ち砕かれていたドイツ人に対し、ヒトラーの演説は、強く名誉ある人民というイメージを描き出したのである。そうして、ナチスの行っていることは「自由の運動」だとうまく印象づけた。この巧妙な感情戦略によって、彼のイベントは、信仰復興運動の野外集会のような、宗教的な熱を帯びた大衆娯楽になった。集会を宣伝するポスターには、宗教に関する敵対的な言葉も書かれていた。「ユダヤ人お断り」と。

とはいえ、感情に訴えるだけではなく、人々をうなずかせる主張もしていた。ヒトラーには、ナショナリズム、社会進化論、生物学的反セム主義の強烈なブレンドに加えて、鋭い知性と並外れた歴史知識があった。「きわめて短いあいだに、敵の武器をその手から叩き落とす方法を知った」と彼は書いている。ヒトラーにとって特に楽しかったのは、敵対者や面倒な相手を説き伏せることだった。彼はこう指摘している。「〔ほかの政治家たちは〕すでに賛同してくれている人々に対して演説を行っていた。しかしそれは的外れである。重要なのは、プロパガンダと啓蒙によって、異なる観点を持つ人々を説得することなのだ」。ヒトラーはすでに、無党派層の支持を集めることの重

＊　全国的に見れば弱小で、バイエルン以外の党員はごくわずかだった。一方、共産党は三十万人以上の党員を擁し、連邦選挙でも数百万票を獲得している全国政党だった。

要さを理解していた。

ビアホールの伝道者は、プロパガンダの仕掛けも増やしていった。威勢のいい音楽で聴衆を盛り上げ、旗と制服で一体感と闘志を誘う。プリマドンナ風にわざと遅れて登場し、演壇のうしろからではなく、聴衆のあいだを通ってステージに向かう。ムッソリーニの敬礼（ローマ式敬礼がもとになっている）を真似て始めたナチス式敬礼を崇める。ラジオやテレビが登場する以前、話し手と聴衆のあいだに機械が介在しなかった時代、多くの人を楽しませるこのような仕掛けは、たとえ一瞬であれ、結束を生み出すのに効果的だったし、ヒトラーの才能はこうした時代の大衆と直感的に結び付くのに申し分なく適していた。彼らは政治的熱狂の余韻に浸りながら帰宅したが、それはテレビやラジオのニュース、あるいは翌日の新聞の写真などで薄められることがなかったのである。当時はそもそも紙面に写真はほどんどなかったとはいえ、ヒトラーは自分の写真が絶対に新聞に載らないようにしていた。神秘的なオーラを保つことの重要性を理解し、当初は誰にも写真を撮らせなかった。のちに友人、お抱え写真家となるハインリヒ・ホフマンは、一九二二年、許可なく路上でヒトラーの写真を撮ろうとしたところ、ボディーガードから攻撃を受け、写真乾板を感光させられたという。世界が初めてヒトラーを目にするのは、それから一年先の一九二三年九月、AP通信がニュルンベルクでの集会の写真を配信したときである[11]。

ヒトラーは話術にも磨きをかけていた。始まりはゆっくりと歴史をさまよい、徐々にワーグナー的な高まり《クレッシエンド》を見せ、大仰なフィナーレを迎える。彼は鏡の前で（のちにはホフマンのカメラの前で）練習し、主張を引き立たせる芝居がかったジェスチャーのレパートリー——拳を振り上げる、懇願するように手を合わせる、額から汗が落ちたときに前髪を振り払う——も増やしていた。「彼

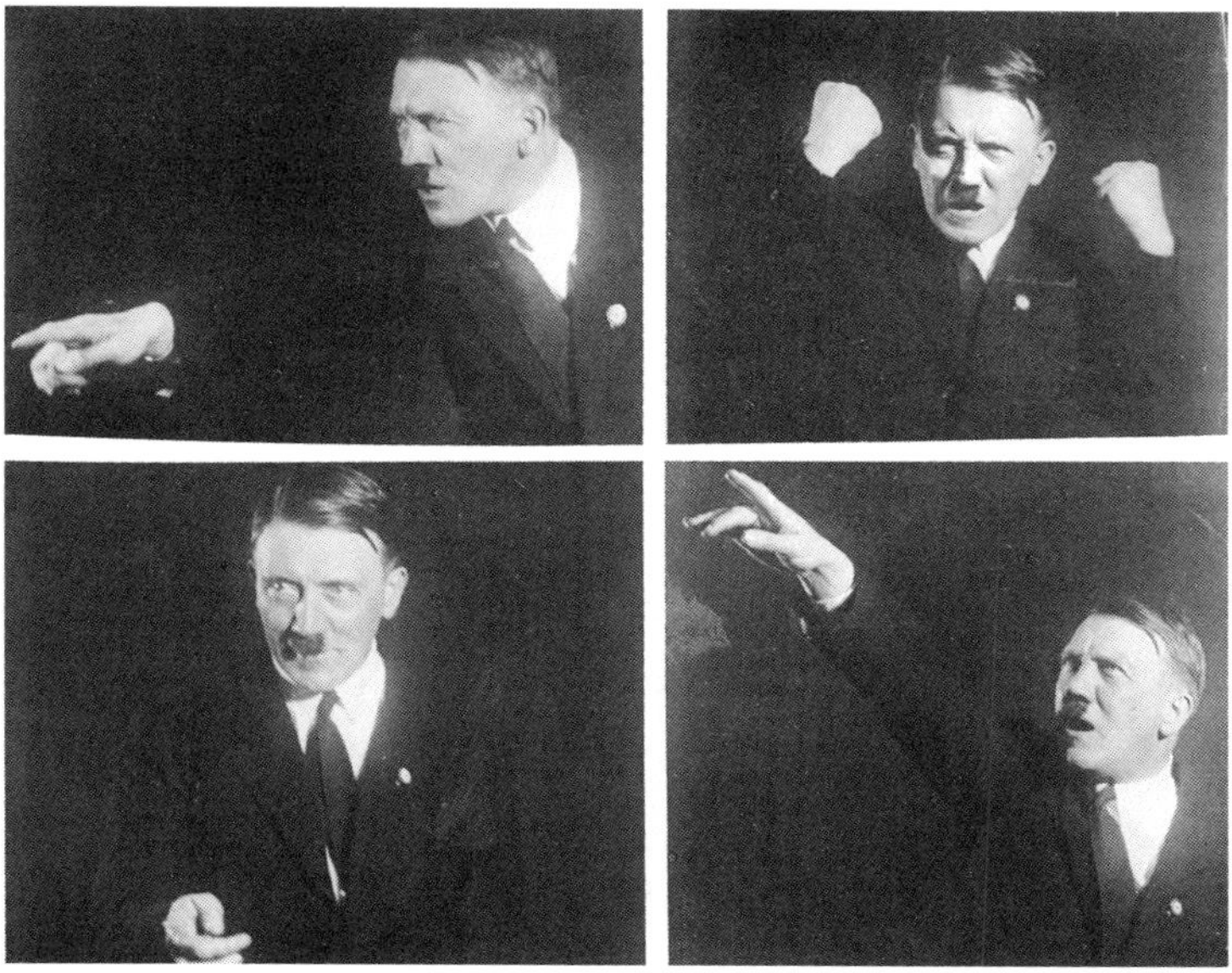

写真家ハインリヒ・ホフマンのカメラの前で演説のポーズを練習するヒトラー。(Bundesarchiv)

のテクニックは剣士の突きと受け流しに似ていた」とハンフシュテングルは言っている。[12] 締めくくりには、登壇のときと同じく劇的に、楽団が最後のアンセムを奏でる中、聴衆のあいだを通って去っていく。残って議論などをしたら、「演説に費やした時間が台無しに」なりうると、ヒトラーは考えていた。[13] やってくる人々の目的は、大まかなメモをもとに三時間もの演説ができる人物に熱狂することだったが、彼らはたしかに熱狂していた。

ある女性は一九二三年にこう書いている。「この人が話すときにその場がどれだけ静まり返るかは想像がつかないでしょう。数千人の聴衆がもはや息もできないような状態です。歓声が沸き上がり、それが数分続いて最高潮に達したところで、彼は、私たちを支配している人たち、彼やその支持者と十一月の大物との話し合いを妨げている人たちを串刺しにします。そのうち、静かにするようにと手を振って、ようやく話を続けられるようになるのですが、そのときまで平穏はありません。……アドルフ・ヒトラーは国家社会主義という観点の正当性に確かな信念を持っているので、それを自然に聴衆に伝えられるのです」[14]

ミュンヘン大学で「政治的市民」について講義した際にヒトラーの弁舌の才能に気づいた歴史学教授のカール・アレクサンダー・フォン・ミュラーは、演説家としてのヒトラーを遅ればせながら初めて見たときのことをこう振り返っている。一九二三年に大きなビアホール、レーベンブロイケラーで開かれた集会でのことである。

「何時間も、轟く軍歌。何時間も、下っ端による短い演説。いつ彼は登場するのか——何か予期せぬことが起きたのか？……あの空気の中に広がっていた熱は誰にも言い表せない。突然、裏口で動きがあった。号令だ。壇上の演説者は途中で話を止めた。全員がわっと立ち上がり、敬礼した。そして、叫ぶ聴衆とはためく旗のあいだを通って、みなが待ち望んでいたあの人が従者とともに現れ、右腕をぐっと上げながら早足で演壇に向かった。彼は私のすぐそばを通ったが、個人宅で何度か会ったときとは違う人間だった。やつれた青白い顔は、まるで内なる怒りで歪《ゆが》められたというふうで、突き出た目から冷たい光が放たれ、それは征服すべき敵を探し出そうとしているようだった。……『容赦のない意志力を核とする狂信的で感情的なロマンティシズム？』と私は書きとめた」[15]

一九二三年、ヒトラーは狂気的なスケジュールを維持していた。ミュンヘンのあちこち——ホフブロイハウス、ビュルガーブロイケラー、レーベンブロイケラー、サーカス・クローネ――で演説をしただけでなく、ニュルンベルク、バイロイト、アウクスブルク、レーゲンスブルクといったミュンヘン以外のバイエルンの都市での集会でも話をした。国境の先、オーストリアのザルツブルクで話したこともあった。疲れを知らずにしゃべり続けるヒトラーはやがて、おそらく史上最も盛んに政治演説を行い、最も多作な作家に匹敵するほどの言葉を世に送り出すことになるが、このときすでにその道を歩み始めていた[16]。そして、中心テーマを徐々に強く押し出すようになっていた。ユダヤ人というテーマを。

演説を始めたばかりのころ、ヒトラーはディートリヒ・エッカートから学んだことがあった。当時のヨーロッパ、特にドイツにはびこっていた反セム感情に訴えることで、いつでも聴衆を煽り立てられるということである。「ユダヤによる支配」と「ユダヤの高利貸し」を意地悪く批判すると、最大の拍手喝采が起こった[17]。「ユダヤの世界と株式取引の世界」や「岐路に立つドイツ――ユダヤ人の楽園か、ドイツ人の国家か？」というようなタイトルの演説には、すべての苦しみのもとであるユダヤ人という化け物について聞きたい大勢の人が集まった。また、「真実の『扇動者』」という長々とした演説は、戦後ドイツの転落の責任をユダヤ人に負わせるものだったが、この演説が掲載された「フェルキッシャー・ベオバハター」の特別増刷版は売り切れとなり、再び増刷された[18]。反セム主義の参考文献としてヒトラーが好んだものには、アメリカの自動車王ヘンリー・フォードの著作（『国際ユダヤ人』）や悪名高い『シオン賢者の議定書』があった。『議定書』が捏造だということはすぐに分かったが、それでも彼はユダヤ民族の「秘められた真実」を含んでいるのだと言って演説で言及し続けた[19]。

そして次第に、ますます過激になる反ユダヤ思想をもとに、包括的な世界論を仕立てていった。「ヒトラーとその仲間たちは……反セム主義こそが世界の歴史を説明する骨組みになると考えていた」と、歴史家のジェフリー・ハーフは書いている。[20] 一九二三年までに、ユダヤ人の背信をめぐる、都合が良く、非常に単純化された、ステレオタイプに基づいた話――「ユダヤ人の道」(Werdegang des Judentums)――ができあがっていた。反セム作家のテオドール・フリッチュから多くを借用し、ヒトラーは狡猾《こうかつ》なユダヤ人の物語を語った。これは、ユダヤ人のドイツ、ヨーロッパ、世界の完全征服に否応なくつながる何世紀もの歴史を駆け足で振り返るというものだった。その「道」は、「宮廷ユダヤ人」(Hofjuden)が貴族の個人銀行家としてヨーロッパで影響力のある地位を獲得するところから始まる。それから「大衆のユダヤ人」(Volksjude)が民主主義を促進し、「嘘の人道主義」を唱えて「みなの友達になる[21]」。しかしこの善良な民主的ユダヤ人は、やがて「血のユダヤ人」(Blutjude)、無慈悲なボリシェヴィキの指導者となり、ロシアを乗っ取り、血なまぐさい恐怖支配を始める。「ユダヤ人が支配しているのだ。彼らはプロレタリアートの独裁制を生み出す。……議会の代わりに絞首台[22]」

歴史上の細かな事実を気にしてはいけない。ヒトラーの小話を、スケープゴートを渇望する人々は熱心に聞いた（そしてこれは、『わが闘争』の最も有名な章「民族と人種」の完璧な下地でもあった）。彼の偏執的な反セム史観を支えたのは、ドイツ人は被害者であるという考えだった。不誠実なユダヤ人を、憎悪、そして駆除の対象とするだけでなく、侵略者、ドイツ人にとって致命的な脅威となる眼前の敵として描き出したのである。夢心地の聴衆にこの話を何度も語るうちに、ヒトラーはのちに喧伝する考えの基礎を築いた――ユダヤ人のせいで戦争に行くはめになったのだと

（一九三九年の国会での演説では、第二次世界大戦の勃発とその後の大虐殺について、ユダヤ人を先立って非難している。「国際的なユダヤ人資本家」が「人類を新たな世界大戦に突入させる」ことに成功したら、その結果は「ヨーロッパのユダヤ人の全滅」だろうと毒づいたのである）。

一九二〇年代初めの時点で、ヒトラーは仲間を唖然とさせ、残忍な将来を予感させる発言をしていた。フリードリヒ大王を賛美する大人気映画『Fridericus Rex』を鑑賞し、ハンフシュテングルと家へ帰る途中、その映画で特に気に入ったのは年老いた大王が皇太子を打ち首にすると脅す場面だと言ったのである。後年繰り返し主張するように、指導者とその目標のあいだに感情的なことを差し挟むべきではないと言いたいようだった。「大王の行為には厳しさが必要だ」と、彼は歩きながらハンフシュテングルに言った。「ラインラントの都市が数十焼けたからといって何だというのだ？　十万人の死者が出ようと、それでドイツの未来が保証されるのなら問題はない」

「驚愕した」とハンフシュテングルは書いている。[23]

次第に拡張主義的な傾向も見え始めてきた。ヒトラーはナチ党としての大ドイツ信仰を発表したが、それはオーストリアとチェコスロヴァキアのボヘミアン地域、特にズデーテン地方のドイツ語圏をすべて含むものだった。彼はドイツ人のためのより多くの「土地と土壌」を求めた。これはのちの「生存圏」政策、そしてロシア侵攻の前触れである。

狂気的なスケジュールの中、ヒトラーは時間を取ってハンフシュテングルと車でベルリンへ行き、素早く資金集めをしたことがあった。しかしその途中、すべての力を失いそうになる出来事が起こった。ハンフシュテングルの車、艶のない古いセルヴが、ライプツィヒに近い「赤のザクセン」で共産主義者のバリケードに止められたのである。ヒトラーはすでに共産主義者の大敵として知られていたから、武装した男たちがこの口髭を生やした小男が誰であるかに気づいたら、逮捕されていたか、それ以上のことになっていたかもしれない。しかし、機転が利き、芝居がかったことをするハンフシュテングル――アメリカとドイツの二つの市民権を持っていた――が、米国のパスポートをさっと取り出し、ドイツ語を「わざとひどいアクセントで話した」。自分は有力な国際的ビジネスマンで、後部座席に黙って座っている男は「付き人」だと言った。共産主義者は通行を許可した[24]。

ヒトラーは、一九二三年半ばになると、過激で反民主主義的な考えを世界にひけらかすことを恐れなくなっていた。アメリカの新聞「ワールド」のインタヴューでは、はっきりとこう語っている。「民主主義はジョークだ。……歴史を常に形作ってきたのは組織的な少数の人々であり、そういった人々は多数の人の利益のために権力を奪い取ってきた」。別のところではこうも書いている。「国家社会主義の運動は……今日の議会制度の宿敵である。われわれは民主主義の多数派支配の概念に反対し、指導者の権威に基づくドイツ式民主主義を促進する[25]」。「アメリカン・マンスリー」には、「マルクス主義は社会主義ではなく、ユダヤ人の作り話であり、健全な人間にマルキストはいない」と語った[26]。

ヒトラーと支配層との次なる決定的対決があったのは、一九二三年五月一日のメーデーのことだった。共産主義者と社会主義者がその日に大規模な集会を計画していると聞いたヒトラーとナチ党員は、それを妨害、攻撃することに決めた。国軍の兵器庫――特別な取り決めのもとに使用していた――から武器を持ち出すと、ヒトラーの手下たちは、毎年オクトーバーフェストが行われる広大なテレージエンヴィーゼ広場に集まった。しかしナチスは、左派の敵対者たちから遠ざけられ、最終的に警察と国軍に取り囲まれた。ヒトラーの手下たちは右翼の仲間とともにその場を去り、武器を兵器庫に返すことを余儀なくされた。これはロッソウとザイサーにとっては勝利であり、ヒトラーにとってはプロパガンダの惨めな敗北だった――ミュンヘン一揆前の数ヵ月間で唯一の敗北だった。傷を癒すため、彼は数週間身を引き、オーストリアとの国境に近いアルプスのお気に入りの隠遁地、ベルヒテスガーデンで過ごした。

ペンション・モリッツという宿泊施設に、ヘル・ヴォルフ（狼）というよく使う仮名で滞在したが、ある研究者が言うところのこの「魔法の山」には付き人もたくさん来ていた[27]。ルドルフ・ヘスは、両親に宛てた手紙の中で、山での日々は指導者のためになっていると書いている。「膝の出る古いレーダーホーゼン〔訳注　ドイツ南部の伝統的な服装で、肩紐付きの皮の半ズボン〕と半袖のシャツでのんびり歩いているなんて、何と珍しい光景でしょう。以前よりもずっと元気そうです[28]」

随行者の全員がそう思ったわけではない。ハンフシュテングルはベルヒテスガーデンに着いたとき、ペンション・モリッツに部屋が残っていなかったため、エッカートと寝ることになった。ミュンヘンの詩神であるエッカートは、ヒトラーの過激主義や狂態をいくらか落ち着かせているようだった。彼は腹を立てていたが、それはヒトラーが小さな宿の中庭をずかずかと歩き、革の鞭を鳴らし、宿主の美しい妻に見栄っ張りな態度を取りながら、革命の予言や熱弁を繰り広げていたからだった。「私はエルサレム神殿のキリストのようにベルリンに入り、金貸しどもを叩き潰さねばならない！」とヒトラーは叫んでいた。

エッカートはハンフシュテングルにこう打ち明けた。「アドルフは何かが完全におかしくなっている。救いがたい誇大妄想の症状がある。救世主《メサイア》コンプレックスによって自制心を失えば、彼はわれわれすべてを滅ぼすだろう[29]」

第四章　熱い秋

「今夜始まるぞ！」

――突撃隊員、一九二三年

ヒトラーの山での日々は、迫りくる嵐の前の穏やかな時間だった。一九二三年の秋の時点で、ドイツはいまにも爆発しそうな状況にあった。ヴィルヘルム・クーノ首相の内閣が倒れたが、その消極的抵抗の方針は大失敗に終わっていた。後を継いだのはやはり中道左派のグスタフ・シュトレーゼマン内閣だった。インフレはなすすべもなく進行し、一ドル＝数兆マルクにまで高騰した。内戦の噂が流れ、東方（ポーランドやチェコ）や西方（フランスやベルギー）の軍が侵攻してくるという話もあった。ドイツが崩壊し始めればフランス軍が攻撃してくるという気配はさまざまにあったが、それどころか、フランス大使のピエール・ド・マルジェリが、ドイツに右翼の独裁政権が誕生した場合はフランスが干渉すると、シュトレーゼマン首相にはっきり伝えているほどだった――これは、ベルリンの潜在的な反乱者にブレーキをかける大きな要素になっていた。[1]

バイエルンの少し北、テューリンゲン州（ゆるやかに起伏する森と、ヴァイマルやアイゼナハのような文化の中心地がある）とザクセン州（ライプツィヒやドレスデンのような大都市がある）は激動の中にあった。連立内閣への参加を認められた共産党は、反乱を起こしてすべてをわがものにし、ドイツで共産主義革命を起こそうとしていた。彼らの計画はモスクワのコミンテルンにじかに支援されており、一九一七年のロシアの十月革命を手本にしていた。この計画はあらかじめ革命への期待を込め、「ドイツの十月」とも呼ばれていた。このような動きに対して、ゼークト将軍と国軍は、テューリンゲンとザクセンに攻め込み、共産主義者を駆逐しようと計画していた。バイエルンの国軍を使って近隣の共産主義者を抑えつけるという話まであった。ドイツは、端的に言って、分離主義勢力が影響を及ぼす不安定な場所だったのだ。

バイエルンでは、破れかぶれの州政府が、半独裁的な権力を持つ〈Kommissar〉――総督――を任命し、この惨状からの脱却を図った。四角い顔で、上向きの口髭を生やし、感情を表さないグスタフ・リッター・フォン・カール総督は、バイエルンの兵力の双頭、国軍のロッソウ将軍と州警察のザイサー長官に支えられることになった。一九二三年の秋、三人の指導者――カール、ロッソウ、ザイサー――は、プロイセン以外で最も政治的に重要な州（ヴァイマル共和国には十八の州と都市国家があった）であるバイエルンを、事実上、三頭政治体制で統治していた。軍事面の指導者――ロッソウとザイサー――は、自分たちの立場が孤立しながらも強力であることを知った。彼らは、バイエルンの北の州境の防衛力を高め、テューリンゲンとザクセンの「赤」を締め出すとともに、法制外の民兵を国軍バイエルン第七師団に組み入れ、兵力をほぼ二倍にすることで、現場における自分たちの立場を強くしようと考えた。ベルリンから派遣される国軍の部隊と争う用意まできていた。

ドイツの混迷はヒトラーにプラスに働いた。人々は、困惑し、幻滅するほど、彼の過激なメッセージに反応した。ナチスの指導者にとって、一九二三年秋の政治の季節は幸先良く始まっていたのである。九月一日、山での隠遁生活から戻り、生気を回復したヒトラーは、バイエルン第二の都市ニュルンベルクで行われた仰々しい「ドイツの日」集会で、天下のルーデンドルフ将軍と肩を並べていた。この奇妙な二人組――感情を表さない将軍と、何をしでかすか分からないビアホールの政治家――とともに、廃止されたが依然として一部で愛されていたドイツ王朝の代表として、十七歳のプロイセン王子、ルートヴィヒ・フェルディナント[2]も観閲席にいた。三人の前で、十万人もの人[3]が、ナショナリズム感情、ヴァイマル共和国への嫌悪を表明しながら行進し、ヒトラーが右翼運動を引っぱる政治的名士であることが確かめられた。ルーデンドルフの暗黙の賛同を受け、彼は手加減のない熱烈な演説をした。「ドイツには新たな革命が必要だ。社会主義者、ブルジョワ、ユダヤ人による一九一八年の革命ではなく、今日、ドイツの力と偉大さを取り戻すナショナリストによる革命が。……われわれには革命、流血、独裁が必要だ。……議会や、現在のような政府は必要ない」。そう言って、崩壊しそうな議会制度と、「弱い多数派」（ヒトラーはよくこの表現を使った）への軽蔑の念を吐き出した[4]。多数派の支配は二流で、強力なリーダーシップを弱めるものだと彼は考えていた。議会制民主主義への蔑《さげす》みは徹底しており、そのためにナチ党の選挙への参加も認めないほどだった。彼の党は純粋に革命の党であり、権力への道は現体制の打倒以外に考えられなかったのである。

翌日の九月二日、同じくニュルンベルクで、ヒトラーの突撃隊は強硬的なナショナリストの民兵組織二つと手を組んだ。獣医学教授のフリードリヒ・ヴェーバー率いるオーバーラント団と、顔に傷のある第一次世界大戦の将校で、国軍現役兵士のエルンスト・レームが指揮する帝国軍旗団である。こうしてドイツ闘争連盟が結成された。その軍事指導者には、長身で弾丸頭の、第一次世界大戦の不屈の軍人、ヘルマン・クリーベル元中佐が就いた。闘争連盟は、すぐさま単刀直入に、「不面目な」ヴェルサイユ条約の破棄と、ベルリン政府の打倒を訴えた。[5] ヒトラーはまもなく連盟の政治指導者に任命され、これまでよりはるかに大きな戦力を手にしたが、それはちょうど大がかりな攻撃をもくろんでいたころだった。

こうした展開は、熱い政治の秋の始まりに過ぎなかった——その運動と抵抗は、二ヵ月のうちに、ヒトラーの権力獲得の賭けによって終わる。争いは三者間で繰り広げられていた。第一に、民兵組織を含むヒトラー陣営。第二に、国軍バイエルン師団とバイエルン州警察の支配権を持つ、カール、ロッソウ、ザイサーの三巨頭。第三に、ベルリンの中央政府——これにはドイツ軍も含まれたが、その忠誠心はしばしば不確かだった。

爆発が始まったのは九月二十六日、グスタフ・シュトレーゼマン新内閣が、フランスのルール占領への消極的抵抗を失敗のまま終えると発表したときだった。これにより、フェルキッシュのナショナリストたちから抗議の声があふれ出た。また、バイエルンを「秩序の砦」と称揚していた元州首相のカールに、独裁的な州総督の職が与えられることにもつながった。慎重な官僚として知られていた——「永遠に準備をしている男」だと、ゲーリングは文句を言っていた——カールの新たな権力は、バイエルン州警察と国軍の支援にすっかり依存したものだった。つまり、ロッソウとザイサーのことである。こうして彼らは一体となり、非公式だが強固な三頭政治体制が築かれた。

ヒトラーは、優柔不断なカールの任命をフェルキッシュ運動への「大きな打撃」だと言い放つとともに、消極的抵抗の方針を撤回したシュトレーゼマン内閣も批判した。そしてこれらの動きに抗議するため、十四回の集会と十四回の演説を翌日九月二十七日に行うと発表した。カール総督が新たな独裁権を使って行う最初の仕事は、バイエルンに非常事態宣言を出し、ヒトラーの集会を自動的に禁止することとなった。一方、この思い切った一歩のすぐあとの動きは、対照的に、ナチスにとって好ましいものとなった。カールは中傷の的となっていた「東方ユダヤ人」を百世帯以上、バイエルンから強制的に追放したのである。ベルリンのシュトレーゼマン首相は、このバイエルンの行動を「中世のよう」だと非難した[6]。

そしてベルリンが動く番となった。九月二十七日の朝までに、シュトレーゼマン内閣は全国非常事態宣言を出し、執行権をすべて国防相の手に委ねた――事実上、国軍の参謀総長、ゼークト将軍に委ねたということである。ベルリンとバイエルンは、象徴的な意味で、お互いに向けられた銃身を見ていた。

しかし昼近くになると、戦いの様相が再び変わった。言葉の戦争と間接的な武力によるにらみ合いに、公の場での侮辱という要素が加わったのである。ヒトラーの新聞「フェルキッシャー・ベオバハター」は、九月二十七日の一面に、「シュトレーゼマンとゼークトの独裁」という記事を掲載した。ベルリン支局によるその記事は、政府の非常事態宣言を、フェルキッシュ運動を叩き潰そうとする露骨な企てだと非難していた。しかし、その内容は個人攻撃だった。ゼークト将軍の決定を促したのは、彼のユダヤ人の妻――「旧姓ヤコブソン、一八七二年フランクフルト生まれ、出生証明書には mosaisch［ユダヤ人］と記されている」――の政治的影響だと、言い放ったのである。また、シュトレーゼマン首相の妻もユダヤ人だと言及した。[7]

実際、ゼークトの妻はユダヤ人の血を引いていたが、彼女の名前への言及は――宗教のことは言うまでもなく――尊大な将軍を怒らせた。反撃に出た彼は、執行権を行使し、「フェルキッシャー・ベオバハター」の業務停止を命じた。国軍の参謀総長として、部下であるバイエルンのロッソウ司令官に、ヒトラーの代弁機関の活動を禁止するようにと言った。しかしロッソウは、立派なドイツ将校だったが、それ以上にバイエルン人であったため、命令の実行を拒んだ。彼は、カール総督がゼークト将軍のバイエルンの問題への干渉を認めていないのだと言った。ゼークト将軍はそれを受け、ロッソウ将軍を直ちに解任したが、ロッソウは退かなかった。カールの最優先権限を引き合いに出し、このバイエルン出身の司令官は参謀総長の命令を無視したのである。そしてカールは、ロッソウと国軍第七師団は総督に仕えているのであり、バイエルンは「いま、真のドイツ精神を守る包囲された砦とならなければいけない」と宣言した。[8] こうしてロッソウはバイエルン政府に誓いを立て、ヴァイマル憲法への誓いを暗に破った。さらに十月二十二日、午前十一時、バイエルン師団は練兵場へ行進し、そこで全兵士が――そもそもほぼ全員がバイエルン人だったが――喜んでバイエルンに誓いを立てた。[9] ロッソウと第七師団はいまやゼークト将軍に完全に反旗を翻し、ドイツ中の国軍の士気をぐらつかせていた。[10] ゼークトはエーベルト大統領に手紙を送り、「内戦」の警告をした。[11] ドイツの一部の地域にとって、残る問題は、ザクセンでロッソウに仕えていたスパイ曰く、「バイエルンはいつ進軍するのか」だけだった。「いかなる遅れも危険だと考えられる」と、そのスパイは書いている。[12]

しかし、ベルリンと関係を絶ったからといって、バイエルンの三巨頭がヒトラーとその新たな盟友ルーデンドルフの仲間になるということはなかった。逆に、ヒトラー・ルーデンドルフ陣営は、ベルリンとの関わり方をめぐって、カール、ロッソウ、ザイサーと争い続けた。ヒトラーは全国的なプッチとベルリンへの進軍を宣言したいと思っていた。しかしまずは、国軍バイエルン師団と三巨頭を味方にする必要があり、それはタイミングの問題に思えた。ヒトラーの知的な相棒、ショイブナー＝リヒターは、九月にヒトラーにこんなメモを渡した。「大衆はあらゆる政治的変化を歓迎するムードになっている。このムードを利用する絶好の機会を見つければいいだけだ」[13]

ヒトラーにとって、絶好の機会はいまだった。〈losschlagen〉の準備はできていた。ムッソリーニがイタリアの首都に進軍したのを参考に、ミュンヘンでプッチを起こし、新政府の樹立を宣言し、ベルリンへ六百キロの進軍を展開して旧政府を倒すのだ。その計画は、ショイブナー＝リヒターの助言によるもので、失敗することはないように思えた。

しかし、三巨頭の考えは違っていた。彼らはヒトラーと同じく専制的な右翼政権を築きたいと考えていたが、ベルリン進軍に関してはまったく煮え切らなかった。三人の中でもロッソウは特に葛藤しており、あるとき、拳でテーブルを叩いてこう言い放った。「そうだ、私は進軍したいのだ――本当に進軍したいのだ！」しかしそれから、ただし成功する確率が「五十一パーセント」以上の場合にかぎると付け加えた。このような曖昧な言い方は、オールオアナッシングのヒトラーを憤慨させた。三巨頭の意見が一致していたのは、激しやすいヒトラーをベルリンでの進軍や権力奪取の先頭に立たせたくないということだった。たとえルーデンドルフが付いていても同じことである。そして、一人の強力な人物――特にヒトラーのような強情な人物――による独裁よりも、〈Direktorium〉（重役会）という名の集団統治を求めていた（集団統治とフランス革命の残虐行為との負の結びつきは完全に見落としていた）。

ヒトラーの騎士気取りの熱狂的なチーム――百戦錬磨のクリーベル、眼鏡をかけた獣医のヴェーバー、傷跡のあるレーム、気難しいローゼンベルク、陰謀好きなショイブナー＝リヒター、そして颯爽としたハンフシュテングルも――は行動を起こしたくてうずうずしていた。血気盛んな突撃隊の指導者ヘルマン・ゲーリングは目が血走っていた。彼は、ミュンヘンにバイエルン各地の部隊長が集まった際に、残忍な計画を告げた。すべての部隊の指導者は、担当する町や地区で、プッチの勃発と同時に「排除される」人のリストを前もって用意しておくように、と。「その中の少なくとも一人は、［プッチの］宣言の直後に、手本として撃たれなければならない[14]」

権力掌握に成功したら速やかに恐怖支配を行おうと考えていたのは、ゲーリングだけではなかった。バイエルン州最高裁判所判事で隠れナチのテオドア・フォン・デア・プフォルテンは、プッチが成功した瞬間にヴァイマル共和国憲法に取って代わることになる酷《むご》たらしい仮憲法をヒトラーのために起草した。それは、民主主義に突然終止符を打ち、議会を解散して過激な独裁制を敷くものだった。ストライキや組合活動を禁止し、ユダヤ人を公職からすべて排除し、ユダヤ人の財産を没収し、「非生産的な消費者」や「危険人物」とみなされる人々を強制的に労働に就かせるか「集団収容所」（強制収容所の婉曲表現）に入れるとしていた。報道、集会、言論の自由は奪われる。さらに、死刑の脅迫もあふれていた。労働の拒否、非合法の集まりへの参加、「戦時中のドイツ人の苦しみから得た」財産を譲らないこと――またしてもユダヤ人の不当利得というものに言及している――などの罪に対して死刑が適用される。すべての違反行為は簡易裁判所によって三日以内に判決を下され、上訴は認められない。「死刑の執行は絞首または射殺による[15]」。

十月のあいだも、ヒトラー陣営と三巨頭の対立は続いた。最大の皮肉のひとつは、民兵組織のドイツ闘争連盟と、正式な戦力の国軍および州警察が、政治指導者たちが言い争いをしていた中で、緊密な協力体制にあったことである。ルール地方からフランスの侵略者を追い出す（そのような構想があった）、テューリンゲンとザクセンの人々を扇動している「赤」の動きを抑える、ベルリンへ進軍するなど、真剣に行動を起こすためには、お互いの力が必要だと分かっていたのだ。闘争連盟の中で最大の武力を持つオーバーラント団の指導者ヴェーバーは、その重装備の砲兵隊をバイエルンの北の州境の国軍と州警察の部隊に合流させてほしいと持ちかけられていた。「自分たちに砲兵隊がなかったからのようだ」と彼は書いているが、戦後の国軍の規模および予算の制限を考えるとありうる話である。[16]

こうした将来的な軍事力共有の可能性だけでなく、ヒトラーの部隊はすでに定期的に国軍の兵舎で訓練を行っており、国軍の制服を着ることすらあった。闘争連盟の武器は公式の兵器庫に置かれ、民兵たちは空いた時間に正規兵と演習を行っていた。ロッソウはバイエルンのすべての部隊長に対し、いわゆる愛国連盟の民兵を合流させる準備をしておくよう命じた。とはいえ、こうした行為はヴェルサイユ条約の明らかな違反だったため、ロッソウは十月、条約順守を求める連合国の監視官に合併のプロセスを隠そうと、「秋期演習」の実施を呼びかけた。

三巨頭がベルリン進軍やヒトラーとの政治的合流について言葉を濁しているあいだに、反逆者気取りの者たちは行動の準備を整えていた。十一月一日、ヴェーバーが自宅アパートで行ったミーティングで、ヒトラーは州警察長官のザイサーと向かい合った。「時は来ました。経済的苦しみは人々に絶望をもたらしており、われわれが行動しなければ彼らは共産主義者になびいてしまいます」[17]。これに対しザイサーは、明日ベルリンへ行き、ゼークト将軍が首都への進軍などの武力による権力掌握を支持するかどうか探ってくる、と答えた。そして、少なくとも自分がベルリンから戻るまでは単独での革命行動は控えてほしいと懇願した。ヒトラーはこう答えた。「ザイサー大佐、私は戻るまで待ちますが、そうしたらあなたは行動を起こし、［カール］総督にも行動を起こさせなければなりません。あなたが戻ってきて何もなかったら、私は自ら行動せざるを得ないでしょう」[18]。いくつかの報告によれば、ヒトラーはプッチを起こさないという以前の誓約を撤回したともいう[19]。

四日後、ザイサーはミュンヘンに戻った。ゼークト将軍はベルリン進軍の考えを即座に退けた、と彼は報告した。老将は右翼の集団統治による権力掌握には賛成だが、「合法的な道筋」をたどる――ヴァイマル共和国憲法四十八条のもと、エーベルト大統領が宣言する――場合にかぎって支持するということだった。これは、三巨頭にしてみれば、ベルリン指導部の当てにならないやり方を承認するということになる。ロッソウは以前、首都の面々と交渉する際の苛立ちをこう表現していた。「ベルリンに去勢された連中しかおらず、意気地なしで断固たる決断ができないのなら、ドイツはバイエルンだけではとても救えない！」[20] 力強い言葉だが、やはり行動はなかった。

ヒトラーに行動を求める外部からの圧力は、いまや抑えがたいものになっていた。何ヵ月も、民兵や突撃隊の男たちは行動の準備をしていた。彼らは訓練を受け、教化され、希望を与えられていた――「ベルリンの奴らを追い払い」、ドイツの国家的威信を取り戻す、歴史的な役割を果たすのだと。一方で、圧力は心の中でも高まっていたし、ヒトラーは自らの内なる欲求に非常に敏感だった。

四年にわたってベルリンの「十一月の犯罪者」についてわめき散らし、国の差し迫った破滅を予言し続けたのち、ヒトラーは大言壮語のネタをほぼ失っていた。議会による支配に反対し、ナチ党の選挙への参加を厳しく禁じていたため、ビアホールでの口論を除いて何かに勝利するということがなかった。党員数は増えていたが、有権者の支持や議員数が増えるという方向には行けなかった。この政治的停滞が、自身の落ち着きのない性格と相まって、ヒトラーの中に行動の衝動を燃え上がらせたのである。

リスクの高い状況に直面したとき、ヒトラーの本能はほぼ必ず飛躍した。行動こそが彼にとっては媚薬であり、マリファナであり、初期設定だった。のちに世界中が知るように、その性急さはしばしば思案を封じたが、それは恐ろしく、悲しいことだった。ヒトラーは聴衆を刺激すると同時に、自分自身も刺激し、熱狂的な期待感を抱かせていた。徐々に崇高なセルフイメージを作り上げていたことで、果敢な一撃に出る必要性が生じていた。自らをマルティン・ルター、フリードリヒ大王、リヒャルト・ワーグナーなどの英雄やお手本と比べるようにもなっていた。「私は闘い続け、大ドイツ解放運動の先駆者になるという目標を決して見失わない」と彼は言った。[21]また別の会話の中では、自分は現代のナポレオンであるとも言った。「彼はナポレオンのエルバ島からパリへの進軍を自身と重ねていた。あちらも最初は支持者が少なかったが、最終的にフランス全土を手中に収めた」と、ロッソウ将軍の側近、オットー・フォン・ベルヘム大佐（男爵）は語っている。「彼はバイエルンの軍隊をベルリンに向かわせたいと思っていたが、われわれは望みがないと考えていたから、即座に拒否した[22]」

そしてついに、上からの圧力がかかった。ヒトラーは、三巨頭は何らかの形で一緒に行動を起こすかもしれないが、それは自分抜きになるのではないかと感じ始めていた。プッチによってであれ、交渉によってであれ、バイエルンの三人は、ドイツを支配する力をうまく獲得するかもしれない。このヒトラーの懸念が裏付けられたのは、十一月六日の火曜日、カール総督がオフィスでミーティングを開いたときだった。それにはほとんどの民兵の指導者が呼ばれたが、ひとつ大きな例外があった。ナチスである。ヒトラーもゲーリングもその場に呼ばれていなかった。一方、ドイツ闘争連盟の指導者――クリーベル中佐、ヴェーバー博士ら――は出席していた。カールは、ミーティングが終わり次第、彼らがヒトラーのもとへ直行すると分かっていた。ミーティングの表向きの目的は、カール曰く、ヒトラーの突撃隊を含む民兵がテューリンゲンの共産主義者を攻撃するという、噂されている時期尚早な計画にブレーキをかけることだった[23]。しかし、三巨頭が揃ったそのミーティングで、カールがより重点を置いていたのはベルリンだった。彼は、独裁的な指導体制を作る動きはすべて入念に準備されなければならず、それにはまだ見つかっていない北ドイツの有力者たちを含めなければならないと言った。「要点は、ベルリンに議会の干渉を受けない国家主義の政府を築くということだった」と、ミーティングに出席していた工場主のマックス・キューナーは報告している。「独裁が最も重要なことだった。シュトレーゼマン政権は戦いを挑まれなければならない。[一九一八年の]革命とその影響からの解放。組合とトラストからの解放[24]」

ベルリンで体制転換を成し遂げるための選択肢は二つあると、カールはオフィスに集まった人々に言った。「通常の道筋」と「通常ではない道筋」の二つである。通常の道筋はヴァイマル共和国憲法四十八条に従うもので、エーベルト大統領が非常事態を宣言し、集団統治体制を作ることだったが、これは見込みがないように思えた。特に、ザイサーのゼークト将軍への提案が失敗に終わったことを考えると。「それゆえ、通常ではない道筋が用意されている」とカールは続けた。武力による権力掌握のことである。「下準備は終わった」と彼は言った。それから、ゲーリングが言うところの「永遠に準備をしている男」らしく、こう付け加えた。「だが、綿密に練られた一元的な計画のもとでなければ行動は起こせない」。そしてそのような計画を先導するのはカールその人でなければならなかった。「開始の命令を出せるのは私だけだ」と彼は言い、それは二週間以内に起こりうると匂わせた[25]。

ロッソウはこう付け加えた。「バイエルン師団は用意ができている[26]」

これらの詳細はすべて数時間以内にヒトラーの耳に届いた。〈losschlagen〉の準備はまだ不十分だとはいえ、ついにカールが真剣に行動を考えているらしいことが分かった。だが、出し抜かれたとも感じ始めていた。カールはヒトラーを待たせ続け、行動を起こさせないようにしているようだった。その晩、ショイブナー゠リヒターとテオドア・フォン・デア・プフォルテンと会ったヒトラーは、われわれの時が来たと言った。彼は心に決めていた。革命を夢見て四年が過ぎたいま、ついにそれを実現させる、そしてそれによって自分たちは絶大な力を得るのだと。

その計画はこうだ。まず、ミュンヘンで権力を掌握する。バイエルンの支配機関――政府、軍、州警察――の地位を奪い、ヒトラーが鉄壁の権力基盤をバイエルンに築く。それから新たな中央政府の樹立を宣言し、ドイツの首都に進軍する。一八一五年のナポレオンのエルバ島からパリへの徒行をモデルにしたこの進軍は、「国民蜂起」の引き金になると彼は考えていた。しかしこの企てを軍事的に成功させるには、カール、ロッソウ、ザイサーを味方につけなければならないことも分かっていた。そこで、バイエルンの三巨頭を銃で脅して捕らえ、共謀者としたうえで、彼らがやると言っていたこと――ベルリン進軍――を実行させようともくろんだ。「彼らが跳躍するのを助けたい、とヒトラーは言った。クリーベル中佐は、「彼らをちょんと押して水の中に入らせる」のだと言った。その計画は大胆で、複雑で、奇妙な霊感に動かされていて――非常にリスキーだった。失敗すれば死刑になる可能性もあった。

ショイブナー＝リヒターとフォン・デア・プフォルテンとのミーテンィグのあと、ヒトラーは週末の十一月十日と十一日に襲撃を行うという計画を立てた。「行政の者は誰も出勤していないし、警察の人員も半分になっている。そこが襲撃のときだ」と、ヒトラーはハンフシュテングルに言った。[27] クリーベル中佐はこう提案した。土曜日にドイツ闘争連盟が夜間演習を行う、それから日曜日の午前中に、楽隊が演奏する中、街へ行進する――ミュンヘンではありふれた光景だ。そこで、きびきびと行進していた軍隊が反乱者に変わり、重要な政府の建物、警察署、通信センターを押さえる。しかし、十一月七日の水曜日の午前中、ヒトラーと闘争連盟の面々がこの計画について話し合っていると、予期せぬ知らせが届いた。これはスケジュールや戦闘隊形を大きく変えるうえに、結果をも決めうる話だった。カール総督が翌日木曜日の夜に演説を行うというのである。会場は、ヒトラーがよく演説をしていた大きなビアホール、ビュルガーブロイケラー。カールは民衆扇動家とはとても言えなかったが、一九二〇年代のミュンヘンにおいて、ビアホールは飲食の場であるとともに、公開集会の定番の会場だった。ミュンヘンのビアホールほど「民主的な場所はなかなかない」と、アメリカ人のある訪問者は一九〇九年に書いているが、[28] 広々とした酒場は政治グループ間の荒々しい喧嘩の場にもなった。ビールジョッキが投げつけられ、多くの人の頭蓋骨にひびが入った。酒の席は、一九二〇年代のバイエルンの政界と同様、身体のぶつかり合いだったのである。数

「ビュルガーブロイケラー」ビアホールでのナチスの集会。ヒトラーはこの場所で、1923年のプッチ、1925年のカムバック集会を行った。1939年には、このホールで暗殺をかろうじて免れた。(Bundesarchiv)

年にわたって、ヒトラーはそのような対決を学んでいた。しかし、その木曜日の夜に火花が散るとは思われていなかった。

カールを支える国家主義的なミュンヘンの実業家が企画したその集会で、新総督はボリシェヴィキの脅威を非難するとともに、経済問題についても説明することになっていたが[29]、その点で彼はそれまでバイエルン人を安心させられておらず、ビールとパンの価格——政府が直接影響を及ぼせ、バイエルン人の感情的に最も重要なもの——すらコントロールできていなかった[30]。カールの演説への急な招待状は、実業家、有力政治家、市の役人や議員、学者、大手新聞編集者など、ミュンヘン中のエリートに手渡しで届けられた。参加予定者の中には、カールに執行権を与えることを支持したオイゲン・フォン・クニリング州首相がいた。フランツ・ギュルトナー法相、フォン・ベルヘム男爵、ゾーデン伯爵（廃止されながらも依然として広く尊敬されていたバイエルン王室、ヴィッテルスバッハ家の代表）もいた。実業界のエリートの中には、もちろん、工場主のルートヴィヒ・ヴァッサーマンなどのユダヤ人もいた。バイエルン産業経営者協会は会員にこう通達した。「この集まりは歴史上重要な瞬間になる予定である」[31]。体制と体制の話し合いが大きな目玉だった。

ヒトラーにとって何よりの知らせは、ロッソウ将軍とザイサー大佐のどちらもが出席するということだった。ビアホールのひとつ屋根の下に、捕らえるべき三巨頭が集結する。ヒトラーは、「人々をわれわれの運動に迎合させなければならない」[32]とハンフシュテングルによく言っていたが、ついにそれを実行できるチャンスがやってきた。ビュルガーブロイケラーは芝居の始まりを待つ劇場のようで、ヒトラーはその花形になろうとしていた。水曜日の午前中、彼はプッチの日を週末から翌日十一月八日の木曜日に変更した。素早く動く必要があった。

十一月七日と八日の二日間、ヒトラーと側近たちは秘密裏の準備を慌ただしく行った。作戦会議を開き、ミュンヘン中を駆け回った。ドイツ闘争連盟の数々の武装部隊は、ミュンヘン外の多くの部隊を含め、理由も知らされないまま警戒態勢を取らされた。ヒトラーは当然ながら秘密厳守を求め、計画が少し漏れるだけで失敗に終わる可能性があると強調した。ごく一握りの仲間だけが秘密のサークルに引き入れられたが、その中の一人は、第一次世界大戦中の陸軍大尉（そしてのちの突撃隊幕僚長）で、帝国軍旗団の指導者であるレームだった。彼が頼まれたのは、シュティークルマイヤー広場のレーベンブロイケラーで行われる酒と歌の「同志の夕べ」に三百人の団員を集め、ビュルガーブロイケラーのヒトラーの手下からの合図を待ってほしいということだった。最初のプッチがうまくいった場合、その夜の暗号は〈Glücklich entbunden〉（響きがいいが多義的なフレーズで、「ほっと一安心した」や「赤ん坊が無事産まれた」というような意味）だった。レームのビールの会は、そこでミュンヘンの重要な建物への攻撃に転じる。

このような指示を出しながらも、ヒトラーはロッソウ将軍が数日内に起こりうる反乱に向けた備えをしていることを知らなかった。十一月七日、ロッソウはバイエルンの国軍の全部隊長をミュンヘンに集め、「ヒトラーとルーデンドルフの帝国独裁主義者」が陰謀を企てており、最大級の警戒態勢を敷くべきだと通知した。また、早計にプッチを起こせば「バイエルン師団を敵に回すことになる」とヒトラーに伝えるとも言った。そして、「われわれはこの狂気には加わらない」と付け加えた。[33]

だが、ロッソウが軍に騒乱への備えをさせていた一方で、ヒトラーの成功への道筋をつけようとしている者たちもいた。当時、ミュンヘンの重要な軍事施設のひとつに、国軍歩兵学校――将来の歩兵士官を育てる訓練所――があった。ブルテンブルク通りの、レーベンブロイケラーから遠くないところに位置する、ばかでかい四階建ての建物と専用の演習場を備えたこの施設には、五百人ほどの士官候補生がいた。若者の熱狂、ナショナリズム感情、ナチスへの傾倒の温床と言える場所だった。ルーデンドルフやヘルマン・エアハルト（カップ一揆の参加者で、「コンスル」の指導者）らが演説をすると、士官候補生たちはフェルキッシュ運動に引きつけられた。ルーデンドルフは彼らに向かい、ヒトラーを「素晴らしい人物」だと言った。[34] 歩兵学校役員のゲルハルト・ロスバッハ中尉は隠れナチ党員であり、自らの信念を校内の活発な口コミで広げることをためらわなかった。[35]ロスバッハの下準備はプッチの夜に報われることになる。

十一月八日、プッチの予定日、ヒトラーはミュンヘン中を回り、騒ぎを起こすことなく準備を整えようとしていた。フォン・デア・プフォルテンは、ミュンヘンの主要な電話交換局を押さえるための詳細な計画を作り上げていた——「六人でレジデンツ通りの入口から入り、右側の階段を上り、二階のワイルド局長を拘束する」[36]。正午、ヒトラーは「フェルキッシャー・ベオバハター」の狭苦しいオフィスに姿を見せると、要領の悪いバルト・ドイツ人の編集長ローゼンベルクに状況を伝え、「今夜襲撃する」と言った。ハンフシュテングルもその場にいた。ヒトラーは二人に、ビュルガーブロイケラーで午後八時に会おうと言った——「ピストルを持ってくるのを忘れないように」。ヒトラーは駆け足でヘルマン・エッサーに会いに行った。彼は側近の中でやや煙たがられており、高飛車な態度で多くの人を遠ざけていたが、ヒトラーはそれが役に立つと考えていた。黄疸《おうたん》で寝込んでいたエッサーに対し、ヒトラーはベッドから起き上がるよう説得した。「今夜、君が必要だ」と言い張った。優秀な兵士であるエッサーは、体を起こし、急いでレーベンブロイケラーのレームと合流した。

夕刻が迫るころ、ミュンヘン市の青い制服を着た警官——緑の制服を着た軍隊式のバイエルン州警察と混同されないようにしていた——が、武装した男たちに気づいた。鉄兜をかぶった者もいて、ビュルガーブロイケラーから遠くないイザール門の近くの小さな広場で中隊規模の部隊を組んでいた。一部はナチスの突撃隊だった。第十二地区の巡査、ゲオルク・アルバングは、自転車に乗った通行人がこう言うのを漏れ聞いた。「知ってるか？ 今夜起こるぞ！」夕方の冷気が訪れる六時ごろまでに、アントン・ツァウナー巡査は種々雑多な軍服を着た男たちを七十人目撃した。その多くは銃剣か短剣を持っており、マクシミリアン橋を練り歩き、全体としてビュルガーブロイケラーのほうへ向かっていた。私服警官のヨーゼフ・ブーマールは、ゲルトナー広場やコルネリウス通りのナチスのオフィスに民兵が集まっているのに気づいた。二度、誰かがこう言うのが聞こえた。「今夜始まるぞ！」[37]ヒトラーの妄執じみた秘密は明らかに外に漏れていた。民兵たちは自分たちがなぜ集まっているのか分かっていた。

ミュンヘン市警察は、強力な諜報作戦で、このような活動を常に厳しく見張っていた。市内で行われる重要な政治集会――一晩にいくつか行われることもあった――の詳細な報告をすべて翌朝には受け取っていた。巡査でさえ、疑わしい活動を報告するよう訓練されていた。しかしこの晩にかぎってそのシステムが機能しなかった。ブーマール巡査は午後六時四十五分、警察本部の政治課に電話をかけたが、こう言われたという。「心配するな。ナチスは［ビュルガーブロイケラーで行われる］大きな集会に呼ばれている。今夜何かが起こるなんて、ただの噂に過ぎないだろう」[38]。こうして前もって通告されながらも、何年も根拠のないプッチの噂を受け流してきた警察は、いっさい手を打たなかった。[39]しかし今回は、本当に天が崩れ落ちようとしていた。

第五章　ミュンヘン一揆（プッチ）

「あの豚どもに私を捕まえさせはしない。先に自ら撃つことにしよう」
――アドルフ・ヒトラー、一九二三年十一月十一日

ずんぐり体型でいかにも官僚らしいグスタフ・リッター・フォン・カールは、カリスマとは程遠かった。間違いなく、大衆を魅了する人物ではなかった。カールに何より期待できないことは、ビアホールに大勢の人を集めることだった。

しかし、一九二三年の危機感に満ちた空気の中で、ミュンヘンの人々は、ほかのドイツの人々と同じように、一筋の希望をつかもうと必死になっていた。雪が降りそうな十一月の寒い夜、カールの催しには多くの人が押し寄せ、会場のビュルガーブロイケラーに入れない人が出るほどだった。ぶっきらぼうなカールの、新体制を正当化するための即席の演説に、三千人が集まったのである。それはヒトラーにとっても驚きだった。

ナチスの指導者は、赤いメルセデスで八時半にビアホールの入口に到着し、かろうじて中に入る

ことができた。警察の分遣隊が扉を閉めており、路上でわめく人々に、会場は満杯だと説明していた。「つまずくこともできないほど混み合っていた」と、演壇の近くに立っていた男性は報告している。[1]

壇上では、カール総督が、「州の権限」、「ナショナリストの精神」、「行動する意志」についてだらだらと話していた。[2]聴衆の名士たちは、ビールジョッキを満たし、礼儀正しく静かに耳を傾けていた。

すると突然、広い会場の扉が開いた。軍服姿の小隊が中に押し入り、装備をガチャガチャと鳴らした。先頭に立つのはヒトラーで、その目は光り、顔は興奮で「激しく歪んでいた」。第一次世界大戦の鉄十字勲章を二つ付けたフロックコート姿の彼は、ある人に言わせればオペラの英雄のようで、別のある人に言わせれば「惨めなウェイター」のようだった。ボディーガードのウルリヒ・グラーフのほうを向くと、ヒトラーはこう言った。「私の背中が撃たれることのないようにしてくれ」[3]

会場はぎゅうぎゅう詰めで、ヒトラーは「拳と肘で道を開け」て演壇に向かった。話の途中で遮られたカール総督は、じっと立ったままだったが、その顔には憤りが見られた。ビアホールは混乱と怒りに包まれた。

「静かに！」とヒトラーが叫んだ。「静粛に！」会場がざわめいた。

ヒトラーは椅子に飛び乗ると、ブローニング拳銃を掲げ、高さ七・六メートルの格天井に向けて一発撃った。「静粛に！」と再び叫んだ。「国民革命が始まった」

このとき「完全な沈黙が広がった」と、その場にいたある男性は言っている。ヒトラーは聴衆の注目を引き寄せており、拳銃を高く掲げたまま、こう警告した。「この建物は六百人の重装備の男

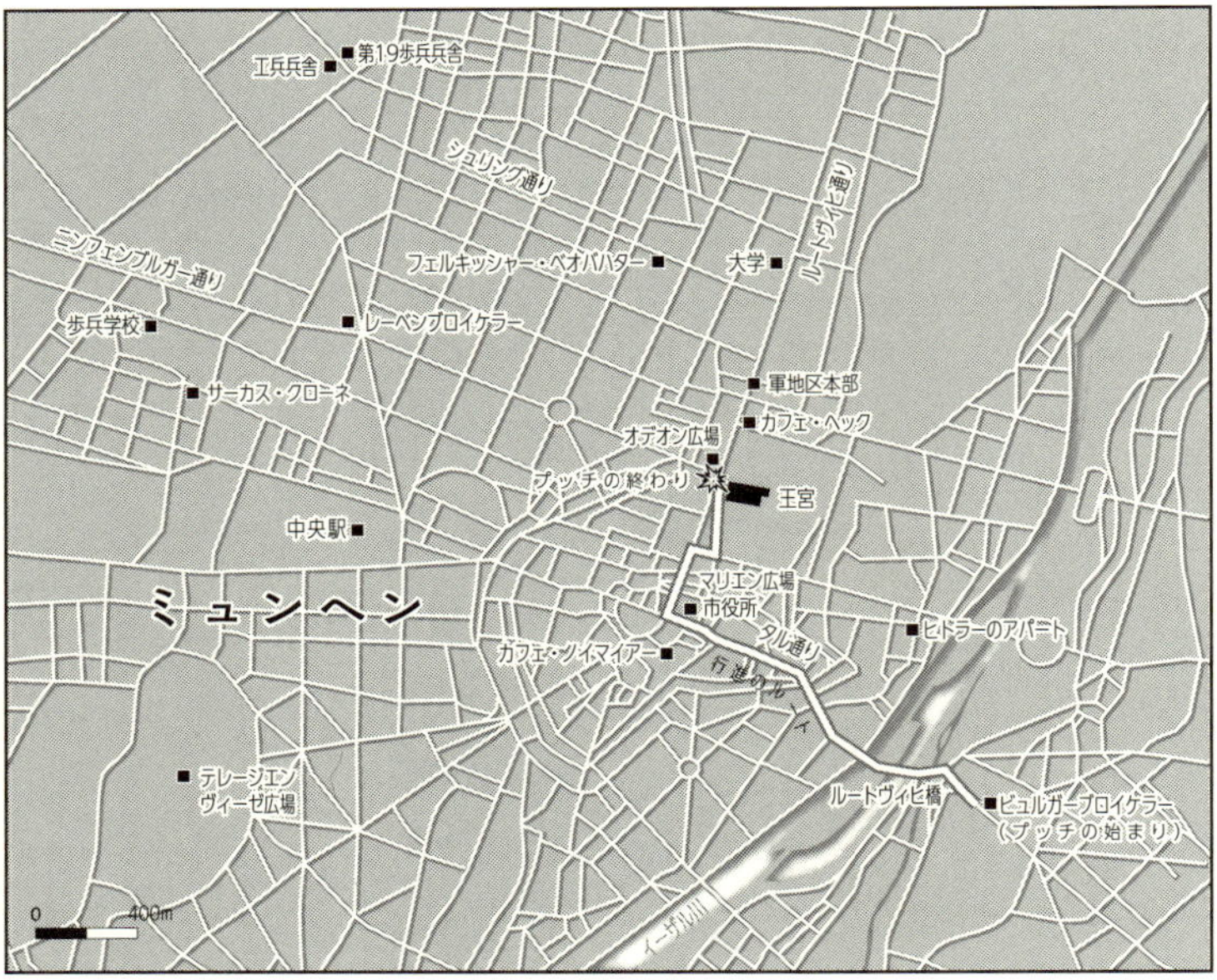

ミュンヘン一揆（プッチ）、1923年11月８～９日

たちに包囲されている！　誰もここを出てはならない。静かにしていなければ、バルコニーに機関銃を持ってくるぞ！」聴衆の多くは、狂人が現れたと思った。

　ヒトラーが話しているうちに、ヘルマン・ゲーリング率いる小隊規模の部隊が、重機関銃で正面入口をふさいでいた。裏口もすべて封鎖した。ビアガーデンに面した窓越しに、鉄兜をかぶった男たちがカービン銃を携えているのが見えた。ヒトラーはミュンヘンの大物三千人の機先を制し、厳かだが退屈な催しを大規模人質事件に変えたのである。カールはいまや「震えて青白くなっていた」[4]。

　椅子の上からヒトラーは叫び続けた。「バイエルン政府は退陣だ。中央政府も退陣だ。臨時政府が組織されている。国軍とバイエルン州警察の兵舎は占拠されている。国軍と警察の部隊はここで鉤十字の旗のもとに行進することになる」[5]

　ヒトラーの言ったことのほとんどは、誇張されている（重装備の男は六百人もおらず、おそらくその半分くらいだっただろう）か、真実でない（国軍とバイエルン州警察の兵舎は占拠されていなかった）か、ただの願望（一時間後に新政府を発足させたいと思っていた）だった。しかし、その後の政治人生でもそうするように、ヒトラーは最初に夢を描き、それから事実を固めていこうとしていたのだ。

　カールのほかの最重要人物は、軍服姿の二人、ロッソウ将軍とザイサー大佐だった。演壇のそばに座っていた彼らは、不信感と怒りを抱きながらも傍観しており、自分たちを擁護することも、ほかの誰かを擁護することもできなかった。ロッソウは最初に扉のほうから騒ぎが聞こえてきたとき、左翼の暴動だろうと思った。「ナショナリストの政治グループがナショナリストの集まりを襲撃するとは思ってもみなかった」と彼は言っている。「私は着装武器すら持ってきていなかった」
ヒトラーが演壇に近づくと、警察のフングリンガー少佐が行く手をふさぎ、ポケットに手を入れた。しかし、燃えるような目のヒトラーのほうが速かった。彼は拳銃を少佐の頭に向け、「ポケットから手を出せ」と唸るように言った。少佐の手には何も握られていなかった。[6]

演壇に立つカール総督は彫像のようだった。途中で遮られた演説の原稿を手に持ったままで、顔にはいっさい表情がなかった。ヒトラーは三巨頭に向かってぶっきらぼうにこう言った。「紳士方、私と隣室に来ていただきたい。身の安全は保証します。十分ほどしかかかりません」。ロッソウが間近で見ると、ヒトラーは興奮し、「恍惚《こうこつ》状態」にあるようだった。ヒトラーの指示で突撃隊の列のあいだを通って隣室に向かう途中、ロッソウはカールとザイサーにこう耳打ちした。「言いなりになるふりをしよう」。ドイツ語では〈Komödie spielen〉。「演技する」、「芝居にする」、「喜劇を作る」という意味の言葉である。これから起きようとしていることは、喜劇でもあり、悲劇でもあった。

ヒトラーが三人を隣室に連れていくと、突撃隊の司令官ゲーリングが会場を引き継いだ。ざわざわとした聴衆から、嫌悪と愚弄《ぐろう》の叫び声が再び上がった。「芝居か！」、「メキシコ革命か！」、「南米か！」。ヒトラーはくだらない暴徒だと笑いものにされていた。ゲーリングは天井に発砲して騒ぎを鎮めた。そして、集まった名士たちに、ナチスの行動はカールへの攻撃ではなく、「国民蜂起」の始まりなのだと請け合い、しばらく我慢してほしいと言った。[7]

「ほかに何が心配なのですか？　ほら、ビールがあるではないですか」

隣室では、ヒトラーが、この異常な企ての中でも特に難しい部分に直面していた。三人の重要な人質を自らの側近に変えなければいけなかった。その場にいた人たちによれば、ヒトラーは依然として有頂天になっているようだった。「汗をびっしょりかいていた」とロッソウは言っている。それは事実だった。ヒトラーは二、三時間にわたる長々とした演説をすると、最後にはいつも汗でびしょびしょになった[8]。この夜、政治人生最大の賭けに出たプッチ指導者は、数分のうちにずぶ濡れになった。

　ゲーリングはカールが攻撃されることはないと請け合っていたが、ヒトラーは三人の人質に脅しをかけていた。「私の許可なく生きてここを出る者はいない」と彼は言った。そして、バイエルンは「帝国政府への踏み台」であるとし、三人に新しい役割を告げた。ロッソウ将軍はドイツの新たな防衛大臣、ザイサー大佐は新たな「国家警察」の長、カール総督はバイエルンの摂政になる。また、ヒトラーは「政治的指導力」を持つが、特定の役職には就かない。突撃隊などの民兵組織を核とする新たな「国家軍」の指導者には、ルーデンドルフ将軍が就く。第一次世界大戦の英雄――ベルギーのリエージュの戦いと、ロシアを撃退した東プロイセンのタンネンベルクの戦いで勝利を収めた――ルーデンドルフは、いまだに多くのドイツ人にとって神格化された存在だった。彼はまた、悪名高い「背後の一突き」伝説を吹聴していた中心人物でもあり、不誠実にも、ドイツ軍は一九一八年に勝利寸前だったが、臆病な文民、特に社会主義者とユダヤ人に裏切られたのだと主張していた。ルーデンドルフの名前と軍隊での英雄的行為は、ヒトラーの経歴面の弱さを補うのに最適だった――ヒトラーは無学であり、勇敢さを称えられて二つの勲章を授与されていたとはいえ、下士官の位には達していなかった。しかし、プッチが始まっても、ルーデンドルフはビュルガーブロイケラーにまだ姿を見せていなかった。

緊迫した膠着状態の中で、ヒトラーはさらに威嚇《いかく》的になった。「われわれ全員が割り当てられた役割を受け入れなければならない」と、拳銃を振り回しながら唸るように言った。「さもなくば生きる権利はない。私とともに戦い、ともに勝つか、ともに死なねばならない。うまくいかなかったときのために、この拳銃に弾丸を四発入れている。協力者であるあなた方が私を見捨てたとき、三発はあなた方のために、最後の一発は私のために使われる」。ヒトラーはブローニング拳銃をいきなり自分の頭に向けた。

カールは、プッチが始まって以来ずっと黙っていたが、「嫌悪と憎悪」が沸き上がり、ついに口を開いた。「私を捕まえてもかまわない、撃ってもかまわない、君が自ら私を撃ってもかまわない。死ぬか死なないかは重要ではない」

ヒトラーはどうすることもできなかった。すでに十分が経過していたが、三巨頭は計画どおりに動いてくれていなかった。切り札であるルーデンドルフはまだ到着していなかった（ショイブナー＝リヒターに迎えに行かせていた）。暴力の脅しも、自殺の脅しも、愛国心への訴えと同じく、三巨頭をヒトラーの賭けに参加させることにはつながらなかった。気性の激しい反乱者にはもはやひとつしか武器が残されていなかったが、しかしそれは彼の最も強力な武器だった。声である。

三巨頭に見張りをつけたまま――三人はお互いに話すことも許されなかった――ヒトラーは騒々しい会場に戻った。そこでは、ウェイトレスがいまも忙しく一リットルのマグをテーブルに運んでいた。「カウボーイのやり方だ！」、「メキシコ！」、「南米！」という叫び声がますます響き渡っていた。ヒトラーは再び拳銃を撃って聴衆を黙らせた。

いまや彼はホームグラウンドに立っていた。ビアホールの演壇で、カーペットのように広がる聴衆を前に、ギアを切り替えた。いつもの伝道師のようなスタイルで、バイエルン人主導の新政府の計画を語り、こう言った。「ベルリンという罪深い混乱《バベル》の地に進軍するときが来た。バイエルンの力をすべて使い……ドイツの人々を救わなければならない」。ちょうど五年前、一九一八年の革命が宣言されたときに、ドイツは「最大の屈辱」を味わった、とヒトラーは言った。「今日、その屈辱に終止符が打たれるのだ！[9]」それまで野次を浴びせていた出席者は喝采の声を上げ始めていた――それも大声で（「ミュンヘナー・ツァイトゥング」は、〈stürmischer Beifall〉、「嵐のような拍手喝采」と表現した）。「別室で、カール、ロッソウ、ザイサーが思案に暮れている」とヒトラーは言った。「みなさんにお訊きしたい。ドイツの問題に対する私の提案に賛成してくれるか？　われわれを動かしているものが自分勝手な動機や個人的な利益ではなく、瀬戸際に立つ祖国のための闘いであることはお分かりだろう」。さらなる〈stürmischer Beifall〉が起こった。

ヒトラーは最後に、バイエルンという地域の感情に訴えた。「自由なドイツには、バイエルンの自治の余地もある。ひとつ申し上げよう。今夜ドイツ革命が始まる。さもなくば、われわれは夜明けまでにみな死ぬことになるだろう！[10]」

聴衆は熱狂した。わずか数分のうちに、ヒトラーのレトリックはミュンヘンの主流派の多くの賛同を得た。ちょっと前まで彼のことを生半可な軍事独裁者《カウディリョ》と一蹴していた人も含めて。「名演説だった」と、その場にいた歴史家のカール・アレクサンダー・フォン・ミュラーは書いている。「わずか数センテンスで聴衆の気持ちを揺り動かした。手袋を裏返すようだった。ヒトラーは聴衆の完全なる支持を受けて会場を離れ、カールのもとへ向かった。クーデターに加われば全員が味方になると伝えるために[11]」

そのとき、タイミングを計ったかのように――わざと遅れて到着した――タンネンベルクとリエージュの勇士、ルーデンドルフが会場に入ってきた。〈Achtung!〉（注目！）、〈Heil!〉（万歳！）という叫び声が聴衆から上がった。軍服姿ではなかったものの、背筋のぴんとした将軍は見間違えようがなく、その姿だけで起立の命令になった。彼が隣室へ向かうと、この一連の行為に名誉ある歴史を誇る正しきドイツの許可が下りたかのようだった。

ヒトラーも将軍に続いて隣室に入った。カール、ロッソウ、ザイサーは歓声を聞き、聴衆の気持ちを知っていた。しかし、やはり躊躇《ちゅうちょ》した。ルーデンドルフは三人に言った。「紳士方、私もここで起きたことに同じように驚いている[12]」。これは真実ではなかっただろうが、新たな事実を突きつけられていると感じていたのは明らかだった。「起きたことは仕方がない」と彼は言った。「重要なのは、祖国と、偉大なフェルキッシュ運動だ。この企てに加わることを勧めるほかない」

同輩のドイツの将軍を真っすぐ見て、ルーデンドルフは言った。「さあ、ロッソウ、やろうではないか」。ロッソウは、ドイツに生きる最も偉大な軍人の命令に従う義務を感じたようだった。目に涙を浮かべながら、かかとを鳴らして言った。「閣下のお望みは私にとっての命令であります[13]」。二人は握手を交わした。大佐に過ぎないザイサーに選択の余地はなかった。彼もルーデンドルフと握手し、無言の同意を示した。

だが、カールだけが屈しなかった。そこでヒトラーは圧力をかけた。「事は起きたのです。後戻りはできません。これは歴史的瞬間なのです」。部屋の外の聴衆は「あなたを担ぎ上げる」だろうと、ヒトラーはカールに言った[14]。ついに、曖昧な態度を取っていた総督は、バイエルン摂政というヒトラーの提案する役割を受け入れる道を見つけた。「紳士方、つまるところ、われわれはみな君主主義者だ。［退位したが復位の可能性のある］王の代理人として、［バイエルンを導く］職を受け入れる」

ヒトラーは、興奮した革命家から一転して喜ぶ男子生徒のようになり、新たな団結を人々に見せに行こうと言った。会場に戻ってきたとき、彼の顔は「輝いていた」と、ある出席者は言ってい

ヒトラーと第一次世界大戦の英雄エーリヒ・ルーデンドルフ将軍。彼らはプッチの最後の行進をともに率いたが、のちに激しく仲違いした。(Fotoarchiv Heinrich Hoffman, Bayerische Staatsbibliothek)

る。ヒトラーは第一ラウンドに勝利したのだ。

しかし勝利だけでは足りなかった。自分の行動を歴史的な文脈に置き、より長い時間枠でその素晴らしさを描き、その意味を正当化する必要があった。彼は聴衆に向けてこう言った。「今夜、私は五年前に自ら立てた約束を果たしたい。陸軍病院のベッドで、視力を失い、手足が不自由な中、私は誓ったのだ――決して休まない、決してあきらめない、［一九一八年］十一月の犯罪者どもが倒れ、ドイツの人々がこの荒れ果てたドイツの廃墟の上に再び立ち、強さ、偉大さ、自由、喜びを取り戻すまでは。アーメン！」

ヒトラーの言葉はまたしても嵐のような拍手喝采で迎えられた。とはいえ、そこには彼の典型的な歴史修正があった。彼はたしかにガス攻撃で一時的に失明したが、手足が不自由になったという事実はなく、そのような話はその後いっさいしていない。また、革命の直後にその転覆を誓ったというメロドラマ的な話についても、大半の歴史家が疑いを抱いている。おそらく自分で作った神話だったのだろう。しかしビュルガーブロイケラーの聴衆はそのことを知らなかった。

ルーデンドルフも彼なりに感傷的になり、「この重大な出来事に深く感動」しており、再び奉仕する準備ができていると語った。「今日はすべてを賭けることになる（Es geht heute um das Ganze）。……この時間はドイツの歴史の転換点だ[15]」。彼はのちに、「抑えきれないほどの内なる興奮」に支配されていたと言っている。

残りの三人は、短くも心を込めた様子で話し、新たな運動に加わると誓った。互いの目をしっかりと見て、表面的には心からの握手を交わした。明らかに心動かされたヒトラーは、左手を彼らの交わされた右手の上に置いた。これを見て、スイス連邦を築いた「リュトリの誓い」の歴史

トラックでミュンヘンを巡回するプッチ参加者たち。（Fotoarchiv Heinrich Hoffman, Bayerische Staatsbibliothek）

的な握手になぞらえる人もいた。壇上で、客席で、涙が流れた。ついには、集まった全員が「ドイツの歌」――「Deutschland, Deutschland über alles（ドイツよ、ドイツよ、すべてのものの上にあれ）」――を勇ましく歌い始めた。歴史家のミュラーによると、多くの人が「感極まっており、まったく歌えなかった」という。

しかし、この希望に満ちたナショナリストの熱情と結束の光景は、ビュルガーブロイケラーをはじめとする各所で展開されていたヒトラーのプッチの残虐な面を隠していた。多くの人が捕らえられるというゲーリングの予言は、潜在的な暗殺の脅威とともに、現実になりかけていた。パフォーマンスが終わったいま、カール、ロッソウ、ザイサーは見張りに付き添われて隣室に戻ることとなった。聴衆は自由に外に出ることができた――一部の人々を除いて。突撃隊などの闘争連盟の隊員はビュルガーブロイケラーの人込みから聴衆を外に出し始めたが、そのときルドルフ・ヘスがヒトラーと作成した名簿を読み上げた。名前を呼ばれて驚いた人々は、見張られながら上階の待機室に追い立てられ、人質にされた。何が待ち受けているのかまったく分からないまま。人質の中には、バイエルンの政府や議会のメンバーも含まれ、首相のオイゲン・フォン・クニリングまでもがいた――全員がカールの演説に招かれた客だった。彼らはいまや、名目上、失職し、退陣させられていた。バイエルン王室の代表者などの場合は、丁重な駆け引きがなされた末に、人質になったことが明らかになった。彼らは、保守的な出版業者ユリウス・レーマンの郊外の高級別荘に閉じ込められた。

一方で、特にユダヤ人の人質の場合は、丁重な駆け引きではなく、卑劣で手荒い扱いがなされた。工場主のルートヴィヒ・ヴァッサーマンは、雑踏から引っぱり出され、小さな部屋に隔離された――逃げようとしたら「撃つぞ」という警告も受けた。二人のナチ党員は彼に、明朝、マリエン広場（ミュンヘンの中央広場）の市役所の前で絞首刑にすると言った。[16] ほかのユダヤ人たちも、ボーゲンハウゼン（ユダヤ人が多く住むと言われていた裕福な地区）の自宅から引きずり出された。ナチスと闘争連盟は、電話帳や家の表札からユダヤ人とおぼしき名前を見つけ、押し入り、天井に向けて発砲し、住人を威嚇した。最終的に二十人以上のユダヤ人がビュルガーブロイケラーで人質となり、その中には娘たちと一緒に連れられてきた七十四歳の紳士もいた。あるナチ党員は彼らをまとめて直ちに処刑することを提案したが、ゲーリングはこう言った。「われわれにはまだ撃つ権利はない」

プッチ参加者は社会主義者と共産主義者の市議会議員を拉致した。ハンス・カレンバッハが右端にいる。（Fotoarchiv Heinrich Hoffman, Bayerische Staatsbibliothek）

イザール川の向こう側、ミュンヘン旧市街の中心では、ヒトラーとナチスをしばしば声高に批判していた社会民主党系の新聞「ミュンヘナー・ポスト」のオフィスで、略奪と破壊が起きていた。社会民主党のエアハルト・アウアー議員が編集主幹を務める同紙は、ヒトラーの考え方と過激さに早くから危険な兆候を見ていた数少ないメディアのひとつであり、彼の主張、存在、やり方を一貫して非難していた。ヒトラーにとって、「ポスト」はできるだけ早く排除しなければならない「毒の発生源」だった──そして今夜その機会が訪れたのである。ゲーリングによって派遣され、突撃隊のヨーゼフ・ベルヒトルトに指揮されたヒトラー衝撃隊は、「ポスト」のすべての窓を粉砕し、すべての机を破壊し、すべてのタイプライターを壊すか盗むかし、印刷機と植字機をめちゃくちゃにした。怒りと破壊の狂宴だった。同紙の哲学的な起源のシンボル、アウグスト・ベーベル（一八六九年に社会民主党を設立した人物の一人）の胸像も粉砕された。ショイブナー＝リヒターは法学生のヘルマン・フォプケを三階のアウアーのオフィスに送った。「書類がびっしり詰まったキャビネットがここにあります！」とフォプケは喜んで報告した。そして、個人的および政治的な文書をかき集め、誇らしげにビュルガーブロイケラーのヒトラーに届けた[17]。

ナチスの襲撃団は新聞社を破壊するだけでは足りなかった。ミュンヘンのアウアーのアパートにも押し入った。しかしながら、すでに彼はプッチが起こりそうだと聞いて逃げ去っていた。標的を失った侵入者たち（ヒトラーの運転手のエミール・モーリスがリーダーだった）は、アウアーの妻を乱暴に扱い、二人の娘を脅かし、義理の息子を連れ去った[18]。

ビュルガーブロイケラーの新たな司令所から、ヒトラーは街中のプッチの動きを確認しようとしていた。少なくとも一ヵ所から、うまくいったという知らせが届いた。「赤ん坊が無事産まれた」という暗号を受け取ったあと、レームはレーベンブロイケラーを出発し、三百人の男たちを国軍の地区本部まで行進させた。ルートヴィヒ大通りのバイエルン州立図書館のすぐ隣にあるそこは、ロッソウ将軍の司令所だった。行進の先頭では、レームの分遣隊の新入りで、眼鏡をかけた無表情な若者、ハインリヒ・ヒムラーが、帝国軍旗団の旗を持って闊歩していた。農学を学んでいたヒムラーは、レームを狂信的に慕っており、まもなくヒトラーにも同様の感情を抱くようになる（ヒムラーは第三帝国で親衛隊長を務め、ホロコーストの主犯格となる）。国軍の地区本部に着くと、レームの部隊は、建物を引き継ぐ正当な命令が出ていると言って、ロッソウ将軍の非力な守衛をすぐに言いくるめた。有刺鉄線を建物のまわりに張り、重要地点の戦略上の設備を完全に手中に収め

新たにナチスの運動に加わった、のちに殺人マシン「SS」の指導者となるハインリヒ・ヒムラーが旗を持っている。プッチ参加者は軍の地区本部を占拠したが、これは彼らの唯一の成功だった。（Fotoarchiv Heinrich Hoffman, Bayerische Staatsbibliothek）

た。

しかし、ほかの場所ではこれほどうまくいっていなかった。ロッソウの国軍の司令所を無力化することは、ミュンヘンの国軍の兵士たちを実際に捕らえて変節させることとは違った。彼らは主に市の北西端の第一大隊兵舎、第十九歩兵兵舎、工兵兵舎に配置されていた。闘争連盟がそこに到着し、レームの部隊のように説得して兵舎を手中に収めようとすると、歩哨たちは、自分たちにも従わなければいけない命令があると言って拒絶した。彼らの揺るぎなさはプッチの潮目を変える決定的な要因になった。この予期せぬ抵抗の言葉がビュルガーブロイケラーに届くと、ヒトラーは衝動的に自ら解決に乗り出すことに決めた。ビュルガーブロイケラーの聴衆の抵抗を「手袋を裏返すように」ひっくり返したのと同じく、いつもの説得力のある弁舌で、懐疑的な国軍も引き込むことができると考えたのである。彼は司令所を離れ、町の向こうの兵舎に向かった。囚われたままの「共謀者」、カール、ロッソウ、ザイサーは、ルーデンドルフに任せた。

だが、これこそが致命的な過ちだった。ルーデンドルフはこの人質たちを将校仲間、紳士として敬っていた（カールも第一次世界大戦中に将校に任命されていた）。十代のころに士官学校に入った生涯軍人のルーデンドルフは、卑しい策略に満ちた冷酷な政治の世界ではなく、義務と名誉を重んじるプロイセンのルールのもとで教育を受けていた。フェルキッシュ運動においても、数年にわたって扇動行為をしていたとはいえ、現場の戦略家というよりは運動の父親的存在だった。政治の駆け引きが、常に変化するルールと、便宜上の協力によって行われるというのは、彼には馴染みのないことだった。カール、ロッソウ、ザイサーが解放を求める――新政府の一員として務めを果たさなければならないと名誉にかけて誓った――と、老将軍は何も怪しまず、言われたとおりに自由にさせてしまった。

一方、ほかの突撃隊や闘争連盟の部隊は上からの命令を実行していた。ある一団は、当惑しながら、聖アンナ広場の修道院付属教会に向かった。そこで隊員たちは理解した。修道院の地下室から男たちが次々とカービン銃を持って出てきていたのである。しばらくすると、彼らは列を作り、トラックに乗る男たちへ順々に武器をリレーしていった。合計三百挺《ちょう》以上のライフルが修道院の地下室から取り出されたが、それらはすべてバイエルンの民兵たちが不法に隠していたものだった。大学の近くでも武器の隠し場所が開かれ、パラティアという男子学生会館の地下から、百挺以上のライフルが突撃隊によって回収された。これは、武器の調達と隠匿のスキルから「機関銃王」の異名を取ったレームが、一週間前に用意していたものだった。[19]

だが、準備をしていたとはいえ、組織立っていないプッチ部隊はそれ以上の陣地を攻略できなかった。政府勢力よりも数で勝っていた——プッチ部隊には約四千人の武装兵がいたが、国軍と州警察には二千六百人しかいなかった——にもかかわらず、ヒトラーの部隊は新たな攻撃をうまく仕掛けられなかった。[20]司令所から数ブロック離れたカールの行政本部を占拠しようというレームの企ても断固とした抵抗にあい、銃を撃つこともなく撤退した。警察本部だけは、プッチ協力者となっていた元警察長とその部下によって一時的に徴発されたが、二時間もしないうちに当局の手に戻され、反乱者たちは逮捕された。

ヒトラーは歩兵兵舎と工兵兵舎に姿を見せた。しかし、その自慢の説得力もついに限界を迎えた。守衛に中に入れさせてもらえず、負けを認めて立ち去った。そしてビュルガーブロイケラーに戻ると、ルーデンドルフが名誉にかけた誓いのもとに人質を解放したと知って愕然《がくぜん》とした。ヒトラーは激高し、次々と暴言を吐いたが、将軍に急に遮られた。「私の面前でドイツ将校の名誉にかけた誓いを疑うことは誰にも許されない」

虫けらが反撃してきた。ヒトラーはそう理解した。自由になった人質はすぐ、公になされたヒトラーのプッチへの協力宣言——その場にいた全員の目にきわめて真摯に映った——を撤回した。もっとも、のろまなカールはほかの二人よりも撤回するのが遅かったうえに、どちらの側にいるのか部下たちが困惑するような奇妙な動きをいくつか見せた。ロッソウの元の立場への復帰を急がせたのは、歩兵兵舎に入る際に幹部将校にされた挑戦的な質問だった。「では将軍、ビュルガーブロイケラーの一件、あれははったりに過ぎなかったのですね？」ロッソウは答えを知っていた。もちろん、〈Komödie spielen〉――言いなりになるふりをしていただけだ、と。ロッソウはバイエルン中の国軍部隊に、ミュンヘンへ進軍するよう命令を出した。ヒトラーのプッチに対する戦いが始まった。

真夜中近く、ミュンヘンの動乱は外の世界にも波紋を巻き起こしていた。最初に反応したのはベルリンだった。ゼークト将軍はまもなくクーデターの知らせを聞くと、迅速に対応し、ベルリン中の部隊を動員した。必要とあらばバイエルンを攻撃し、最終的には、多くの人が恐れる内戦を始める用意もできていた。諸外国もこの出来事に注目した。「ニューヨーク・タイムズ」はすでに一面全段抜きの大見出しを用意していた。「バイエルンで反乱、ルーデンドルフが独裁を宣言。君主主義者の部隊がベルリンへ進軍か。首都は反逆罪を宣告、防衛部隊を招集」。この見出しは間違いだらけで、ヒトラーへの言及がないことが特に注目されるが、事の重大さはとらえていた。ムッソリーニのミュンヘンへの使節などは、カールを二度目の変節の前に訪問した際、クーデターの実行を祝し、ベルリン進軍への期待を述べていた。

ポスターの争いもあった。一般向けラジオが登場する以前の、活気ある印刷物の時代、ヨーロッパではどこの街にも多数の新聞――ミュンヘンでは十紙以上――があったほか、ニュースやイベント情報を伝えるポスターが、公共の壁や特別な街路柱に毎日貼られていた。すぐに印刷できるポスターは重要なコミュニケーション手段で、特に政府と市民をつなぐものだったのである。この点に関して、ヒトラーのプッチ部隊は準備ができていた。ナチスと闘争連盟は、新たな時代が始まったとミュンヘンの人々に思わせるためのポスターを素早く作成し、まき散らした。その見出しには大きな黒い文字で「宣言！」と書かれていた。「ベルリンの十一月の犯罪者の政府は退陣する。臨時政府が組織された」。しかしながら、このストレートな体制変化の宣言は、彼らが町中に貼っていた血も凍るような声明に比べれば何でもないものだった。あるポスターは、新たな「国家裁判所」が国の最高裁判所になると宣言していた。その裁判所は詳細不明の「国家に対する犯罪」を裁くが、下される評決は二つしかない。有罪か無罪。「無罪は自由、有罪は死を意味する」と声明には書かれていた。「刑は三時間以内に執行される。上訴はない」[21]。しかし、「一九一八年十一月の悪党」に自分たちの正義を適用したいヒトラーとその手下たちにとっては、三時間でさえ長過ぎた。エーベルト大統領やシャイデマン元首相ら政府高官の名前を挙げた命令が用意されていたが、その中で彼らは直ちに撃ってかまわない「無法者」（vogelfrei）とされていた。「全ドイツ人には……彼らを生死にかかわらず政府に引き渡す義務がある」[22]

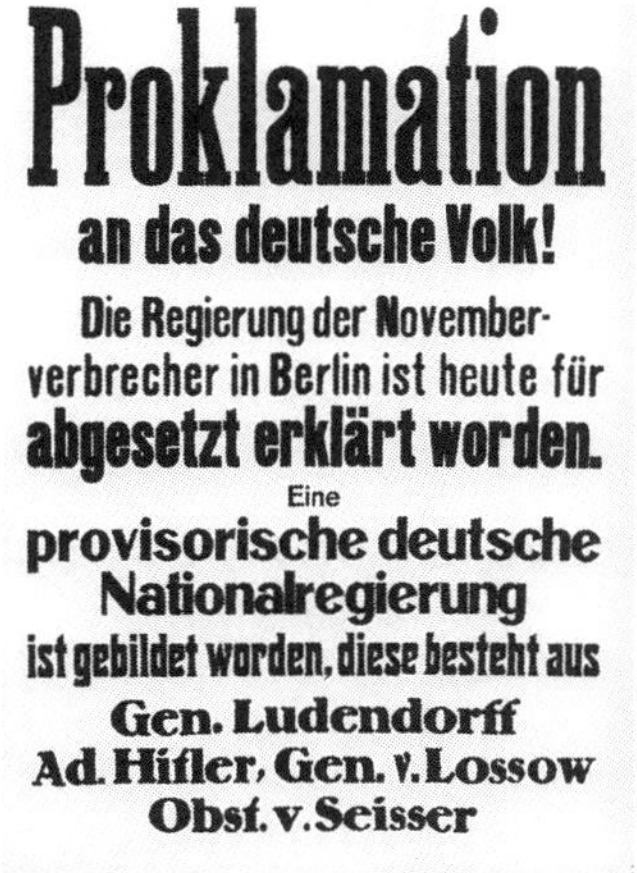
Proklamation
an das deutsche Volk!
Die Regierung der November-
verbrecher in Berlin ist heute für
abgesetzt erklärt worden.
Eine
provisorische deutsche
Nationalregierung
ist gebildet worden, diese besteht aus
Gen. Ludendorff
Ad. Hitler, Gen. v. Lossow
Obst. v. Seisser

プッチ参加者は暫定新政府の樹立を宣言するポスターをミュンヘン中に貼っていった。（Historisches Lexikon Bayerns）

信じられないことに、ヒトラーと熱狂的なプッチ計画者たちは、近代革命の第一のルールのひとつを見落としていた。通信システムの攻略である。フォン・デア・プフォルテンがミュンヘンの電話および電信のやりとりを押さえる詳細な計画を立てていたにもかかわらず、誰もその実行を命じられていなかったのだ。カール、ロッソウ、ザイサーは、ミュンヘン市外やベルリンの協力者と自由にやりとりができた。最も下のレベル――レームが占拠した軍地区本部内の交換台――でも、反乱者たちは数時間にわたって軍に電話を管理させていた。このことを彼らはのちに後悔することになる。

一夜のうちに二度の変節をしたカールは、ビュルガーブロイケラーの事件を歴史から消し去ろうと苦心していた。特に最後の情感むきだしの場面、心からの握手と感傷的な「ドイツよ、ドイツよ、すべてのものの上にあれ」を。彼はミュンヘンの全新聞社にこの出来事を報じないよう命じた。国家主義的な「ミュンヘナー・ノイエステ・ナーハリヒテン」――発行部数十三万部のミュンヘン最大の新聞――などは喜んで応じただろうが、遅過ぎた。翌日の新聞はすでに二万部以上が出ており、その一面はビュルガーブロイケラーの詳細な報告で埋め尽くされていた。「ミュンヘナー・ツァイトゥング」は、プッチとその政治的意味合いを解説する長文記事の上に、三巨頭の最新の声明の短縮版を入れることしかできなかった。昨晩のカールの発言は記事の中で太字で引用されていた。「重々しい気持ちで……われらが愛する故郷バイエルン、祖国ドイツのためを思い、君主国の摂政という役職を受け入れる」。歴史を消し去ることはできず、カールのその夜のはっきりしない役割は、その後数ヵ月、数年と、彼を悩ませることになる。

ビュルガーブロイケラーでは、夜明けが迫り、絶望的な二日酔いとわずかな破壊の光景――砕けたビアマグ、壊れた備品、ゴミ――が広がっていた。「タバコの煙、夜の塵、疲労感が空気中に漂う中、男たちはテーブルのまわりに座ったり、くっつけた椅子の上で横になったりしていた」と、若いプッチ参加者のハンス・フランクは振り返っている。[23] ヒトラーは卵二つとミートローフ一切れを食べ、お茶を飲んでいた。[24] ルーデンドルフは「王座の上の怒り狂った戦争の神のように」黙って座り、朝食に赤ワインをちびちび飲んでいた[25]。妙なことに、演壇には一京四千六百五兆マルクが積まれていた[26]。これは、政府のための金を印刷している二つの印刷所からヒトラーが「着服」したものだった。ナチスの盗人たちは、受領証に正式にサインし、ユダヤ人経営の印刷所パーカス・ブラザーズから金を受け取ったが、いっさい返済していなかった。ヒトラーは、「ドイツ人から金数千億を取り上げた［一九一八年の］革命を思い出させるものとして[27]」頂戴したと主張し、その金で闘争連盟の一部の隊員たちに報酬――一人約二ドル――を払った。隊員たちは二リットルのビールも受け取ったが、これはバイエルンでは珍しい量ではなかった。演奏台では民兵の楽団が、直接指令のもとで不満げに、適当な行進曲をキーキーと奏でていたが、士気を高めることはできなかった。

もはやどうにもならない状況だと、ヒトラーは痛感し始めていた。夜の時点では、お馴染みのメロドラマ的な大げさな表現で、ルーデンドルフら共謀者にこう言っていた。「うまくいけば、それでいい。うまくいかなければ、われわれ全員が首を吊る」。政治、そして人生は、ヒトラーにとってオールオアナッシングのゲームであり、途方もない成功か惨めな失敗しかなかった。このような二元論的世界観を持つヒトラーは、「AかBか」という話を頻繁にし、いつも「可能性を二つだけ」提示した。ここではつまり、栄光の目標達成――勇ましい「国民蜂起」に支えられて大胆にもベルリンに進軍する――か、屈辱的なもうひとつの可能性――完全な失敗と自殺――か、ということだった。ヒトラーにはいまや地獄がちらりと見えた。もはや意味のなくなったロッソウの地区本部の占領を除いて、彼が達成できたことはひとつしかなかった。それは歩兵学校の謀反《むほん》である。ロスバッハ中尉に率いられ、士官候補生のほぼ全員が、祖国の解放だと言われた企てに熱狂的に参加した。学校の指導者を自宅監禁したのち、彼らはさらに大きな部隊となり、「ルーデンドルフ連隊」と命名された。そして楽団を従え、かすかに雪が降る中、町の向こうのビュルガーブロイケラーまで行進した。きっちりとした軍服に身を包んだスマートな若い士官候補生たちは、ビアホールの乱雑さと著しい対照をなしていた。彼らは夜明けとともに到着し、ルーデンドルフから仰々しい閲兵と敬礼を受けた。ヒトラーは、いつもどおり、一目見てこの一団が魅了されていることを知った。彼は短くも熱のこもったスピーチをし、最後には簡単なセレモニーを行った。それから、ルーデンドルフに向かって宣誓をした若い将校たちは、今度はマクシミリアン通りのカールの本部を占拠しようと再び行進を始めた。

つかのまの成功の興奮は長く続かなかった。ヒトラー、ルーデンドルフ、その他プッチの指導者たちは、ビュルガーブロイケラーの上階の部屋で負け犬のように腰を下ろし、選択肢を検討していた。国軍とバイエルン州警察がミュンヘン中の戦略的拠点を押さえたという報告が届いた。それにはこのビアホールから百メートルも離れていないイザール川のルートヴィヒ橋も含まれていた。この橋はビュルガーブロイケラーとミュンヘンの残りのエリアのあいだにある唯一のものだった。反対方向に六十キロほど行ったところのナチス寄りの小さな町、ローゼンハイムに退却するのはどうかと誰かが言った。ルーデンドルフは腹立たしげにこの意見をはねつけ、「どぶに捨てられたゴミとして終わってはならない」と吠えるように言った。ヒトラーには別の考えがあった。常にプロパガンディストである彼は、最後の切り札に手を伸ばした。民衆の支持である。どうにかして民衆を自分たちのまわりに集められれば、数の力と人々の熱狂で敵を威圧できるかもしれない。これはヒトラーが空想していたベルリン進軍のひとつのバリエーションだった。前へ進むための最善の方法は、この運動を人々のもとに、ミュンヘンの中心に直接持ち込むことだと思われた。とはいえ、バイエルン州警察の抵抗があるのはほぼ間違いない。ヒトラーはルーデンドルフの身の安全を心配し、危険な場所には行かないほうがいいかもしれないと言った。しかし将軍はきっぱりこう答えた。「われわれは進軍する！」[28]

昼前までに、地方から集められた闘争連盟の全部隊がビュルガーブロイケラーに向かっていた。長い行進の隊列がビアホールの外で形成され始めていた。十二人か十六人が横に並び、三つの隊が組織別に組まれた。オーバーラント団が右側、突撃隊が中央、ヒトラー衝撃隊が左側[29]。武装していない者もいたが、ほとんどが武装していた。ヒトラーはすべての武器から弾丸を抜き取るように指示していたと主張しているが、これには異議を唱える証拠がある。小火器がひとつ、間違いなく装《そう》塡《てん》されており、のちに使用された――行進の途中にトラックの上に備え付けられた機関銃である。参加する部隊のすべての旗が飾られたトラックの荷台には、武装した男たちが密集していた。

行進には当初、戦闘員だけでなく、夜に捕らえられた人質も加わっていた。不運な囚人たちを行進の列に入れたのはゲーリングだが、彼は人質を盾であり標的であると考えていた。政府関係者や無作為に選ばれたユダヤ人が夜のうちに連れ出されていたのに加え、ゲーリングの衝撃隊は朝になってから市役所の急襲を行い、市庁舎塔に鉤十字をはためかせるのを拒否した社会民主党の市長、社会主義と共産主義の市議会議員七人を人質にして、彼らも行進に参加させた。「相手側から最初の発砲があった時点で……人質を処刑するぞ」とゲーリングは脅かすように言った。この指令はすぐに変更され、「ライフルの台尻で頭を殴りつける」となった。ヒトラーは当初ゲーリングの行動を支持したが、ルーデンドルフはまったく賛成しなかった。彼は人質を行進から外すよう指示した[30]。やがて人質の一部は衝撃隊のベルヒトルトとモーリスにミュンヘン市外の森に連れていかれた。彼らはそこで射殺されるのだろうと思った。しかし実際にはそうではなく、数人が無理やり服を脱がされ、その服を渡せと言われた。衝撃隊の二人が変装してミュンヘンに戻りたかったからである。人質は最終的に解放された[31]。

正午、行進が始まった。ビュルガーブロイケラーからゆっくりと歩み出した長い隊列は、足並みの揃わない民兵の寄せ集めのようで、軍服を着ている者もいれば、そうでない者もいた。「軍事行進というより葬列のようだった」と、ある目撃者は言っている。とはいえ、ベテラン兵士と新入りがひとつの歩調を見出すと、行進はなんとか形になってきた。縦隊と散兵を先導するのは、鉤十字などの旗を持った旗手たちで、そのすぐうしろには主役——ヒトラー、ルーデンドルフ、ショイブナー゠リヒター、ゲーリング、クリーベル、ヴェーバー博士、フォン・デア・プフォルテン——の列があった[32]。ヒトラーはのちに、銃撃戦が勃発したときに真っ先に自分たちが撃たれるために、指導部はわざと前で先導していたのだと主張している[33]。この列は、多少なりとも、売り込みのための列だった。整列の途中、ショイブナー゠リヒターはヒトラーと腕を組み、こう言った。「われわれが並んで歩くのはこれが最後だろう」

しかし売り込みはうまくいった。ルートヴィヒ橋で揉み合いの末に警官隊を負かせると、長い隊列はうねりながら市の中心部へ向かった。市役所へ真っすぐつながる狭いタル通りを進み、名高いマリエン広場（Marienplatz）に入った。そこは、中央のマリア像と、高くそびえる市庁舎塔の巨大なグロッケンシュピールで知られていたが、行進者たちが喜んだことに、いま、市庁舎の上には、建物を占拠した衝撃隊が揚げたナチスの旗がはためいていた。ニュルンベルクから来たナチス

プッチの最中、ナチスの演説者がミュンヘン市庁舎の前を埋め尽くす人々に訴えかけている。（Fotoarchiv Heinrich Hoffman, Bayerische Staatsbibliothek）

の騒々しい扇動家ユリウス・シュトライヒャーが、大勢の人々に向かって話をしていた。行進者たちは愛国歌を歌っていた[34]。ヒトラーの策略はうまくいっているように見えた。歩道の群衆は歓声を上げていた。得意になったヒトラーはこう考えた。「彼らはわれわれのうしろについている。……彼らは十一月の犯罪者たちに恨みを晴らす用意ができている[35]」。民衆はプッチ支持にまわっていた、あるいは少なくとも行進する二千人の男たちを支持するようになっていた。「群衆の気持ちがヒトラーのほうに向いていたのは明らかだった」と、英国総領事はロンドンに報告している[36]。

市庁舎を右に曲がると、ルーデンドルフはレームが占拠している国軍地区本部に向かって行進することを衝動的に決めた。そしてジグザグに曲がったあと、王宮に面したレジデンツ通りに隊列を導いた。行進者たちは「O Deutschland hoch in Ehren」(「おお、誉れ高きドイツよ」[37])を大声で歌っていた。しかし、だんだんと狭くなるレジデンツ通りを進み、オデオン広場に近い有名な将軍堂(Feldherrnhalle)に差しかかったところで、バイエルン州警察の新たな部隊に出くわした。彼らは非常線を張っていて、ルートヴィヒ橋の非力な分遣隊とは違い、簡単に屈しそうには見えなかった。しかしプッチ参加者たちは、先に警察の包囲網を破ったことで大胆になっており、減速しなかった。「ルートヴィヒ橋での衝突のあと、われわれは州警察に止められるという可能性を考えてすらいなかった」と、ヴェーバー博士は言っている。[38]

「止まれ!」と警察の指揮官が叫び、警察隊は膝をついて発砲の体勢に入った。しかし、行進者たちは控え銃の姿勢で進み続けた。「撃つな!」と行進隊の誰かが言った。ヒトラーとルーデンドルフのすぐうしろにいたヒトラーのボディーガードのウルリヒ・グラーフは、前に出ると、右手でルーデンドルフを示し、警察隊に向かって叫んだ。「ルーデンドルフだぞ! 将軍様を撃ちたいのか?」[39] 背後では、行進者たちが「ドイツよ、ドイツよ、すべてのものの上にあれ」を歌っていた。そこで戦闘と混沌が爆発した。

行進隊と警察隊が互いに近づくと、接近戦が始まった。行進隊は銃剣付きライフル、警察隊はライフルの台尻と警棒を使った。警察の指揮官ミヒャエル・フライハー・フォン・ゴーディン中尉によれば、そのとき一発の銃弾が放たれた。「私の半歩左に立っていたヒトラーの隊員が、私の頭に向けて拳銃を撃った」と彼は報告している。「その弾は私の頭をかすめ、うしろにいたホルヴェーク軍曹を殺した。数秒ほどだが、私の部隊は凍りついた。それから、指示を出す間もなく、隊員たちは撃ち始め、一斉射撃となった。同時に、ヒトラーの隊員たちも射撃を始め、二十秒か三十秒、本格的な銃撃戦が展開された」

この三十秒の戦闘で四人の警官が死んだ。ヒトラー側のダメージはさらに大きかった。隣にいた知的な参謀のマックス・エルヴィン・フォン・ショイブナー＝リヒターが、胸を撃たれて死亡した――六十センチほどずれていたら、その弾はヒトラーに当たっていただろう。固く腕を組んでいたショイブナー＝リヒターが倒れると、ナチスの指導者は硬い舗道に引っぱり出され、肩を脱臼した。同じ列で、ヒトラーの新憲法案をコートのポケットに入れていたバイエルン州最高裁判事、テオドア・フォン・デア・プフォルテンも死んだ。ゲーリングは腿に重傷を負った。ボディーガードのウルリヒ・グラーフは、ヒトラーのうつ伏せの体を守り、ヒトラー目がけた銃弾に何度か当たったが、生き延びた。四人の警官のほかに、十三人のヒトラーの隊員と、一人の見物人が撃たれて即死した。こうしてプッチは終わった。ヒトラーの急襲は失敗したのだ。

ルーデンドルフは、弾丸のあられの中でも無傷だった。彼は銃撃戦が終わると、真っすぐ警官隊のもとへ歩いていき、その場で逮捕された。尊大な態度で憤慨しながら、偉大なドイツ兵は、「もう二度とドイツ将校の制服を敬うことはない」と吐き捨てた。

ヘルマン・エッサー曰く「死んだように青白く見えた」[40]手負いのヒトラーは、支持者の助けを借りて行進の後方にたどり着いたが、参加者はあちこちに散らばっていた。彼は、このような事態のために行進に参加していたナチス支持者の医師、ヴァルター・シュルツェの黄色い車に乗せられた。[41]シュルツェが新たな患者を運んでいるとき――ヒトラーは痛みでうめいていた――ゲーリングは、皮肉にも、オデオン広場の近くの民家でユダヤ人の医師から手当てを受けており、どうやらそれで命を救われた。ゲーリングはのちにミュンヘンから連れ出され、バイエルンアルプスで少しのあいだ入院させられたあと、プッチ参加者の多くが避難していたオーストリアに逃亡することになる。

ヒトラーもまたオーストリアに逃げることを考えただろうか? 警備員のいない森や山の中の国境を、肩に傷を負った状態で突破するのは難しかったかもしれないが、簡単で分かりやすい道である。しかし、もし頭に浮かんだとしても、その考えはすぐに振り払われただろう。オーストリアは、結局のところ、亡命の地ではなく、生まれた国なのだから。一度戻れば、再び国外に出るのは簡単ではないかもしれない。それに、オーストリア＝ハンガリー帝国の残りかすである小さな共和国に逃げれば、自身を現代のナポレオンだと考える男は、政治の世界で忘れ去られてしまうかもしれない。

ヒトラーは、国境越えの亡命よりも、むしろ究極の亡命、自殺を考えていた可能性が高いと思われる。自殺はいつもヒトラーのプランBだった。アルプスのほうへ運ばれている途中、彼はシュタッフェル湖畔のウーフィングという小さな町に向かってほしいと運転手に言った。ハンフシュテングルが最近そこに邸宅を買ったことを知っていたからである。シュルツェ医師がドアを叩くと、ハンフシュテングルは出てこなかった——彼もオーストリアに逃げていた——が、その妻が出てきた。

ヘレーネ・ハンフシュテングルは、ヒトラーの人生における喜びのひとつであり、欲求不満の種だった。ドイツ系アメリカ人で際立った美人のヘレーネは、プッツィ・ハンフシュテングルと、彼がニューヨークの五番街で家族経営の美術書の出版社を営んでいた（そして、フランクリン・ローズヴェルトも訪れるハーヴァード・クラブで食事をしていた）ときに出会った。ハンフシュテングルはヘレーネを彼女の先祖の地に連れ帰った。[42]彼はヒトラーにミュンヘンの上流階級を紹介する中で、たびたび自宅に食事に招いたが、そこでヒトラーはヘレーネに特別な好意を抱くようになった。あるときハンフシュテングルがリビングに入ると、ヒトラーがヘレーネの膝に頭を乗せ、「あなたのような人に面倒を見てもらえたら」と言っていた。ヘレーネは優しくヒトラーを叱責し、頭をどかした。彼女はのちに夫に対し、ヒトラーは女性と関係を持てないタイプだと断言した。「信じて、彼は完全に中性なの[43]」

いまヘレーネは再び、短いあいだかもしれないが、ヒトラーの面倒を見る機会を得た。激しい痛みを抱えている友人を追い返すことはとてもできなかった。ミュンヘンでの出来事をぼんやりとしか知らなかった彼女は、ヒトラーに屋根裏の寝室を与えた。そこで彼はハンフシュテングルが学生時代に買った「イギリス製旅行用膝掛け」――厚手のブランケット――をかぶって二昼夜を過ごした。警察が必ず探しにくるとヘレーネから警告されたため、別の裕福な友人のベヒシュタイン夫妻に迎えにきてもらう手はずを整えようとしていた。しかし日曜日の夕方、警察がやってきた。ヘレーネによれば、すでに意気消沈していたヒトラーはこれで狂乱状態になった。「使えるほうの手でリボルバーを取り出し、『これで終わりだ。あの豚どもに私を捕まえさせはしない。先に自ら撃つことにしよう』と叫んだ」という。だがヘレーネのほうが速く、ヒトラーから拳銃を奪い取ると、近くにあった小麦粉入れの箱に放り投げた。肩の脱臼であまり動けなかったヒトラーは降参した。去らなければならない、しかも長い期間になりそうだ、という事実を受け入れると、ヘレーネに共謀者に渡してもらうため、指示書を書き始めた。[44]とりわけ意外な、そしてナチ党にとって不吉な指示は、扱いにくいインテリで、「フェルキッシャー・ベオバハター」編集人の、アルフレート・ローゼンベルクに宛てられたものだった。「ローゼンベルクへ、これからは君がこの運動を指導するのだ[45]」

白いパジャマを着たまま、痛む左腕を三角巾で吊り、一級鉄十字勲章を上着に付けたヒトラーは、階段を下り、バイエルン州警察ヴァイルハイム署のルドルフ・ベレヴィル中尉に一礼した。ベレヴィルは詫びながらも、務めを果たさなければいけないのだと言った。これに対してヒトラーは、握手で応じたとも、厳しく叱責したとも言われている[46]。いずれにせよ、ベレヴィルは、ヒトラーを六十五キロ離れたランツベルク刑務所に移送する運転手を見つけなければならなかった。そして最終的に、日曜日の午後に引き受けてくれる地元のビールトラック運転手を見つけた。その男性は、警察の報告書によれば、「社会民主党員」だった。ベレヴィルは囚人をヴァンに乗せ、次の一年を過ごす場所へ送り出したが、その一年はヒトラーの人生、戦略、自己意識を変えることになる。

第六章　どん底

「終わった！　私なしでどれだけできるものか、奴らに思い知らせてやろう。私はもうやめる」[1]

——アドルフ・ヒトラー、一九二三年

「何か気配があった」と、看守のオットー・ルーカーは、アドルフ・ヒトラーがランツベルク刑務所に到着した寒い秋の夜について書いている。「嵐が刑務所の屋根と見張り塔を襲い、門とかんぬきを揺らしていた。怒りに駆られて押し入ろうとしているかのようだった。監房棟は、夜警の足音がたまに聞こえる以外、完全に静まり返っていた」

歴史の一章の幕開けに暗い嵐の夜という場面が必要だとしたら、ヒトラーが逮捕、収監された一九二三年十一月十一日の夜は、まさにそのような光景が広がっていたようだ。別の看守、フランツ・ヘムリヒは、回想録にこう書いている。「星のない夜で、張り詰めた不安感が職員や看守のあいだに漂っていた」。この緊迫した雰囲気の中、午後十一時ごろ、青白く、取り乱した、無言の男

要塞風の入口の先のランツベルク刑務所は、1923年にはまさに現代的だった。
（Landsberg Prison）

が、左腕を三角巾で吊り、くたびれた灰色のトレンチコートを肩にかけて歩いてきた。[2]「黒い髪の毛が一本、疲れきった顔に垂れ、刺激過多と不眠で弱っていた」。この落ちぶれ果てた人物は、その姿に似合わず、フォーマルなフロックコートを着ていた――鉄十字勲章も付けられたままだった[3]――が、それはプッチの最中、失敗に終わったオデオン広場への行進の最中、そしてエルンスト・ハンフシュテングルの邸宅へ逃げるときに着ていたのと同じものだった。彼の横では、「暗闇に影法師を踊るように揺らめかせ」、オットー・ライボルト刑務所長と二人の警察官が歩いており、そのうちの一人は「強い犬」を鎖でつないで引いていた。鉄の扉をバタンと閉める音がした以外、刑務所はしんとしていた。真夜中、アドルフ・ヒトラーはこれから十三ヵ月の大半を過ごす場所に到着した。

　ミュンヘンの六十キロ西に位置する、近代的な施設のランツベルク刑務所は、アルプスのレヒ川沿いのチャーミングな小さな町にあった。中世の町らしく丸石の道と噴水（かつては飲用水の供給源だった）があり、中央広場にはパン屋やパブも何軒か見られた。そこはバイエルンに点在する田舎の市場町の典型だった。しかし、ランツベルクを特別にしていたのは、町の外れの州立刑務所と、その近くの国軍駐屯地だった。やがてこの町は、ナチズムの温床、巡礼の場所、そして——不名誉にも——第二次世界大戦の奴隷労働収容所の中心地となる。

　しかしその嵐の夜の時点では、活気のない平凡な町に過ぎず、特別に名を馳せてはいなかった。五百人の囚人を収容する最新式の刑務所は、一九〇九年にできたものだった。正門は茶色がかった要塞風——タマネギ型の丸屋根の塔が二つ並び、入口はアーチ型——だったが、内部は完全にモダンで、アメリカの最新の「パノプティコン」設計をモデルにしていた。四階建ての大きな翼棟が四つ、全四方向の全監房にすぐにアクセスできる中央監視所で結ばれていた。

　とはいえ特殊な点がひとつあった。特別な囚人のための特別な翼棟があったのである。そこは〈die Festung〉——要塞——と呼ばれていた。しかしながら、実情はその呼び名とは違い、たんなる（一九〇九年における）現代的な二階建て、長方形、漆喰塗り、オレンジ色の瓦屋根の建物で、廊下を通じて本棟とつながっていた。*この建物はちょっとした刑務作業の場として設計されたが、[4]やがて政治犯を収容する翼棟になった。「要塞」という名称は、ドイツの十九世紀の慣習に由来している。当時は、政治犯、良心の囚人、貴族（決闘者など）を、周辺の要塞に入れ、「名誉の」収

＊　多くの本が誤ってランツベルクに古い要塞があったように書いているが、実際にはそのようなものはなかった。

ランツベルク刑務所の“要塞”はモダンな建物で、古い城ではなかった。ヒトラーの監房が聖地化したあと、休日にはナチスの旗が窓から掲げられるようになった。（Archiv Manfred Deiler）

監として、ゆるやかな環境に置いていたのである（決闘はある程度大目に見られる名誉の犯罪だった）。のちの時代になると、その名称は残り、成文化もされたが、要塞そのものはなくなった。アドルフ・ヒトラーは、一九二〇年代に政治犯として収監されたほかの多くの囚人と同じように、「要塞拘置」――軽警備の施設での「名誉の収監」と言ったほうがいい（一部の国では〈custodia honesta〉とも言われる）[5]――という形で服役した。ヒトラーの「要塞」は、六十センチの厚さの壁と格子窓があったとはいえ、城というより寄宿舎のようだった。「苔に覆われた城、じめじめとした地下室……というロマンある雰囲気を期待していた人は、みなひどく失望した」と、ある囚人は書いている。[6]

興味深い政治的アイロニーがランツベルクでヒトラーを待っていた。当時、要塞*にいた唯一の囚人は、アントン・グラーフ・フォン・アルコ・アオフ・ファーライ伯爵だった。このナショナリストの貴族は、彼なりの愛国心に駆られ、一九一九年にミュンヘンの路上でバイエルン州首相のクルト・アイスナーを射殺した。社会主義者の首相を殺害したことで、アルコ゠ファーライ（一般にそう呼ばれる）は政治動乱のきっかけを生み、その結果、一九一九年四月に、共産主義のレーテ共和国が三週間にわたってバイエルンを支配することになった。短命に終わったレーテ共和国は、最終的に恐ろしい大殺戮を行い、極右の反発を招いた。そしてそれが、さまざまな団体、何よりナチスを育んだのである。アイスナー殺害で、ナショナリストのアルコ゠ファーライは死刑を宣告されたが、結局、要塞拘置（名誉の収監）の終身刑に減刑された。彼が入っていた監房は、ランツベルクの要塞棟で唯一「著名な人物」にふさわしいと考えられている部屋だった――「控えの間に看守のための場所もあった」と、看守のヘムリヒは書いている。

著名さという点で、いまやヒトラーは忘れられかけていた伯爵をしのいでいた。ミュンヘンやドイツの新聞にでかでかと名前が出ていた青白いちょび髭の男は、要塞の五号監房にいた貴族よりも明らかに有名だった。[7] アルコ゠ファーライは、突然やってきた映画スターを泊まらせるためにホテ

＊　上述した近代的建物を示すのに、ここから先は「要塞」という言葉を引用符を付さずに使う。

ルの最高級スイートから追い払われた平凡な金持ちのように、「眠っているところを手荒く引きずり出され、刑務所病院の監房に入れられた」と、ルーカーは回想している。また、ヘムリヒによれば、目を覚ました暗殺者はこの強制退去に「がみがみと文句を言い」、「チャンスがあったら、このヒトラーを［アイスナーと］同じように殺してやる！　あの『画家見習い』はドイツ最大の災難だ！」と叫んだという。[8]とはいえ結局、アドルフ・ヒトラーが最高の部屋を手に入れることとなった。[9]

しかし、最高の部屋とはいっても簡素なものだった。わずか二・七メートル×三・七メートルの五号監房にあったのは、質素な白い金属製の寝台およびマットレスと毛布、照明付きのナイトスタンド、小さな木製の書き物机、二つの木製の椅子、ワードローブといったものだった。夜間は外から施錠されたが、この監房には簡素な鉄格子よりもプライバシーを確保できる立派なドアがあった。[10]部屋の最大の特徴は、二つある高さ一・五メートルの窓で、内側に開き、採光に優れていた。この窓からヒトラーは、二十メートルほど先に、刑務所を囲む六メートルの高さの石壁を見ることができた。二階の見晴らしのいい場所だったため、壁の向こうに、なだらかに起伏する田園地帯や農地も見えたという。ヒトラーは遠くのハイウェイの車を眺めるのが好きで、そこを走っているような高級車をまた所有したいと夢見ていた。[11]しかし、窓の格子がしばしば彼をそうした夢想から我に返らせたに違いない。ある晴れた日の写真を見ると、格子の付いた二重窓が、ヒトラーのベッドの上の壁に格子状の影を投じ、反対側の壁の大きな額縁にも反射している。そのため彼の監房は、三方を格子窓に囲まれた空間のように見える。[12]標準仕様の監房よりはいいかもしれないが、決してホテルの部屋ではなかった。

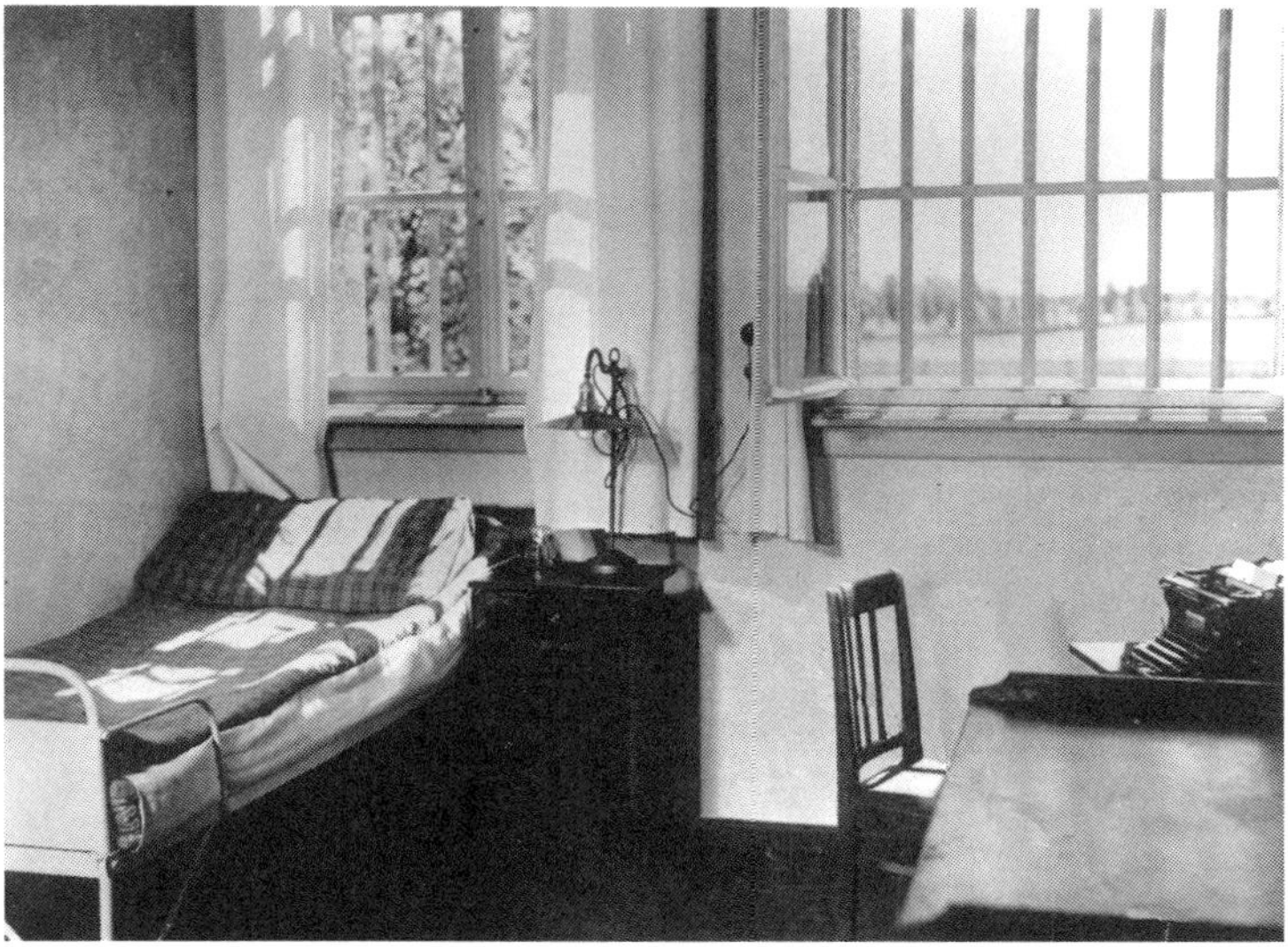
日当たりの良いヒトラーの監房。1930 年代、ナチスがここを聖地化したとき、雰囲気を出すためにタイプライターが置かれた。（Archiv Manfred Deiler）

風が吹きすさぶ夜、ヒトラーの噂は本人よりも先に届いており、刑務所は大騒ぎで準備をしていた。プッチの話は田舎の新聞にも流れてきていたため、誰もがヒトラーとは何者であるかを知り、彼とナチスが重大な悪事を犯しうることを理解していた。「あらゆることに備えなければならない」と、ライボルト所長はルーカーとヘムリヒに言った。「取り巻きが救出を試みるかもしれない」。プッチの大胆不敵さを考えると、その恐れは根拠のないものではなかった。「われわれには六十人の看守――数人はかなり高齢――と、第一次世界大戦中の武器を装備した二十人の警備部隊しかいなかった」とヘムリヒは書いている。「元将校たちが率いる大部隊に襲撃されたら、われわれのちっぽけな部隊はあまりに弱く、大きな刑務所を守れなかっただろう[13]」

みなが警備のことで頭を悩ませていると、ライボルトはミュンヘンから電話を受け、少しほっとする話を聞いた。国軍がアドルフ・ヒトラーと要塞の監視を引き受けるというのである。ナチ党の指導者はあまりにも重要な人物であるため、非力な刑務所のスタッフには任せられないというわけだ。三十分のうちに、ブーツと軍装備品の音が刑務所の廊下に響き渡った。ライフル、機関銃、鉄兜、さらには手榴弾までもが、ランツベルク駐屯地から派遣された国軍の三十二人の兵士によって用意された。監視部隊の指揮官、インホフ中尉は、ヒトラーの隣の監房を拠点にした。そこから駐屯地へ直通電話が引かれたが、ルーカーによれば、夜間はよく途切れたという。

こうした騒ぎがあったにもかかわらず、この歴史的な夜の看守の最大の仕事は、ヒトラーが服を脱ぐのを手伝うことだった。脱臼した肩にはまだ大きな痛みがあり、「とにかく消耗していた」とへムリヒは報告している。「何か食べるのはおろか、スープを一口飲むのさえ拒み、寝台に横になった。唯一頼まれたのはグラス一杯の水だった。私は満杯のピッチャーを机の上に置いた。そしてしっかりと施錠してから去った」

やがてヒトラーの食欲のなさはたんなる疲労の表れではないことが分かった。それは政治的でもあり、鬱《うつ》と絶望の表れでもあった。ヒトラーは、のちに語っていることだが、過去の多くの革命家がそうであったように――そして彼が権力を握ったあと、彼に対する反乱を試みた者たちがそうなるように――悪事を犯したことで撃たれるものだと思っていた[14]。第一次世界大戦以降の政治的暴力の波を考えると、それはばかげた不安ではなかった。また、ヒトラーが、挫折感と身体の衰弱に打ちのめされ、依然として自殺を考えていたのも驚くことではない。彼が生きる最大の理由――ナチスの運動――は尽きたように見えていた。

ヒトラーは気分の変化が激しい男だった。それまでの三日間に、死や自殺についてすでに四度話していたが、いま、その気まぐれな心理状態は、刑務所内に騒乱とドラマを引き起こしていた。裁判所の職員が証言を得ようとあれこれ訊いてくると、彼の感情は激しく揺れ動いた。当初、この移り気な囚人は、取調官に正式な供述をする機会をやかましく要求した。自分の側から見た事件の記録を残したかったためである。その目的は、裏切り者だと考える人物、カール、ロッソウ、ザイサーへの復讐だった。しかし、取調官がランツベルクに到着すると、黙秘を続け、ある当局者の報告によれば、「生意気な態度を取るか、発作的に泣き出した」[15]。尋問が試みられているあいだ、ヒトラーの叫び声が「建物中で聞こえ」[16]、二階の尋問室の外に立っていた看守は、殴り合いが起こるのではないかと不安を覚えたという。意気消沈しながらも反抗的なヒトラーは、初めから刑務所の問題児だった。そこへきてハンガーストライキが始まるのである。

当初、ヒトラーはヘムリヒが持ってくるものを食べていた――「しかし、肉には手を付けなかった」。ヒトラーはベジタリアンになっていた。「名誉の」拘禁の一部として、要塞の囚人は、本棟の五百人の囚人に出される質素な食事ではなく、刑務所職員が食べるのと同じものを提供された。しかしある朝、ヘムリヒが朝食を持っていくと、前夜の夕食が手付かずのまま机の上に置いてあった。「ヘル・ヒトラー、どうしたのですか？」と彼は訊いた。「どうして食べないのです？　具合が悪いのですか？」

「放っておいてくれ！」ヒトラーは大声で言った。「私はもう食べないのだ」

ライボルト刑務所長はヘムリヒに、それでも毎食必ず監房に置いていき、次の食事を届けるときに回収するよう言った。しかし翌朝ヘムリヒが朝食を持っていくと、ヒトラーは怒りを爆発させた。前夜の夕食はやはり机の上に手付かずで置かれていた。ヒトラーは「狂人のように私に向かって怒鳴った」とヘムリヒは言っている。

「持っていけ！」とヒトラーは叫んだ。「さもなくば壁に投げつけるぞ！」

ヒトラーはそこで急にいつもの政治的熱弁を振るい出し、ヘムリヒに向かって声を荒らげて「嘘つきと裏切り者」を批判した。激しい怒鳴り合いが勃発し、ヘムリヒは規律上の脅しをかけた。だが、ヒトラーが拒絶した食事は片づけた。

来る日も来る日も食事をとらず、ヒトラーは衰弱していった。「苦しみの塊のようで、しょんぼりし、ろくに髭も剃っていなかった。私の簡単な言葉を、疲れたかすかな微笑みを浮かべ、興味を示さずに聞いていた」とヘムリヒは書いている。[17]

党の活動が禁止され、新聞が発行停止となり、同志が逮捕、追跡されたり、国外に逃げたりしている状況は、十分に苦しいことだった。しかし、自らの威厳をいつも重んじてきたヒトラーは、いまや不名誉に直面していたのである。プッチの夜、彼はクレイジー、酔っ払い、誇大妄想と囃し立てられるのを聞いた。[18]熱狂的な信奉者を除くあらゆる人、あるいは信奉者の一部からも、徹底的に非難、嘲笑された。ヘルマン・エッサーがのちに語ったことによれば、多くのナチス支持者は、指導者が仲間と一緒にオデオン広場に残らなかったことに激しく腹を立てていた。[19]「ニューヨーク・タイムズ」の言葉が当時の総意をとらえている。「ミュンヘン一揆はヒトラーと彼の国家社会主義の信奉者を滅ぼした」[20]。ミュンヘンを拠点にしていた米国の外交官ロバート・マーフィーはすぐにこう書いた。「ドイツ市民でないヒトラーは、刑期を終えたあとに国外追放になると思われる」[21]。歴史家のオトマール・プレッキンガーが言うように、「ヒトラーの転落は急だった。最初の数日から数週間、彼が再び政治の舞台に戻れるかどうかは不透明だった」[22]。そしてその舞台から、ヒトラーとナチスが巻き起こした噴煙と喧騒は急速に取り除かれていた。「鉤十字と突撃隊は消え、アドルフ・ヒトラーの名前はほとんど忘れ去られた」と、ドイツをたびたび訪れていたオーストリア人作家のシュテファン・ツヴァイクは書いている[23]。

自分の世界が縮み、未来が途絶えかけている中、ヒトラーは再びメロドラマ的な打開策を見出そうとした。銃もなく、挑発的な行進もなく、首を吊るための縄もなく、残された武器はひとつだけだった。飢えて死ぬことである。彼は自らを罰し、殉教者のように、大義（die Sache）のために死のうとした。

ハンガーストライキを始めた数日後、不安になった刑務所職員はヒトラーを病棟に連れていった。そこで彼は絶えず見張られ、ほかの囚人たちから厳格に隔離された。水しか口にせず、ほとんどの時間、格子窓のそばで本を読んでいた。ヘムリヒに頼んで刑務所の小さな図書室から本を持ってきてもらっていたが[24]、哲学者ショーペンハウアーの著作を読み返すことに安らぎを見出したという。しかし、身体はどんどん青白く弱々しくなっていき、声もかすれるようになった。ヘムリヒは奇妙なにおい、「胃から発せられているに違いない甘ったるいにおい」に気づいた[25]。その悪臭は「突き刺すよう」になり、ヘムリヒはヒトラーに物を届けにいくあいだ、吐き気がしないように息を止めていなければならなかった。一週間が経ち、ライボルト所長は、「最も重要な囚人を公判まで生かしておけないかもしれない」と心配になった。そこで、「合成栄養素」による強制摂食を始める準備をするよう、病院職員に命じた。未来のドイツの支配者は喉にチューブを入れられる寸前だった。
しかし同日、十一月十九日に、刑務所指導員で「実践心理学者」のアーロイス・マリア・オットがヒトラーに会うことを決めた。[26]「どんよりとした月曜日の朝、十時ごろに病院に行った」と、オットはのちに書いている。「ドアを開けると、こちらを険しい顔で凝視してくる背の低い男がいた。その姿には、最初、少しがっかりした。平凡な人間のように見え、額にかかる黒い髪をとても気取った感じで梳《と》かしていた。……特に目についたのは、突き出た頬骨と顎、頑《かたく》なに閉ざした大きな口、幅広で少しくぼみのある鼻だった。……目からは敵意がにじみ出ていて、私をにらみつけていた」
オットは、敬虔なカトリック教徒で、善意の力を固く信じており、ヒトラーの抵抗の壁を打ち破ると心に決めていた。[27]彼には計画があった。この怒れる囚人に、昔の友人が取り上げられているミュンヘンの新聞記事を見せるのである。それは、ナチスの指導者を「自惚れとプリマドンナ・コンプレックスという悪魔の餌食になった」と非難するものだった。その新聞――保守的な「バイエリッシャー・クーリアー」――をヒトラーに手渡すと、オットはこう言った。「ヘル・ヒトラー、誓って言います、私はあなたに会いにくることを刑務所の誰にも言っていないですし、誰もこの会話について知ることはありません。あなたと私はほぼ同い年で、戦争と苦難を生き抜いてきました。私は男同士の話をしにきたのです。助けになれるように。すべての囚人にそうしているように。でも、まずは、あなたの旧友があなたについて書いていることを読んでいただきたい！」[28]
ヒトラーが読んでいるあいだ、心理学者は狭い病室の中を行ったり来たりしていた――「縦に十歩、横に三歩の広さだった」と彼は回想している。部屋の中は静かだった。

　突然ヒトラーは跳び上がり、くしゃくしゃにした新聞をテーブルに投げつけた。金切り声で、「独特の喉音《こうおん》の巻き舌のRを混ぜ」、叫び始めた。「この［ドイツ］国民は怠け者だ！　民族として何というひどい言い訳だ！　何という知ったかぶりども！　最も偉大な大義のために命を懸けたものを裏切るのか！……これでは身を投げ打つ価値がない。もうやってられん。終わりだ！　私なしでどれだけできるものか、奴らに思い知らせてやろう。私はもうやめる。リボルバーがあったらここで手に取っているところだ」

　オットは呆気に取られた。「［ヒトラーの］口は白い泡でまだらになり、目はぎょろつき、白目は湿っていた。この男はヒステリー状態だった」

　それでも彼はヒトラーに我慢の必要性を説いた。漠然とした約束をするだけでなく、国民に仕事と安全を得させるための手助けを本当にしたいのなら、我慢をしなければいけないと。しかしその小言は効かなかった。「彼は再び爆発し、私に向かって叫んだ。『ドイツは待っていられないのだ！　私はこの国をその威厳と名誉に訴えて救おうとした。しかし臆病な愚か者どもは聞かなかった！　泥沼の従属状態から抜け出させてやろうとする者を奴らはいつも裏切るのだ。歴史が繰り返し証明している。［国民の］最善を願う者はいつも磔《はりつけ》にされ、火あぶりにされる』」

　オットはヒトラーを怒らせたままにした。オーストリアの近況とホーエンツォレルン家の崩壊を引き合いに出したうえで、ロールモデルを間違えているのではないかと言い、ヒトラーの神経をさらに苛立たせた。オーストリア＝ハンガリー帝国の君主制を嫌悪していたヒトラーは、オットに対して「長いプライベート講義」を行い、歴史、革命、「スパルタからフリードリヒ大王、ネルソン、ガリバルディまでの」ロールモデルについて語ったという。

こうしてヒトラーの沈黙はついに破られた。彼は慣れ親しんだ場に戻ってきた。歴史と政治について講釈を垂れる機会を逃すことはできなかったのだ。囚人と指導員は、現在と過去の諸問題について議論を始めた。ヒトラーは、自分がこれまでに敬意を抱いた機関は、プロイセン参謀本部とバチカンの枢機卿会だけだと言った。「では分かっているでしょう」と、オットは言った。「プロイセン参謀本部が先の戦争の準備にどれだけの時間を費やしたか。それに、ガリバルディやムッソリーニのような革命家には、後押ししてくれる人々の意志が必要であったことを。スローガン、特に反セム主義や反教権主義のようなイデオロギー的なものは、飢えた人々を導きはしません。……あなたと信奉者たちはなぜ、ユダヤ人や教皇権に対する憎しみを広めるのですか？　私たちは政治的に対立するかもしれませんが、あなたが国全体をより良い未来に導きたいのなら、お互いに協力する必要があります」

ヒトラーは話を遮って反論したが、熱が冷めることはなかった。最終的にオットは、ヒトラーの「違う考え方をする人々」への憎しみは和《やわ》らがないと判断した。「悪魔のようなイデオロギーへの執着がサイコパス性を燃え上がらせていると感じられた」。ヒトラーは「虚栄心と残酷な独断主義」に満ちていた、とオットは書いている。そして次の日、「ヒトラーがハンガーストライキをやめたと聞いた」。

それがオットと会ったためだったかは定かでない。ナチ党の共同創設者で、ヒトラーに地位を奪われたアントン・ドレクスラーは、同じころにヒトラーのもとを訪れ、「人生をあきらめた男と一時間四十五分にわたって格闘した」末に、大義のために死ぬのをやめさせたと言っている。プッツィ・ハンフシュテングルによると、彼の妻のヘレーネ――ヒトラーが逮捕される直前に彼の手から拳銃を奪った女性――も決定的な役割を果たしたという。「彼女は、自殺を止めたのは飢え死にさせるためではないという伝言を送った」[29]。また、もう一人別の女性も影響を及ぼしたかもしれない。オデオン広場への行進中にヒトラーの隣で射殺されたショイブナー＝リヒターの若い未亡人、フラウ・フォンである。彼女はヴェールをかぶり、喪服を着て、重々しい様子でヒトラーと面会した。彼女が来たということは許しを与えられたという意味であり、ヒトラーは、信奉者たちはまだ自分を支持してくれていると確信したのかもしれない。弁護人のロレンツ・ローダーも十一月二十四日に彼と面会し、その後ヘムリヒに、ヒトラーはストライキをやめることに同意したと伝えた[30]。

ヘムリヒによれば、ヒトラーの最初の食事はお椀一杯のライスだった。前日のある面会者の報告によれば、左腕は「まだ使い物にならなかった」[31]が、ヘムリヒは彼が「生きる意志」を取り戻したのだと思った。ヒトラーは再び、考えを語ること、少なくともそれを書きとめることに興味を抱いていた。ローダー弁護士はそれから一週間のあいだに州検事に書簡を送り、「ヴェーバーのドイツ語辞書、ショーペンハウアーの本五冊、紙、ペン、ペン置き、鉛筆」をヒトラーに届ける許可を求めた[32]。

まもなくヒトラーはまた別の女性ファンによっても自信を高められた。作曲家リヒャルト・ワーグナー（一八八三年死去）の義娘でイングランド生まれのヴィニフレート・ワーグナーは、ヒトラーを一目見たときから気に入っていた。数ヵ月前、バイロイトにあるワーグナーの家と墓を、彼が敬意を表して訪問したときのことである。ヴィニフレートは、義兄でイングランド生まれのレイシスト作家ヒューストン・ステュアート・チェンバレン[33]とともに、ヒトラーとその大義への支持を熱心に表明した。プッチが失敗に終わり、ヒトラーが刑務所に入ったあと、彼女は千人の署名を集めた感傷的な手紙をしたためた。「私たちはいままで以上にあなたへの深い愛を抱いています」と、その手紙は始まっていた。彼女は個人的なメモを添え、十二月一日に届けた。「親愛なるヒトラー殿」という、特別に愛情のこもった宛名を記していた。また、プレゼントとして、父と同じく作曲家になった夫のジークフリート・ワーグナーが書いたオペラの台本も同封していた。その作品は『マリーエンブルクの鍛冶屋』というものだった。「あなたが長い時間を乗り切るうえでの助けになれば、この短い台本は役割を果たしたと言えるでしょう」とヴィニフレートは書いた[34]。

ハンガーストライキは終わったが、尋問への抵抗は終わっていなかった。ヒトラーにぶしつけに追い払われた職員の中に、州検事のルートヴィヒ・シュテングラインがいた。ヒトラーらプッチ参加者を、「政府を暴力によって転覆」させようとした反逆罪で訴追する責任者である。苦しまぎれの策として、彼は自分よりもはるかに若いハンス・エーハルト副検事を派遣し、強情なナチスの指導者の取り調べを試みさせた。ヒトラーより二歳年上で弱冠三十六歳のエーハルトは、ヒトラーの沈黙の壁を破れるかもしれないと考えていた。十二月十三日に速記者とともにタイプライターを持って訪れたとき、ヒトラーは以前と変わらず片意地だった。「私は犯罪者ではない。犯罪者のように尋問されるつもりはない」と言って鼻を鳴らした。

エーハルトによれば、怒りに火がついたヒトラーは、役人がそこに来ていることのそもそもの正当性に異議を唱え、裁判所の権限を認めなかった。そして、「切り札を出すのは、公判のとき」にするつもりだから、ここでプッチの詳細について話す必要はないと言った。しかし、鋭いエーハルトは、ここで自らのちょっとした切り札を出した。速記者とタイプライターを要塞二階の取調室の外に出したのである。役人臭さと犯罪捜査の雰囲気を取り除くと、若い検察官はヒトラーと向かい合い、小さな部屋で、二人だけで腰を据えた。そうして、その場は脳と脳のぶつかり合いになった——こうなったらヒトラーは口を動かさずにはいられないだろう。そして実際にそうなった。[35]

午前から午後にかけての五時間、アドルフ・ヒトラーとハンス・エーハルトはとりとめのない率直な議論をした。その長いおしゃべりの中で、ヒトラーは知っていることを洗いざらい話した。少なくとも、プッチに関して、バイエルン三頭政治のもつれに関して、歴史上の自らの役割に関して、公判に向けた計画に関して。「私は鉛筆も紙も出さなかった」とエーハルトは振り返っている。「ヒトラーはだんだんと打ち解けてきた。『話すときは適切な言葉を見つけられるが、書くときはできない』と彼は言った。口述もうまくいかないと言った。しかし、明快で曖昧さのない質問に、簡潔で短く明快な答えをもらうことはできなかった。彼はいつまでも政治の講義を続けた」

ヒトラーは「猛烈な早口で、傘が必要なほどの唾を飛ばしていた」と、エーハルトは言っている。しかしその冗長な話の中から、エーハルトは、世間を騒がせるであろう裁判でヒトラーが口にしそうなことを抽出できた。[36]ヒトラーは答弁の内容をエーハルトに完全に明かしていた。たとえば、ヴァイマル共和国のようなそれ自体が反逆罪によって成り立っている国に対して、反逆罪という犯罪はありえないという主張。ヒトラーは、社会主義者による一九一八年十一月の革命を、ドイツ国民に対する裏切りだと考えていた。のちの選挙でも共和国は正当化されていない、なぜなら「革命は法的に正当だったのか？」という問いかけがなされていないのだから、というのが彼の見解だった。

ヒトラーの主張の中心は、自らの反逆罪ではなく、「宿敵」であるカール、ロッソウ、ザイサーの反逆罪だった。結局のところ彼らは、数ヵ月にわたって、プッチやベルリン進軍のことでヒトラーやドイツ闘争連盟と結託していたのであり、完全に共犯だった。ヒトラーはこう問うた。本当にこの企てに反対していたなら、政府として、なぜ何かが起こる前にこの「危険なヒトラー」を捕まえなかったのか？　むしろ「心の底では」（innerlich bei der Sache）プッチに加わっていたのだと彼は言った[37]。そして、国軍の極秘計画――ベルリン進軍だけでなく、起こりうるルール地方のフランス軍への攻撃のためにも動員する――について、内密とされていた情報を暴露するという脅しもかけた。おしゃべりなヒトラーは手の内を見せていた。裁判をひっくり返し、敵――カール、ロッソウ、ザイサー――を被告人席に着かせようということだ。現状では、彼らは検察側の証人として出廷することになっていた。

　プッチのタイミングについては、仲間からの圧力を感じていたと言った。カールとロッソウが〈losschlagen〉の決断をできないことは分かっており、ほかのナショナリストのグループが先んじて劇的な行動に出る――「十数人のユダヤ人を捕らえて首吊りにするような」――のではないかと心配していた[38]。この驚くべき考えは、ヒトラーの何気ない冷酷さをまざまざと映し出している。

　ヒトラーは戦う用意ができているようだった。左肩はまだ痛んだ――何かを書くときに紙を左手で押さえることもできなかったという――が、自らの危機を脱し、敵の人生を「腐らせる」こととなれば、気迫に満ち、「山猫のように頑強」だと感じていた。公判でのプレゼンテーション――書くことは嫌いだが、メモを用意することになるだろう、と彼は言った――は、「宿敵の仮面を剝がし……彼らをふさわしい場所、すなわち刑務所に入れることになる」。ヒトラーのもとから逃れるとすぐに、エーハルトは会話をすべて紙の上で再現した。その成果（のちにある書籍に九ページにわたって掲載される）は、ヒトラーの裁判、心理状態、政治構想を知るための重要な文献となった。

十二月中旬、ランツベルクに入って五週間が経つと、ヒトラーはプッチ後の鬱状態から抜け出し、公判に向けた準備をしていた。ファンからのやまない支持の表明に励まされていた。ナチ党は正式に活動禁止処分を受け、形式上は地下活動をしていたが、熱心な党員たちは狂信的な献身ぶりを見せていた。ヒトラーは大量の手紙、小包、プレゼント、花を受け取った。あふれるほどのクリスマスの「愛の贈り物」[39]、主に上等の食べ物が、ヴィニフレート・ワーグナーらから届いた。十二月初旬、面会に訪れたある人は、バイロイトからの小包に気づいた。それには「ウールジャケット、毛織りの長い下着、靴下、リキュール、ツヴィーバック〔訳註　ドイツのラスク〕、ソーセージ、本……」が入っていた[40]。

ライボルト所長は当初、大量の甘いものや総菜をほかの囚人に配ることを禁じていたため、ヒトラーは余ったものを近くのドミニコ会修道院に寄付し、貧しい人々への配給物としていた。修道女と信徒たちにとっては素晴らしい一年になった。「ヒトラーがランツベルク刑務所にいたときほど、私たちの扉を叩く『貧しい放浪者』が恵まれたことはありません」と、修道女の一人はヘムリヒに言った[41]。

面会者も次から次へと訪れるようになった。ナチ党の指導者に会いたいという要求はあまりにも大きかったため、刑務所職員は面会者が訪れるたびに事前にヒトラーと話し合い、面会時間をどのくらいにするかを決めなければならなかった。ときおり、ヒトラーのファンだというたんなる通りがかりの人がやってきた場合は、三分から五分の面会時間となった。一方、裁判で共同被告人となる戦友のルーデンドルフ将軍などの場合は、四時間から五時間に及ぶこともあった。三ヵ月に十五分の面会時間しか与えられない本棟の哀れな者たちとは違い、要塞の囚人は毎週六時間の面会が認められていた――ヒトラーはその制限をしばしば逸脱していたようだ。

面会でヒトラーを最も元気づけたのは、将軍ら二足歩行の信奉者たちではなく、ジャーマンシェパードのヴォルフだった。ローダー弁護士は州検事局に特別な届けを出し、ヒトラーの最愛のペットを刑務所に連れていくことを申請した。刑務所に着くと、その犬は大型動物らしくヒトラーの上に飛び乗り、ヒトラーは、ヘムリヒ曰く入所後初めて、「心の底からの笑い声」を上げた。

ヒトラーは家族と距離を取っており、青年時代について話すときも家族の話をすることはめったになかったが、クリスマスのころに異母姉のアンゲラが面会に訪れた。そこで一緒に過ごした三十分を、彼女は「一生忘れない」と書いている。彼女によれば、彼は明らかに快方に向かっていたという。「知的にも精神的にも（geistig und seelisch）完璧に戻っていました。身体的にも良い状態です。左腕にはかなり苦しんでいましたが、もう治っているはずです。彼にこのところ寄せられている支援は感動的です」[42]（ヒトラーは一方で、妹のパウラに関するルドルフ・ヘスの提案に「激しい不快感」を示した。ヘスはパウラの住む場所について、より近くて安全になるよう、ウィーンからミュンヘンに移ったほうがいいのではないかと言ったが、ヒトラーは「急にいらいらした様子になり、椅子に座りながらもぞもぞし、髪をいじっていた」という。「何が何でもノーだった。彼は彼女を愛していたが、彼女は重荷となり、彼の生活を妨げる可能性があった」とヘスは書いている[43]）

ランツベルク刑務所の中は慌ただしかった。プッチ参加者がさらに逮捕されるだろうと言われた。ライボルト所長は、改装に着手し、要塞棟に監房を増やすことにした。また、さしあたって新たな逮捕者は本棟の特別区画に収容することにした。仕切りの壁と天井を一時的に監房の前の廊下に設け、一般の服役囚と関わることがないようにしたのである。素晴らしい隔離状態に置かれた彼らは、監房のドアを一日中開けておくなど、特権を享受できた。壁に囲まれた廊下は、談笑や飲食の場となったが、天井が四階の天窓からの自然光を遮っていたため、いつも薄暗かったという[44]。

新たに入所した者の中には、ディートリヒ・エッカート、ユリウス・シュトライヒャー、カール・フィリップ・フォン・ヴレーデ侯[45]、元バイエルン州法相のロート博士、さらにはヒトラーを最初に運動に誘った男、ドイツ労働者党共同創設者のアントン・ドレクスラーがいた[46]。ヒトラーはまだ離れた病棟におり、彼らは指導者に関する情報をヘムリヒにしきりにせがんだ。しかし、ヘムリヒはヒトラーのことを話してはいけないとライボルトから厳しく言われていた。新入りたちは欺かれていると感じ、哀れな看守をねちねちと侮辱した[47]。とはいえ、刑務所暮らしはまったく不快ではなかった。毎日の特権として、中庭や庭園で過ごす時間が数時間与えられており、百五十メートルの砂利道を散策することができた。十二月二十二日、フォン・ヴレーデ男爵は家にいる子供の一人に手紙を書いた。「私のほかに七人の紳士がいるよ。一緒に過ごしたければ一日中一緒にいてもいい。部屋はきれいで清潔だ。……廊下のような部屋に面していて、そこでのんびりしたり、食事をしたりできる。その部屋にはもうクリスマスツリーがあるよ。……仲間たちによると、食べ物も美味しくたっぷり出るらしいから、もう分かるだろうけど、ここは悪くない[48]」

ランツベルク刑務所はヒトラーとエッカートが揃った最後の場所となったが、二人がここで顔を合わせることはなかった。知的、政治的な面で、ヒトラーの最も重要なメンターだったエッカートは、ほかの誰よりも、政治的道具としての反セム主義の力を示した人物だっただろう。しばしばナチズムの精神的父親と言われる、大酒飲みでモルヒネ中毒の彼は、辛辣《しんらつ》な政治批評をまだ次々と発表し続けており、逮捕時には、「モーセからレーニンまでのボリシェヴィズム――ヒトラーと私の対話」という反セム論に取りかかっていた。おそらくはヒトラーとの数々の議論を再現したものので、エッカートは「ヒトラーの冊子」と呼んでいた[49]。だが、プッチの数ヵ月前から二人は疎遠になっていた。ナチスの指導者はもはや、ミュンヘンのボヘミアン・フェルキッシュのスターを、自分より優れている、あるいは自分と同等だとさえ思わなくなっていた。エッカートはヒトラーのブレーンではなくなっていたのである。プッチの夜、彼は行きつけの飲み屋のひとつ、フレーダーマウスバー（蝙蝠バー）で過ごし、翌朝は遅くまで寝ていた。やがて、オデオン広場への行進について聞き、それに参加した――しかし、車でその場に行っただけだった[50]。それでも彼は逮捕され、ランツベルク刑務所に入れられたが、そこに長くいることはなかった。投獄から十日のうちに、健康状態が悪化していたことから早期釈放となった。そしてその数週間後、クリスマスの翌日に、彼とヒトラーがこよなく愛したアルプスの町ベルヒテスガーデンで、五十五歳で死去した[51]。ヒトラーはのちに『わが闘争』の第二巻を彼に捧げている。

クリスマスを獄中で過ごしたことは、ヒトラーに事態の重さを痛感させたに違いない。だが、彼の感傷的でない性格を考えれば、特別につらいわけではなかっただろう。ヒトラーには会いたいと思う親しい家族がいなかった。政治以外には何もなかった。プッチの三週間前に手紙を送ってきた幼馴染みに、彼はこう返事を書いている。「家族といえば、いまのところ立派なジャーマンシェパードがいるだけだ。それ以上に進んだことはない。かつてのガキ大将はいまもガキ大将のままで、まだ十分に洗練されておらず、穏やかな人生の絆には向いていないのだ[52]」

ホリデイシーズンの最も刺激的な瞬間は、一週間後の大晦日に訪れた。夜の十二時を過ぎたとき、刑務所の教会の鐘の大きな音は、ヘムリヒの回想によると、「地獄のような破裂音」にかき消された。刑務所の壁の外で爆発音がしたのである。バイエルン州警察はすぐさま刑務所のまわりの監視人の数を倍にした。しかしこれは人騒がせに過ぎなかった。国軍兵舎の盛り上がった兵士たちが「余分な弾薬」を撃っただけだったのである。

国軍の花火大会は人騒がせだったかもしれないが、一九二四年の到来、そしてそれ以上に一九二三年の終焉を祝う理由はたしかにあった。新生ドイツ共和国の五年目は、最も不穏で不安定な年だった。一九二三年という恐ろしい年《アナス・ホリビリス》は、フランスとベルギーによるルール地方侵攻に始まり、絶えず下り坂で、秋になると、インフレスパイラルの加速と、国と憲法への攻撃――ヒトラーのミュンヘン一揆――で底に達した。そしてそこで下降は止まった。ヒトラーの無様なクーデターが、ドイツの激動の政治の時代――不透明感、過激な暴力、内戦のような争い、革命行動、天井知らずのインフレ――の終わりを告げた。ちょうどヒトラーが刑務所に入るころ、ドイツは消耗と平穏の時代を迎え、それは最終的に再生と安定につながることとなる。

ドイツの盛り返しのきっかけは、一九二三年十月中旬、新たに設立されたレンテンバンクによって新通貨レンテンマルクが導入されたことだった。新マルクは、一レンテンマルク＝一兆ライヒスマルクのレートで、壊滅的なライヒスマルクと両替された。ヒトラーのプッチの直後から、新通貨は買い手と売り手の信用を取り戻し始め、インフレが収まった。この新たな安定は、まもなく、ドーズ案——アメリカ主導のドイツの賠償金に関する修正案で、一九二四年に署名される——に後押しされた。通貨が安定したことで、失業問題も緩和し始めた。フランスはルール地方から撤退する準備ができていると匂わせ、ドイツの国際連盟への加盟が認められるという話もあった。プッチの鎮圧によって、バイエルンで沸き立っていた革命と反乱の機運は切り裂かれ、一九二三年の秋には不可避だと思われたベルリンとミュンヘンの衝突も回避された。カール、ロッソウ、ザイサーら、一九二三年の争いに加わっていた者たちも、まもなく力を失っていった。ドイツは曲がり角を通過し、上昇し始めたようだった。

新しい年はランツベルク刑務所にも変化をもたらした。ライボルト所長は新たなプロジェクトを任されていた。まず、本棟の特別区画ではとても収まりきらない大勢のプッチ参加者を収容するため、要塞棟を監房棟に改装する必要があった。さらに大変なのは、要塞の二階を法廷に変えることだった。注目の「ヒトラー・ルーデンドルフ裁判」は、ランツベルク刑務所の中で行われることになっていた。ヒトラーとルーデンドルフのほか、八人のプッチ指導者——クリーベル中佐、レーム大尉、ヴェーバー博士ら——が二月に同時に裁かれる。この裁判の数週間後には、下っ端たちの裁判も行われることになっていた。突撃隊や闘争連盟の歩兵四十人が、反逆罪の共犯として、また、「ミュンヘナー・ポスト」のオフィスの破壊、人質事件、「ミュンヘナー・ポスト」の編集人の妻らに対する乱暴行為などのさまざまな犯罪で罪に問われていた。大勢の行進参加者の中で誰が警官四人を射殺したかは分からなかったため、その件で罪に問われた者はいなかった。

路上で戦い、無残に敗れたヒトラーは、今度は法廷で戦う準備をしていた。危機中毒の彼が特に燃えるのは、追い詰められ、困難に直面したときだった。何年もの激しい読書、大きな概念と細かな点のどちらにも優れているという記憶力、徐々に増していた自らの絶対性への確信が、法的（そして政治的）な戦いへ向けた思考プロセスに流れ込み、裁判を司法手続き以上のものにしようとしていた。裁判の場は、自らの強固になりつつある世界観を示し、ドイツ国家転覆の試みを事後的に正当化する場となるのだ。

要塞を法廷に変えるため、ライボルト所長はすぐさま大工と塗装工に作業を始めさせた。壁が剝がされ、報道陣と警察のための部屋が作られ、関係者と傍聴人を隔てる幅広の木の手すりが設置された。要塞棟と中庭を見渡す見張り塔には、発砲のための穴と機関銃の砲座が設けられた。要塞棟と教会のあいだの柵の上には、有刺鉄線が取り付けられた。建築資材を運んでくる運転手は、刑務所の中の道を「ヒトラー通り」と呼ぶようになった。ヘムリヒはこう書いている。「『要塞』はついに軍事的な意味での要塞になった」[53]

この改装には特殊な点がひとつあった。ルーデンドルフ将軍のための特別な場所を作る必要があるだろうということである。プッチ後に逮捕され、名誉にかけた誓いのもとに釈放されていたルーデンドルフは、有罪判決を受けた場合、服役しなければならない。しかし、たとえ反逆罪で有罪になったとしても、誰も――検察官も、裁判官も、刑務所職員も――ルーデンドルフをふつうの人として扱うことはできない。彼にはそれ以上の扱いが必要だった。

あれこれ考えているうち、ライボルトは目の前に解決策を見つけた。管理棟にある自分の会議室を与えるのである。その部屋はそれなりに大きく、刑務所の烏合の衆からは離れたところにあった。大工たちはそこを将軍のための「二部屋の監房」として改装し始めた。一部屋は仕事をしたり客を招いたりできる居間、もう一部屋は「ベッドルーム」で、重いカーテン付きのアーチ型の入口も新たに設置された。ライボルトはさらに、看守の一人をルーデンドルフの従僕に任命した。ドイツの将軍に従僕が付かないことはありえなかったからである。その看守はとっておきのスーツとエナメル靴を用意し、一世一代の任務に備えた。[54]

ヒトラーの公判に向けた計画の裏で、政治的な動きも起きていた。ヒトラーとその共謀者たちは、バイエルンだけでなく、ドイツ帝国の「憲法を暴力的に変え」ようとしたことで、反逆罪に問われていた。[55] 全国的なレベルで、この犯罪は一九二二年の共和国保護法——ヴァルター・ラーテナウ外相の暗殺を受けて成立した——の範疇《はんちゅう》に入るものだった。厳密に解釈すれば、ヒトラーの公判はザクセン州ライプツィヒに新設された国の裁判所で開かれなければならなかった。当初は、ヒトラー自身もその場所で行うことに賛成していた。より公正な裁判が受けられるだろうし、何より、憎き敵のカール、ロッソウ、ザイサーも一緒に反逆罪に問えるだろうと考えたのである。ライプツィヒに裁判の場所を移せば、彼らのバイエルンでの特別な影響力は奪われるというわけだった。しかし、バイエルンは自分本位だった。フランツ・ギュルトナー州法相は、バイエルン人——カール、ロッソウ、ザイサー——はザクセンを安全に移動できないとして、被告人をライプツィヒの裁判所に送ることを断固として拒否した。結局、バイエルンが勝った。プッチ、収監、裁判は完全にバイエルンの案件のままとなり、反逆者たちは州の人民裁判所で裁かれることになった。そこは一九一八年から一九年の血なまぐさい激動のあいだに、迅速な裁きをするために設けられた特別な機関で、このころには消滅しているはずだった。しかし、ヒトラーの公判を行うために存続させられたのである。

ランツベルク刑務所で、建築業者たちが法廷の壁にどの緑色を使おうか話し合っていると、突然、工事が中止になった。上からの達しで、ランツベルクは小さ過ぎるため、多数の被告人、法律家、ドイツ中から——あるいは外国からも——やってくる報道陣に対応できないということだった。その決定が下されたのは、結局のところ、ヒトラーの公判をミュンヘンで行うためだった。ライボルトは監房棟の拡張に戻った。

ヒトラーの準備に関していうと、この独学者はこれまでどおりのことをしていた。一九〇七年十月にウィーンで美術学校の試験に落ち、最初の大きな挫折を経験した十八歳のとき以来、変わらずやってきたこと、読書である。

「私の友人は、いつも本、本だった」と、ヒトラーの青年時代の友人であるクビツェクは回想録に書いている。「ヒトラーは本が詰まった箱を四つ持ってウィーンに到着した。……本のないアドルフは想像できなかった。自分のまわりに本を積み上げていた。……出かけるときはいつも本を脇に抱え、すがすがしい自然や広々とした空よりも本を選んだ。……本は彼の全世界だった」[56]。ウィーンでヒトラーのルームメイトだったこともあるクビツェクによれば、ヒトラーはドイツ文学や哲学の古典的名著を読んでいたという。ショーペンハウアー、ニーチェ、ゲーテ、シラー、ワーグナー、ヘルダー、レッシング——加えてドイツの英雄伝説、そしてダンテの『神曲』[57]。ヒトラー自身は、ウィーンのある書店の全五百冊を含む「無数の本」を読み、それによって世界観の「堅固な基盤」が与えられたと言っている。

だが、演説や『わが闘争』の中で、考えや発言のもとになった本や人物を明かしていないため、彼が実際に何を読み、何に影響を受けたかの手がかりを得るには、二次資料に頼るしかない。そのような手がかりのひとつに、近くの町に住んでいたナチ党員の歯科医からヒトラーが借りた百冊以上の本――ルソー、モンテスキュー、カントなど――のリストがある。それから、「すべての国家社会主義者が知らなければならない」という、主に反セム主義の四十二冊の本のリストもある。これは一九二二年にできたナチ党の党員証に記されていたもので、アルフレート・ローゼンベルクの著書六冊や、「人種論のギュンター」の異名を取ったハンス・F・K・ギュンターの近刊で、四百九十五ページに及ぶ疑似科学的なレイシズムのバイブル、『Rassenkunde des deutschen Volkes』(『ドイツ民族の人種類型学』)が含まれていた[58]。また、のちにヒトラーの法律顧問、占領下ポーランド総督となるハンス・フランクによれば、ランツベルクにいたあいだに、ヒトラーは手に入ったすべての本――ニーチェ、ランケ、トライチュケ、マルクス、ビスマルク、ヒューストン・ステュアート・チェンバレン――を読んでいたという[59]。この読書好き伝説をいっそう際立たせているのは、ミュンヘンのアパートで撮られた珍しいヒトラーの写真である。ここで彼は本棚の前に立っているが、それはあふれるほど本が詰まっていて、上にも無造作に何冊も積まれている[60]。

だが、ヒトラーの伝説の大部分がそうであるように、この通説にも欠陥や矛盾があり、本を深く読んでいたという評判には大きな疑問が投げかけられている。歴史家のイアン・カーショーは、ヒトラーは「カント、ショーペンハウアー、ニーチェ……の素晴らしさについて話すことができたが、だからといって彼がその著作を読んでいたという証拠にはならない」と述べている。また、ウィーンの歴史家ブリギッテ・ハーマンは、クビツェクの言うようにヒトラーが本を読んでいたというのは「まったくもって疑わしい」と考えている。クビツェクの回想録は何年もあとに書かれたものので、ナチス関連本の流れに乗ったところがあり、ゴーストライターがいたようである。ハーマンは、ヒトラーはよく訪れた安いカフェで冊子や無料の本を読み、その中で頻繁に引用されていた「名高い『ドイツの賢人』」の含蓄のある言葉を拾い上げていたのではないかと指摘し、こう述べている。「ヒトラーは、文学のエキスパートを装うのに、一冊の本も読まなくてよかった[61]」

ナチ党員の歯科医から借りた大著については、その歯科医がこう言っている。「私が見たところ、ヒトラーは勉強に関していくぶん性急で、方向が定まっていなかった――すべてを読みこなしたということはありえない」。同じように、歴史家のスヴェン・フェリックス・ケラーホフも、「非常に成績が悪く八年次に学校をやめた」若者が、どうして「そのような骨の折れる書物を読み通し、理解する」ことができたのかと、疑問を呈している[62]。

とはいえ、ヒトラーが多くの本を読んでいた――少なくともざっと読んでいた――ことは間違いないようである（特に、娯楽として読んでいたカール・マイのカウボーイ・インディアン小説を含めるなら）。ヒトラーのスタイルは、自らが構築している世界観や政治的目的に合うものだけを選ぶというものだった。『わが闘争』の中でも、「適切な読書の技法」について説き、読書は「それ自体が目的なのではなく、目的のための手段に過ぎない」と言っている。その目的は、彼の場合、自身が持つ偏見と以前からの信念を裏付けることだった[63]。ヒトラーが勧める方法は、「あらゆる本、新聞、冊子」をくまなく調べ、自らの視点の「正しさや明快さを高める」素材を見つけることだった。ヒトラーは、ハンス・フランクとの会話の中で、ランツベルクでの読書のあとに「私の考えの正しさを認識した」と言っている[64]――こうしてまた、自身の絶対性への確信を深めたのである。

ランツベルクで、ヒトラーはたしかに本を持っていた。面会に訪れたハンフシュテングルは、ヒトラーの監房は「デリカテッセンや花屋」のようであっただけでなく、「本物の小さな図書館」のようにも見えたと言っている。また、ヘムリヒは「学者の書斎」と評した。ヒトラーの本の大半はファンからのプレゼントだった。公判後にヒトラーの最も親しい刑務所仲間、書記となるルドルフ・ヘスは、特に三冊の本に言及している。オスヴァルト・シュペングラーの『西洋の没落』、カール・ハウスホーファーの日本の地政学に関する本、米国の人種のるつぼをユーモラスにこき下ろすエルヴィン・ローゼン（作家エルヴィン・カルレの変名）の『Amerikaner』（『アメリカ人』）である。

読書リストに何が含まれていたにせよ、ヒトラーは戦う準備をしていた。すべてを賭けていた。自信はあったが、しくじれば本当にキャリアが終わるかもしれない、あるいはそれよりひどいことになるかもしれないと分かっていた。有罪判決を受け、終身刑になる可能性もあった。あるいは、十年から十五年という中期刑を言い渡され、政界から脱落する可能性もあった。そして、もうひとつの思わしくないシナリオは、オーストリアの片田舎に強制送還され、歴史上の取るに足らない人物に成り下がるというものだった（一九二一年のオットー・バラーシュテットへの暴行で仮釈放中の身だったことに加え、一九二二年の共和国保護法の文言を考えれば、いずれにせよ強制送還されるべきだった）。

その後の数ヵ月、修道僧のようになったヒトラーは、かつてないほど生産的に言葉に向き合い、絶えず本を読み、プッチに関する六十ページ以上のメモを書いた[65]。「所長の許可を得て、ヒトラーはタイプライターを送ってもらった」と、ヒトラーのために町で紙を買うこともあったヘムリヒは言っている。ヒトラーは激しく憤りながらそのメモを書いていたようだ。「怒りを答弁に注ぎ込んでいる」と、ある手紙にも書いている。[66] また、怒っていようがなかろうが、ファンの賛美に後押しされていた。「大げさな英雄崇拝、さらには神格化が起きていることが、彼が状況をうまくコントロールできるようになっている一因だろう」と、弁護人のロレンツ・ローダーは書いた。チェコスロヴァキアのズデーテン地方から面会に来たナチ党員は、ヒトラーをキリストにたとえる報告を書いていているほどである。

ヒトラーは公判をビアホールでのパフォーマンスだと考え始めていた――しかし今回は一世一代のパフォーマンスになる。読み、考え、書いているうちに、彼はやるべきことが二つあると気づいた。ひとつは、カール、ロッソウ、ザイサーもプッチの共犯だと明らかにすること。もうひとつは、ドイツが直面している問題を解決するための全体構想を示し、反マルキスト、反セムの政策、ナチ党のブランドを売り込むこと。この大胆で攻撃的な戦法で、彼は自分の売り込みもしようとしていた。そのためには、法廷版のビアホール演説が必要だった。

個人的な観点からの答弁も考え始めていた。自らの半生を語り、自身の運命とドイツの運命を融合させるのである。彼の人生は、思いがけない展開、偶然の知的発見、独学の見識に彩られていたが、それは彼の運動、計画、そして国の大きな問題に対する考え方の完璧なメタファーになると思われた。個人的な覚醒とナチ党の統率の話が、プッチの話に変わり――そして無実の証明になるのである。あるいは、彼の最後の舞台に。

うまくやれば、たとえ三巨頭を巻き込むことに失敗したとしても、名誉を回復できる。マルクス主義の災難からドイツを救うために身を捧げた兵士であると、少なくとも言葉では印象づけられる。反逆罪で有罪になるということは、ドイツのナショナリスト的な人々の目からすれば、栄光の炎に包まれるということだった。殉教者になるということだった。自ら輝かしい碑文を書くということだった。法廷の舞台に向けて、彼にはほぼ失敗しない戦略があった。

一九二四年二月二十二日、ヒトラーは警察のヴァンに乗せられ、約四ヵ月ぶりに、愛する町、最高の成功と最低の失敗の地、ミュンヘンに戻った。そこで、裁判所として転用された歩兵学校に収容された。

公判は四日後に始まろうとしていた。

第七章　反逆罪裁判

「ヒトラーの裁判はなぜ歴史上最も重要な裁判のひとつに挙げられないのか」[1]

――オットー・グリットシュネーダー、ミュンヘン、二〇〇一年

アドルフ・ヒトラーの反逆罪裁判は、一九二四年二月二十六日の火曜日、雪のミュンヘンで始まった。

法律家、ジャーナリスト、裁判官が、国軍歩兵学校だった建物に到着すると、軍事包囲のような光景が広がっていた。ナショナリストの民兵による暴力やヒトラーの熱狂的な支持者によるデモを恐れ、鉄兜をかぶった国軍の分遣隊とバイエルン州警察がまわりに配備されていた。恐ろしく大きな薄黒いレンガの建物は、一時的に、バイエルン人民裁判所、そしてヒトラーら被告人の拘置所となっていた。[2] ある公判出席者が「氷のように寒い」と言った日に、兵士たちは足を踏み鳴らし、手袋に息を吹きかけ、蛇腹形鉄条網と拒馬（cheval-de-frise）の哨兵線の奥で巡視していた。このような軍事的様相を見て、ミュンヘンのおどけ者たちは、この一帯を「占領地」と呼んだ――フランス

のルール地方侵攻とからめたジョークである。[3] 武装した「ローマの城」にたとえる人もいた。

この古い建物――十九世紀に建てられ、国軍の学校になる以前はバイエルンの軍事学校だった――の前には検問所が複数あり、出席者は身分証明書を二度見せ、武器を持っていないかどうかのチェックを受けることになった。女性のボディーチェックをするための特別室も用意されていた。「裁判で日常のスリルを味わおうとしていた女性たちにとって、裁判所に入る前に武器のチェックを強要されるというのはまったくもって予想外だった」と、「ニューヨーク・タイムズ」は報じている。「短剣、手榴弾、爆弾、制限を超えるハットピンがないかを確認するために、髪の毛、帽子、ハンドバッグ、マフ、さらにはストッキングまでが調べられた」[4]

この裁判を報じた外国の新聞は「ニューヨーク・タイムズ」だけではなかった。ロンドンの「タイムズ」、パリの「ル・タン」などから、五十人近い外国のジャーナリストが来ていたと、スイスの新聞は報じている。「世界の目はミュンヘンに向けられている」と同紙は伝えた。ドイツ人にとって、これは悪い知らせにしかなりえなかった。「この裁判について読んだり調べたりした外国人は、間違いなく、ドイツ全体を攻撃する材料をたくさん見つけるだろう」と、ミュンヘンのコラムニストは嘆いた。[5]

当然のことながら、ドイツの記者が最も多かった。士官食堂を改装した法廷の中で、ジャーナリストたちは、百二十あった傍聴席のうちの六十席に押し込まれた。しかしそれだけでは足りなかった。あふれた報道陣のための部屋が廊下の先に設けられた。そこは記者と「その交代要員、事務員、伝達係」でいっぱいになった。あるドイツのジャーナリストは、裁判所職員が電話線を五本しか用意しておらず、しかもそれはすべて職員が使うものだと言っていることに不満を漏らした。

「新聞社にも、彼らが仕える人民にも、何も用意されていない」。その後の数週間、伝達係たちはてきぱきと法廷から印刷室へ原稿を運んだ。法廷での出来事は、その日のうちに、ミュンヘン、ベルリン、その他あらゆる町の動きの速い新聞で報じられた。

ミュンヘンの長い歴史の中でも特にセンセーショナルな裁判の場所として、ブルテンブルク通りに位置するこの軍事学校が選ばれたひとつの理由は、ダウンタウンの混み合った裁判所から離れており、それゆえ包囲や防御がしやすいということだった。しかしほかにも理由があった。学校が無人だったということである。五百人の生徒たちがヒトラーの反乱に熱狂的に参加したことから、国軍最高司令官のフォン・ゼークト将軍[6]はミュンヘンの学校を閉鎖し、生徒たちが問題を起こしにくいよう、テューリンゲンの小さな町に移転させていた。[7]クーデターのあいだは喜んでヒトラーの手中に収まっていた学校が、いまでは彼を手中に収めていた。彼は生徒の部屋だったところに入れられ、残りの人生を決めることになる判決を待っていた。

ヒトラーは、英雄のルーデンドルフを含め、九人のプッチ仲間とともに裁判にかけられていた。クリーベル中佐、ヴェーバー博士ら数人は、彼と同じ歩兵学校の二階に収容されていた。それぞれ簡素な個室で快適に暮らしており、食事は広間のテーブルで「白いテーブルクロスの上に」供された。さらに、希望すれば、校内の中庭で一日に二時間過ごすこともできた。被告人は、ヒトラー、ルーデンドルフ、クリーベル、ヴェーバーのほかに、レーム大尉、エルンスト・ペーナー、ヴィルヘルム・フリック、ヴィルヘルム・ブリュックナー、ロベルト・ワーグナー、ハインツ・ペルネ（ルーデンドルフの継息子）がいた。その中の一人で元警察長のペーナーは、再発する病気に苦しんでおり、やっとのことで公判に来ることができた。ヒトラーのもとにはいつもどおりプレゼントが殺到していた。散歩仲間だったエルンスト・ハンフシュテングルが四歳の息子エゴンを連れてくると、ヒトラーは喜ぶその子供に、部屋中に散らかった「甘いものやケーキ」の中から好きなものを持っていっていいと言った。[8]

プッチの壮大な失敗から四ヵ月近くが経ち、ヒトラーが直面していたのは、理屈のうえではごくふつうの反逆罪裁判であり、彼は事実上すでに自白していた。しかし、人民裁判所での手続きは、有罪無罪の決定よりもはるかに大きなことになる見込みだった。最重要被告人は、この公判をドイツの未来と「祖国の救済」をめぐる道徳劇に変え、自ら救済者の役を演じようと意気込んでいた。ジャーナリストでいっぱいの法廷を使い、まだドイツの大部分では無名である自分を、これまでで最大の聴衆に売り込もうとしていた。

すでに聴衆は彼の話を待ち望んでいた。「［左翼の］民主的な報道陣は期待で沸き立っている」*と、シュトゥットガルトの国家主義的な「ジュートドイチャー・ツァイトゥング❖」は伝えている。「彼らはナショナリスト勢力の自滅という筋書きを望んでいる。次の選挙の前に、共和国の悪名高き脆弱《ぜいじゃく》な基盤を強化しようというわけだ」。また、ヒトラーが数時間に及ぶ冒頭演説を行うという噂が流れていた。「報道陣、フィルム、写真など、センセーションを渇望する人々を満足させるためのものはすべて用意された」と同紙は書いている。「これで始められる」[9]

公判の始まりは、歩兵学校二階の廊下の長い行進だった。西端の「居心地の良い」[10]部屋に収容されていたヒトラーら被告人は、ルーデンドルフを先頭に、法廷のある東端へ「儀式的な列を組んで」百メートルほど歩いた。[11]ミュンヘン郊外の邸宅から毎日はるばる公判に来るルーデンドルフは、お抱え運転手の運転する車で到着し、その車が歩兵学校の中庭に入ると歓声で迎えられた。あふれた報道陣用の部屋にいたジャーナリストたちは、行進が通過するあいだ外に出られなかった。[12]長い廊下の扉はすべて閉められ、鉄兜かピッケルハウベ（ドイツの伝統的なスパイク付きヘルメット）をかぶった兵士が番をしていた。[13]ヒトラーはまたもや――プッチの日やランツベルク刑務所に着いたときと同じように――彼にとっての革命の衣装となった、第一次世界大戦の勲章を付けたフロックコートで着飾っていた。プッチの夜はそのフォーマルな装いを「惨めなウェイター」のようだと笑われたが、いま法廷に到着した彼はスターパフォーマーのようだった――そして実際にそのとおりだった。

改装された元食堂は法廷らしく見えた。十六メートル×十二メートルの部屋[14]には、重い梁の天井から簡素なシャンデリアが吊るされていた。黒っぽいベーズ生地で縁取られた裁判官席が一端に新しく設置されていた。高い窓からの自然光が新しい電灯設備を補強していた。二月の弱い日差しで法廷が「赤く光っていた」と言う人もいた。[15]唯一の不満は、椅子がぎゅうぎゅうに詰め込まれていて、ときに部屋が熱し過ぎるということだった。

ヒトラーは飢えた動物のように法廷に入っていった。その目は鋭く「前後、辺り一帯」を見回し、状況を把握した。[16]法律家、ジャーナリスト、傍聴人が目に入った。あるジャーナリストは、

＊　この文脈における「民主的」は、「社会主義者」や「左寄り」を暗に指す。
❖　戦後にミュンヘンで発行されている評価の高い同名紙と混同しないように。今日の「ジュートドイチャー・ツァイトゥング」（南ドイツ新聞）は、ドイツを代表する中道左派の日刊紙である。

「彼は写真で見るよりも背が低かった」と言っている。[17] 寡黙そのもののルーデンドルフは、大股で静かに被告人席に向かった。ほかの被告人たちにとっては、故郷で過ごす日々のようだった。友人に歓迎され、挨拶が交わされ、あちこちで握手と笑顔が見られた。傍聴席はほとんどがヒトラー支持者で埋め尽くされているようだった。[18] バイエルンの人民裁判所におけるナチスやその協力者に対する寛大な扱いは、共産主義者や社会主義者の被告人に対する手荒い扱いとは大違いだった。社会主義の「ミュンヘナー・ポスト」は苦々しくこう書いている。ヒトラーの公判では、「被告人はお互いに楽しく会話をしており、やがて丁重な配慮のもとに、座っていただけないでしょうかと言われる。見張りがいる様子はない」。わずか二ヵ月前、社会主義者十六人が人民裁判所に連れてこられたとき、彼らは「手錠をかけられた状態で法廷に入り、手錠をかけられた状態で出ていった……一人ひとり両側に見張りが付いていた……お互いに話すことは禁じられていた……すでに刑期分の服役をしていた者でさえ、公判後に鎖につながれた……裁判所が社会主義者に見せる配慮とはそのようなものだ」

公判初日は公人たちにとって季節最大の政治イベントとなった。証人のために用意されていた二十四席にはその日、議員、政府高官、司法界の著名人など、ミュンヘンの名士が座ることになった。[19] 彼らの目当ては明らかに、歩兵学校で行われる決定的対決、そして何よりヒトラーの演説だった。法廷が彼の勇壮なパフォーマンスにとって申し分のない場になることを多くの人が期待していた。

ショーは裁判官の登場とともに始まった。「裁判員」と呼ばれる陪審員三人（および代替要員が一人）と、本職の裁判官二人（および代替要員が一人）が、裁判長のゲオルク・ナイトハルトに

密かに撮られたヒトラーの反逆罪裁判の写真。裁判官のベレー帽をかぶったナイトハルト判事が、裁判官席の中央に座っている。（Fotoarchiv Heinrich Hoffman, Bayerische Staatsbibliothek）

続いて入廷した。[20] 禿げ頭でとがった灰色のヤギ髭を生やし、高さのあるフェドーラ帽と黒いオーバーコートという格好で現れたナイトハルトは、バイエルン司法部のまぎれもないナショナリストだった。のちにヒトラーの権力の恩恵を受ける彼は、これまでも人民裁判所で左翼に厳しく右翼に優しい姿勢を見せていた。たとえば、一九一九年にクルト・アイスナーを暗殺したアルコ゠ファーライ伯爵の判決を、死刑から生ぬるい「要塞拘置」の終身刑に変えたのはこの人物だった。彼はこの減刑を正当化する理由として、伯爵の「人民と祖国への愛が増していること」[21]、そして驚くことに、バイエルンに「アイスナーへの反感が広くあること」を挙げた。政治的殺人は真の殺人というほどではない、特に被害者が選挙で支持されていない場合は、と言っているかのようだった（アイスナーの直近の選挙での得票率は三パーセント以下だった）。また、ヒトラーにとって幸運だったことに、ナイトハルトは一九二二年、ヒトラーがバイエルン同盟の指導者オットー・バラーシュテットを暴行した際に、治安妨害罪で禁錮三ヵ月となっていたところを一ヵ月で仮釈放させた裁判官でもあった（禁錮三ヵ月は「重過ぎる」と彼は言った）[22]。ヒトラーと弁護人のロレンツ・ローダーが裁判官席を見ると、彼は友好的な顔を浮かべていた。ほかにも裁判官はいたが、ナイトハルト――伝統的な裁判長のベレー帽、ローブを身に着けていた――がこの公判を取り仕切っていた（公判が終わるころには、ヒトラーが取り仕切っていると多くの人が言うようになるが）。

検察側は、ヒトラーと九人の共謀者と徹底的に戦う準備ができていた。ヒトラーが多くの人と同じように面食らったと思われるのは、刑務所で五時間にわたって速記者を入れずにヒトラーと話し合ったハンス・エーハルト州副検事が、三十九ページの文書を手に、政府側の陳述を行ったときである。多くの参加者や目撃者から聞いた話、あるいは宣誓証言をもとに、エーハルトはクーデターの経緯を事細かく説明した。九十分にわたって、一九二三年十一月八日から九日の悲惨な出来事を振り返り、プッチの実行とその失敗に至るまでの会合や対立のややこしさを聞く人に追体験させたうえ、証言や記憶のもつれをほどき、ずさんな事件を鮮やかに再現した。ヒトラーのビュルガーブロイケラーの天井への発砲、新政府樹立の宣言、人質の捕獲、軍事施設への襲撃、二軒の印刷所からの大金の窃盗、そして血まみれに終わるオデオン広場への最後の「プロパガンダ行進」。「最終的に」と、エーハルトは淡々と言った。「バイエルン州警察がしっかりと立ち向かい、小火器を使用することになりました*」

それからエーハルトは核心に移り、裁判の焦点をヒトラーに向けた。多くの参加者がいて複雑だったとはいえ、このプッチは実質的に一人の男の仕業なのだと、彼は言った。「ヒトラーがこの企て全体の魂でした」

表面上、エーハルトの陳述はたしかに効果的だったが、ヒトラーにしてみれば、生涯で最も重要な演説に向けて、これ以上に素晴らしいお膳立てはなかった。これによりヒトラーは、反逆罪で有罪とされるだけでなく、邪悪な政治ゲームを行っただけでなく、またドイツを支配する権利を勝手に主張しただけでもなく、企て全体の魂——精神、中心、知的精髄——となったのである。クリーベル、ヴェーバー、その他大勢の多大な労力があったにもかかわらず、州にとっては、ヒトラーこそがその人なのだ。あのルーデンドルフでさえ企ての魂ではない——ヒトラーが魂なのだ。たんなる政治家とは違う存在でありたいといつも思い、自分の使命は物質的というより精神的なのだと考え、ナポレオンやフリードリヒ大王や聖なるリヒャルト・ワーグナーに親近感を感じていた人物にとって、これ以上の賛辞はなかった。絶対的な物事の中心、運動の要、ドイツの未来のXファクターとなるために、これまで政治的奮闘をしてきた——そして、このすぐあとにもする——男にとって、公開法廷で、世界中の報道陣の前で、ショーの魂と呼ばれる以上のことがあるだろうか？

＊　エーハルトは死亡した十五人のナチ党員、四人の警察官、一人の見物人について言及しなかった。これは誰もがすでに知っていることだった。また、殺人に対する非難もなかった。混戦の中で、誰が誰を撃ったかを特定するのは不可能だったからである。

ヒトラーは有頂天になっていたに違いない。

しかし、ヒトラーに話す機会が与えられる前に、検察側が公判全体を非公開にすることを求めた。非公開審議が必要な理由として、ルートヴィヒ・シュテングライン州検事は、プッチの準備に関わる機密情報、特に国軍のベルリン進軍の準備への関与について、世間や外国――主にフランス――に知られてはいけないということを挙げた。何しろ、そのような行動はヴェルサイユ条約違反だったのだ。弁護側はこれに異議を唱えた。ヒトラーと共同被告人たちの話をできるかぎり多くの人に届け、世論の支持という圧力を生み出したかったからである。ヒトラーは、来たるべき演説が、自身をドイツの政界の中で信用できる人物として再認識させるチャンスになると分かっていた。非公開審議をめぐる非公開審議の際、弁護人の一人は、この公判は国民に向けたある種の公民の授業にならなければならないと主張した。「本公判の発端は、十一月八日および九日に起きた二つの世界観の衝突です。……両者に公の場で主張をさせなければ、大変な不公平となるでしょう」[23](もちろん、彼はヒトラーに主張の場を与えたかったのである)。長い議論の末、ナイトハルト判事は中間を取った。いくつかのトピックは非公開とし、いくつかはそうしないと決定したのである。証人と被告人はいつ審議を非公開にするべきか分かっているだろうと、判事は説明した。これは内部の人間を規則委員にするような話に聞こえるが、実際にそうだった。何しろ、全員が取引に関わっていたのである――プッチ参加者も三巨頭も。ヒトラーにとって、これはほぼ理想的な決定だった。自らの政治観とポピュリストの流儀を公開の場で知らしめられる一方、三巨頭のクーデター計画への関わりについての強力な情報を非公開の場で明かすことができるのだ。

皮肉なことだが、ナイトハルトは公判が始まる前、長時間の公開審議というヒトラーの希望を潰えさせようとしていた。証人の話を聞く必要性は見出せない、被告人の自白だけで判決を下すことができる、と言っていたのである。[24] しかし、ヒトラーにとっては幸運だったことに、ナイトハルトは考えを変え、長い完全な証言をさせることにした。のちに彼が書いていることによれば、被告人は、検察側と違い、自らの言い分を主張し、「自らの名誉を守る」機会を与えられていなかったからである。[25] ナチスの機関紙「フェルキッシャー・ベオバハター」は、ナチ党そのものや、ヴェーバー博士のオーバーラント団と同じく、プッチ後に禁止処分を受けていた。刊行物が発行できないため、「被告人は、事件に関する公式および半公式の見解に対して、公に自らを弁護することができなかった」と、ナイトハルトは主張した。また、それらの見解は、「被告人の意見によれば、事実と符合しておらず、世論を彼らに不利なように誘導すると思われる」から、ヒトラーと共犯者たちは揺れ動く世論に文句を言って当然だということだった――まるで裁判は大衆のムードと関係するのだとでもいうようだ。

驚くべきことに、ナイトハルトはこれだけにとどまらず、個人的な「苦い思い」と政治的圧力を、長い公開裁判の論点に挙げた。「［世論に影響を与えられない］結果、被告人の心は爆発しそうな苦い思いに満ちている」と彼は書いた。「いやしくも公判を開く者は、被告人に対し、幅広い人々の前で心ゆくまで怒りをぶつける機会を与えなければならない」[26]

恐ろしいことに、ナイトハルトが世論を裁判の要素として認めたのは、現実を反映したことだった。判事は、一九二〇年代のドイツにおいて、何より重要なのは大衆の感情だと知っていたのである。そしてヒトラーもそのことを知っていた。

公判初日、午後二時三十分、ヒトラーは混雑した法廷の正面に十席並べられた小さな被告人席から立ち上がった。遊説を約四ヵ月離れ、演説のときのように声を高めることも、熱弁を振るったり威張り散らしたりすることもなかった彼は、冷え切った状態から舞台に上がらなければならなかった。報道陣と傍聴人、そして裁判官のあいだで、期待感が高まっていた。バイエルン政府の半分を人質にした男、十五人の仲間を死に至らしめた男、話すこと（そして叫ぶこと）で生計を立てているが十一月以来公の場で話していない男――その男がついに口を開こうとしていた。「ヘル・ヒトラー、あなたの立場と本件への関わりについて陳述を願います」と、ナイトハルト判事は無表情で言った。

黒いフロックコートと勲章を身に着けたヒトラーは、百七十五センチの身長をぐっと伸ばして立っていた。「申し述べさせていただきたい！」と、法律家風に話し始め、ナイトハルトに対してあてつけるような丁重さを見せた――この態度は公判中ずっと続くことになる。まもなく彼は計画どおりに自伝的な前説を始め、自分はドイツ軍に「四年半」従軍し、「非常に良い」という評価を受けていたと語った。ではなぜ、「上官に盲目に従って」訓練を受けた男が、「国民生活で考えうるかぎり最も厳しい抵触、すなわち憲法への抵触」に問われているのか？　なぜ反逆罪で起訴されているのか？　そう修辞的に問いかけた。

憎きヴァイマル政府を狙い撃ちにしたヒトラーは、午後をまるごと費やしてその答えを語った。とりとめのないメロドラマ的な熱弁は、彼の政治演説を思い出させるところが多かったが、それ以上に長かった。裁判記録には約三時間と書かれているが、当時の報告によると四時間近くに及んでいたともいう。[27] 初めのうちは、経験を積んだ民衆扇動家らしからず、「ほとんど緊張したよう

スケッチ画家が描いた、法廷で主張するヒトラー。（Otto D. Franz, Library of Congress）

に」話していたと、ある出席者は言っている。しかしすぐにいつもの調子に戻り、言葉、ジェスチャー、逸話、歴史的引喩、自伝の洪水を浴びせ、聞く人を圧倒した。彼らは、憤慨、情熱、独善性の波――蘇ったヒトラーの激流――に流されたようだった。ナイトハルト判事はのちに、ヒトラーを遮らず、彼に得意な話ばかりさせていたと批判されたとき、お手上げだというように力なく答えた。「彼の言葉の洪水を止めることはできなかった[28]」

ヒトラーの言葉の洪水は、ナチズムの話を彼自身の話に変えた。その始まりは定番の苦労話だった。「十六歳半の若者のころに、日々のパンを自ら得なければならなくなった」。この発言は典型的な誇張（そのころのヒトラーは家族の金で生活していた。家を出るのは十八歳のときで、初めて金を稼いだときは二十一歳に近かった)[29]で、ヒトラーのお気に入りのイメージのひとつ――「日々のパン」――が含まれていた。とはいえ、この話はなめらかに政治の話へ移行した。「十七歳のとき、私はウィーンへ行き、三つの重要なことを学んだ」。その三つとは、社会的不公平、「人種問題」(これはユダヤ人のことであり、彼はいつもユダヤ人を宗教や民族ではなく人種として扱っていた)、マルクス主義の裏切りである。ユダヤとマルクス主義を一体化したひとつの悪と考え、彼らの目的は「近代国家全体の転覆」だと結論付けもした。ユダヤ人は、彼に言わせれば「アーリア人の最大の敵」だった。この若いころの目が覚める経験の結果、「私は世界市民としてウィーンに到着し、[五年後に]完全な反セム主義者として発った」[30]。

ヒトラーの陳述は遠慮がなく恥知らずだった。長い話の最初の数分間に、政治イデオロギーの核となる教義を宣言した。政治の舞台に大きな標的を作り、そのうえでそれを攻撃しようと考えていたのだ。彼は人種に基づく政治を強く主張し、自らを正式に認められた反セム主義者と称した(ウィーンの貧民街での見習い期間に卒業証書をもらったとでもいうように)。とはいえ、当時「完全な反セム主義者」を名乗ることは、現在思われるほどショッキングなことではなかった。どれだけ非難されるべき言葉であろうと、教養あるドイツ人の多くにいかに拒絶されていようと、反セム主義は当時、広く行き渡った、大っぴらに議論される政治課題だった。「マルクス主義者の世界観(Weltanschauung)の宿敵」として、ヒトラーは黙示録的なドイツの未来像を描き、救済への道を示した。「この人種的毒、この結核がわれらの国にはびこり、ドイツが肺の病気で死んでしまうか、われわれが[その病気を]根絶し、ドイツが栄えるかのどちらかだ」。この「人種的毒」(すなわちユダヤ)への解毒剤は、「穏やかな分析」ではなく、「熱く、無慈悲で、残酷な狂信」の政治によって「［ドイツの］人々を隷属状態から救い出す」ことだと、彼は言った。

寒い冬の日に火花を見にきた人々は失望していなかった。アドルフ・ヒトラー元上等兵の反逆罪裁判は、間違いなく退屈しないものになりそうだった。形式的あるいは法律尊重的な道をたどることはないだろうし、結果も予想がつかない。ビアホールの扇動家は決して傍観せず、このドイツ史に残る重大な裁判を法律家や裁判官の手に委ねたりはしないだろう。これは政治的イベントだった――彼がそうさせるのである。ヒトラーのほかにも、ルーデンドルフ将軍を含め九人の被告人がいたが、これは彼の裁判だった。「ヒトラーにとってこの裁判は、司法という手段による政治的プロパガンダの延長だった」と、歴史家のエルンスト・ドイヤーラインは、クラウゼヴィッツ〔訳註　プロイセンの軍人。『戦争論』で知られる〕の格言、「戦争とはほかの手段による政治の延長である」になぞらえて書いている。[31]

ヒトラーがいま相手にしていたのはこれまでとは違う聴衆だった。法廷の中で、そしてミュンヘンの新聞を通して、騒々しい大集会に来たことのなかった人々についにアピールすることができる。さらに、ラジオ以前の当時のドイツに無数に存在していた新聞を通して、直接彼の声を聞くことがないであろう多くの人――バイエルン以外に住む一般的なドイツ人――にもアピールできる。ベルリンで最も定評のあった新聞「ベルリン日報」――現在の米国でいう「ニューヨーク・タイムズ」のような主流メディア――も、公判初日の一面トップに、「ミュンヘン反逆罪裁判始まる」という大見出しを当然のように載せた。[32]

あちこちに話が飛んだにもかかわらず、ヒトラーの冒頭演説――そしてその話術――は聴衆を夢中にさせ続けた。「彼はときに生々しい声を出し、抑揚のつけ方を知っていた」と、名高い「フランクフルター・ツァイトゥング」は書いている。同紙はナチスの指導者に共鳴してはいなかった

――この見識あるユダヤ資本の日刊紙は、新生ドイツの自由民主主義に傾倒しており、ヴェルサイユ条約を支持していた――が、ヒトラーのパフォーマーとしての能力は認め、まだそれを知らない読者に彼の魔術を説明した。「彼は声を和らげ、それから徐々に劇的な叫びに向かい、さらにはしわがれた金切り声となる。それから、倒れた同志を嘆いて声がかすれる。軽蔑的に、敵のおずおずした話し方を茶化す。活発に手を動かしながら言葉を紡ぐヒトラーは、両手でピリオドを表現し、州検事に左手の人差し指を向けることで皮肉や攻撃性を強調し、頭や全身までをも使って演説の効果を高める。レトリックのインパクトが強烈だ」。ハイカルチャーと高尚な理想の世界に住む人がスラム街に行ってみたら、そこで行われていた見世物が思っていた以上に面白かった、といった感じである。

ヒトラーの目標は、午後のあいだずっと話してきたように、自らとその運動をドイツの無秩序化に対する最後の砦として確立することだった。彼の典型的な歴史的比喩によれば、ドイツは「カルタゴの終わり」のような状況にあった（北アフリカ沿岸部に存在したカルタゴは、紀元前一四六年、ローマ人に惨たらしく滅ぼされた）。「われわれが敗北状態から脱せられるのは、ドイツが昏睡から目を覚まし、政治……は、この地球において、ヤシの葉ではなく、剣によってなされるのだと認めるときだ」。ナチ党は、「瀬戸際のもがき」を続ける「ドイツの救済という明確な目的のために」設立されたのだと、彼は言った。ナチスの運動はドイツを救うのに不可欠な二つのものを提示していた。「頭と拳」である。頭とは、ヒトラーの夢の宮殿においては、プロパガンダのことだった。これは万能のコンセプトであり、演説から壁のポスター、行進、音楽、スローガン、制服まであらゆるものが含まれた（演壇のうしろからではなく聴衆のうしろから会場に入るという演説のトリックも含まれた）。プロパガンダは、事実上、政治を彩るすべてのものであり、頭を使って働きたいすべての人にふさわしい仕事だった。

拳はまた別だった――暴力、腕力、筋力、力の行使。ヒトラーは、謹聴する人々の前で腕を振りながら、「われらが突撃隊」は「拳の男たち」だと言った。そして、その目的は、軍事的というよりも、ナチ党員やその集会を共産主義者や社会主義者の同じような「会場警備部隊」から守ることだと主張した。「自らが信じる理想のために立ち上がる権利、拳を使って妨害してくる者や、真実の拡散を妨げたりする者に立ち向かい、自ら拳を使って相手をぶち倒す権利を、全ドイツ人が持つべきだ」。長たらしい言葉だが、一九二〇年代の政治の暴力性をあからさまに支持し、のちの何年にもわたる市街戦を正確に予言している。自らの好戦的なレトリックに酔いしれたヒトラーは、「人種問題」はドイツが直面する「最も厳しく深い課題」であり、「ユダヤの件」――彼にとっては「マルクス主義者の問題」と一体だった――の解決は、「政府の役人」によってなされるのではなく、「国民の情熱を掻き立てられる火付け役（Feuerkopf）によってのみ」なされうると言い放った。その血気盛んな火付け役とは、もちろん、ヒトラー自身ということになる。「自分ができると分かっていることについて遠慮はしない」と彼は言った。

過激な解決策を受け入れてもらうためには、問題を過激にする必要があった。その問題とは、現在のドイツ政府の違法性、一九一八年の革命で「背後の一突き」をした「十一月の犯罪者」、そして現在の彼らの後継者のことだった。革命自体が、ヒトラーに言わせれば、「言語に絶する犯罪」だった――社会主義者が主導したというのが主な理由である。ヴァイマル共和国は一九一九年の夏に承認され、憲法制定会議によってヴァイマル憲法が起草、採択されていたし、過去五年間に何度も議会選挙が行われていたが、ヒトラーの目からすると、純粋な国民の信任投票によってその存在を合法化されていないのだった。「私にとって」と、ヒトラーは言った。「一九一八年の革命は存在しない」。現政府はドイツの「発展と偉大さを三十年戦争よりもひどく後退させた」とも語った——一六一八年から一六四八年にかけての三十年戦争は、ドイツ人にとって悲惨なイメージを持つものであり、全人口の三分の一が惨殺された（あるいは戦争が原因の病気で死んだ）と誰もが学校で習っていた。そして、現政権の違法性は、議会政治——多数派支配——が、インフレから外国による占領、飢餓（「人々はパンを求めて泣き叫んでいる！」）まで、国の多くの問題を解決できていないことを見るだけで分かると述べ、「多数派の決定はいつも軟弱だ」と主張した[33]。だからこそ彼は、現行制度を排除し、「国家主義的な、徹底的に反議会の政府」に替える決断をしたということだった。反逆罪の犯意をこれほどきっぱりと認める発言はないだろう。

にもかかわらず、ヒトラーは反逆罪の訴えを認めなかった。防御のために攻撃を続け、告発人のカール、ロッソウ、ザイサー——検察側証人——を反逆罪で告発した。「われわれの企て全体が反逆行為であるなら、カール、ロッソウ、ザイサーもわれわれとともに反逆罪を犯したことになる。何ヵ月もわれわれは彼らと話し合っていたのだ。ほかならぬ、われわれがいま被告人席に座っている理由となったことについて」

ヒトラーはプッチでの役割を否定するのではなく、それを認め、煮え切らない三人を嘲《あざけ》る機会をつかんだ。カールを容赦なく攻撃し、「鉄拳のない男」だと言った。「戦いを始めるが、決して終えることがない。……戦いが始まった瞬間に怯《おび》えて倒れてしまうのだ」。プッチは共同で行ったことだが、参加者の半分（ヒトラーとその仲間）が跳躍の準備ができていたのに対し、残りの半分

（カール、ロッソウ、ザイサー）は不安で麻痺していたと、ヒトラーは言った。「跳ぶ直前に心臓を失った馬のようだった。……われわれは彼らに跳躍の意志を与えなければならなかった」

　ヒトラーは三巨頭の屁理屈を嘲った――彼らは、ベルリンに独裁制を敷くために、たんに政治的圧力をかけるのではなく、力を用いるというのはいかがなものか、と言っていたのである。「『この状況を』このように説明しようとする人たちがいる。『たしかに［権力奪取は］われわれの意図したことだが、力によってではなく、むしろ圧力によって成し遂げたかった。圧力によってということは、いくらかの力を含むわけだが、本当に力を行使するということではない。……クーデターであることは確かだが、ふつうのクーデターではない。これまで歴史的に理解されてきた意味ではなく、われわれが意味するところのクーデターなのだ』」

　ヒトラーは法廷内の全員を笑わせていた。彼がどこに向かっているかは誰の目にも明らかだった。三巨頭は吊るし上げられ、滑稽に見えた。ヒトラーはこう締めくくった。「さて、私にはひとつだけ後悔がある。当時、この重大なロッソウのクーデター案について、誰もわれわれに話してくれなかったのだ。……今日、ゼークトかロッソウがエーベルト大統領に会いに行き、『ここにわれわれの師団がいます。われわれは力を使いはしませんが、師団はもうあなたには従いません。扉はすぐそこにあります』と丁重に言ったのなら、疑問の余地はなかった。それであれば、『力は用いられなかった』と言えるだろう」

　法廷が笑いの渦に包まれると、ナイトハルトは珍しく規律を正す熱意を見せ、こう叫んだ。「ここは劇場ではない！」いや、しかしそうだったのだ。そしてヒトラーは自身の劇の主役だった。彼は反逆罪裁判を政治ショーに変えたが、そこではすべての役柄があべこべになっていた。

ヒトラーは、奴らにやらされたのだという抗弁も展開した。「カール、ロッソウ、ザイサーは、襲撃の準備ができていると私に信じさせた。……これ以上ない細かな点まで、彼らはわれわれと議論した。アウフゼス男爵［カールの代理人］などは、ある小さな集まりで、カールは火薬樽の上に座って導火線を握っていると言ったのだ」。しかも、この世の誰もがクーデターを期待していたと、ヒトラーは付け加えた。「屋上から人々が囃し立てていた。……世間のムードは、そろそろ救済者が現れなければならない、というものだった」。彼は裁判官に向かって言った。「紳士方、どうかわれわれの身になって考えていただきたい。事件は不可避でした。［仲間たちから］『いつ動くのだ？』『いつベルリンの連中を追い出すのだ？』と言われていたのです」。そして修辞的にこう問いかけた。三巨頭が潔白だというなら、カールはなぜ非公式の独裁者となったヒトラーをその日のうちに逮捕しなかったのか（ヒトラーはランツベルク刑務所でのエーハルトとの五時間の会話でも同じ問いかけをしていた）。「彼は私のところへ来るか、警察官を私のもとへ送るかして、『ヒトラーさん、逮捕します』と言うべきでした。彼の本分は……［プッチを計画していた］そのような者をすべて牢屋に入れることだったでしょう」

　カール、ロッソウ、ザイサーは、ビュルガーブロイケラーでヒトラーと握手を交わし、彼の「革命」に加わったとき、演技をしていたのか？　ヒトラーは、新たに引き入れた共犯者たちの有罪を証明する説得力のある説明をした。「カールは私の両手を握った。……私は彼を兄のように信頼した。……犬のように彼に忠実であろうとした」。ロッソウとザイサーは、ルーデンドルフに忠誠を誓ったとき、「目に涙を浮かべていた」。

　とりとめのない雄弁で、ヒトラーは自分に対する告発の正当性を弱めようとした。「反逆罪は失敗したときにだけ罰せられる唯一の犯罪だ」と彼は言った。そんなことは分かりきっていたが、まるでそれによって法が無効になるとでもいうかのようだった。自意識過剰になっていた彼は、男らしい勇敢さを見せ、プッチの「単独の責任」を負った——そうして企ての魂としての役割を強調した——が、同時にそれが犯罪行為であることは否認した。共犯のクリーベル中佐が何らかの責任を負うことをきっぱりと否定し、自己犠牲という栄光を独り占めして、典型的なこじつけの論理でこう言った。「私はその行為をしたことを認めるが、反逆行為は認めない。というのは、一九一八年の裏切り者は反逆罪に問われていないからだ」

こうした芝居がかった話し方と入念な情報操作で、ヒトラーは将来的に自分とその運動が殉教したときのための土台を築いた。「われわれの監獄は若きドイツの精神を導く光となるだろう」と彼は言った。[34]「つまり、われわれは追い払われるかもしれないが、やがて戻ってくるのだ。われわれは若い」（ヒトラーは三十四歳だった）

最後にヒトラーは、絶えず悩ましかった国外追放の問題を入念にはぐらかした。生い立ちと西部戦線の日々の話で抗弁を始めた彼は、その締めくくりに青年時代に戻り、オーストリア人である自らをドイツ国旗で包んだ。「昔から、私は自分がオーストリア人だと感じたことがなかった。……自分は裏切り者ではなく、国民のために最善を尽くしたかっただけの一介のドイツ人であると考える」。そう言って彼は席に着いた。

長く濃密な午後が過ぎ、夕刻を迎えていた。報道機関の伝達係を除いて、混雑した法廷を出ていく者はいなかった。ヒトラーは、間違いなく疲れていたが有頂天で、自分の名人芸に満足していた。それには彼特有のリズム、宗教じみた確信、情熱、そして場合によっては皮肉なトーンがあった。彼の主張は、整理されておらず、矛盾や論理的に無理なところがあったとはいえ、その信念ゆえに、説得力があると多くの人に受け止められた。共謀というテーマを執拗に打ち出したことが、望みどおりの効果を上げていた。「クーデターの準備過程についてのヒトラーの主張の大半は……少なくとも個人的には納得がいくように思える」と、「フランクフルター・ツァイトゥング」は書いた。「ヒトラーの計画が当時のバイエルンの統治者たちの行動から膨らんでいったことはよく分かる。両者を隔てたのは、人事の問題……そして行動する勇気だけだった[35]」

カール、ロッソウ、ザイサーはすでにバイエルンの統治者ではなくなっており、本当に逮捕されるのではないかという噂が広まった[36]。ミュンヘンの労働者は、強いバイエルン訛りで、「カールのじいさんはもう捕まったんかな?」と訊いた。やりたい放題のナチスの指導者に法廷でぶちのめされたあと、哀れな三人はさらなる軽蔑や嘲笑の的にもなった。ミュンヘンのダウンタウンのビアホール、アウグスティナー＝ケラーでは、「カールは嘘つき、嘘つき、うーそーつーきー!」という曲に合わせて、学生たちがビアマグ片手に体を揺らしていた。地元のコメディアン、ヴァイス・フェルディは、ホフブロイハウスの向かいの小さな劇場で、「祖国ドイツを救いたいドイツの男たち」を称える歌を披露し、あふれる観客を毎晩楽しませた[37]。

もちろん、誰もがヒトラーのパフォーマンスに魅了されたというわけではなかった。プッチ前からそうだったが、上流ブルジョワの大物たち――見識ある新聞のコラムニスト――は、ヒトラーを無教育の田舎者と切り捨てる傾向にあった。「ヒトラーは生来のプロレタリアである――そのことに疑いはない」と、カール・ミッシュ博士はベルリンの高級紙「フォシッシェ・ツァイトゥング」に書いた。「彼は近代教育の要素を寄せ集めた独学者であり、ある種の天与の狡猾さと巧みさをもって、それらを効果的に使う術を知っている。……彼にとっては、すべてがテーゼとアンチテーゼである。彼の演説は、対比や組み合わせの中で機能する。……選択肢は二つか三つほどしかない。……語彙はごくわずかである。すべてが基本的、排他的、例外はなし、原則どおり、絶対的だ。……生来の政治家……だが、人格者ではない[38]」

しかし、それほど批判的でない人の目には、ビジョンと行動の意志がある男、拳と頭のどちらをも備え、鋭い言葉で敵の弱点を突く男だと映った。それゆえ、苦しむドイツの都合の良いオルターエゴとして完璧だった。「なんてすごい奴だ、このヒトラーってのは！」と裁判員の一人は言い、それはジャーナリストのハンス・フォン・ヒュルゼンの耳に届いた[39]。それこそヒトラーが抱かせたかった印象だった。彼は戻ってきたのだ。

第八章　歴史の裁き

「永遠の法廷の永遠の女神は……われわれに無罪を宣告する」

——アドルフ・ヒトラー、一九二四年三月二十七日

ヒトラーの公判は一日が終わっただけで早くも転換点に達していた。最重要被告人は裁判をひっくり返し、三巨頭を気持ちのうえでの共同被告人に変えていた。魔法にかかった傍聴人の前で、彼は三人を有罪と認定していた——共同思索、共同計画、共同切望の罪で。

ヒトラーは敵を罵倒し、ヴァイマル共和国の議会制を貶《けな》し、プッチは実際問題として起きなければならなかったのだと主張した。公判初日、彼は自分の好きなように尺度を定めたうえで、運動の動機の純粋さを示し、自らの役割は裏切り者ではなく、英雄を目指す無私の指導者なのだと言った。十一月の夜にビュルガーブロイケラーで数時間の勝利を収めて以来初めて、演説という綱渡りの酩酊感を味わっていたに違いない。これは復活だった。彼は世界に向けて——そして何より自分自身に向けて——まだ腕が落ちていないことを証明したのだ。

いまや裁判を支配し始めていたのは、三巨頭のプッチにおける責任の問題だった。また、戦後の国軍のはっきりしない軍事任務や、極右のナショナリストがヴァイマル共和国やその指導部、議会に抱いていた軽蔑心にも話は及んでいた。その後の数週間の証言で、ドイツの民主制の崩壊を狙うこれまで知られていた以上に大きな策略が暴露されることになる。

ヒトラーの役割は、反対尋問者、糾弾者、一人合唱隊《コロス》となっていた。ナイトハルト判事から異議を唱えられることはなく、被告人というよりも弁護士のように振る舞い、別の人の証言を補いたいときには、跳び上がって質問したり口を挟んだりした。ドイツの訴訟法では、被告人はほぼ随意に証人に質問できることになっていたが、その質問は裁判官の監督下にあり、認められないこともあった。しかしナイトハルトが認められないとしたのは、ヒトラーが個人的な侮辱をしたときくらいで、そのときでさえ彼の忠告は無視された。

次の二日間、ヒトラーと法廷内の人々は、一九二三年十一月八日と九日の出来事を、三人の重要な被告人の目を通して追体験した。オーバーラント団の指導者ヴェーバー博士、元ミュンヘン警察長エルンスト・ペーナー、闘争連盟の軍事指導者クリーベル中佐である。非公開審議の中で、ヴェーバーとクリーベルは、国軍、バイエルン州警察、民兵が結託して行っていた秘密訓練――ヴェルサイユ条約の明白な違反――について初めて語った。ヴェーバーは、一例として、「敵の砲撃を経験したことがない」若い新兵を対象とした「優先度の高い」教練を挙げた。生きた弾薬と「正確な射撃」の演習が週に少なくとも三度、「国軍の将校の指導のもとに」行われていたと説明した。ヒトラーもこれに口を出し、国軍と州警察によるナチス突撃隊の訓練について強調することで、政府のプッチへの関与を巧みに示唆し、カール、ロッソウ、ザイサーを巻き込んだ。ヒトラーはこのように語った。十月以来、「われわれの軍隊は［国軍の］兵舎で強化的に訓練を積んでいたが……その目的は州境の防衛ではなく……完全に攻撃のみであり……北方への運動戦に必要な技術がすべて含まれていた」。ヒトラーによれば、主に夜間や休みのときに訓練をしていた隊員たちは、国軍や州警察の制服を着ることがよくあった。これらの活動はすべて、ロッソウが「最大限の備え」を求めて指示した「秋期演習」と関係していた。そのような圧力は、プッチを起こさなければいけないと感じた大きな要因のひとつだったと、ヒトラーは言った。「戦争のことだけを考え、毎日、毎晩、兵舎に来ていた者たちを、もはや押しとどめることはできなかった」[1]

ヴェーバー、ペーナー、クリーベルは、ときに毒々しい公判の雰囲気に、侮辱的言動という刺激を加えた。ヴェーバーはこう言った。プッチが始まったと同時に、自身の民兵の分遣隊にミュンヘン中央駅の占拠を命じ、「人種的に異質な東方ユダヤ人の害虫が外貨をすべて持って逃げるのを防ごうとした」。その指令が実行に移されなかった――プッチの夜に逃亡を試みた人がいたという報告はなかった――ということは問題ではなかった。そのような指令が存在したということが、ユダヤ人とおぼしき名前の人を片っ端から人質にしたのと同じように、ナチスと闘争連盟が狂信的な反セム主義を実行に移そうとしていた証拠だった。

短髪で、縁なしの眼鏡をかけた、厳格なペーナーは、さらに攻撃的だった。彼は証言の中で、一九一八年の革命をこのように罵倒した。「国際的なユダヤのフリーメーソンに駆り立てられた人種的に異質な人々」による「全ドイツ人に対する反逆行為」であり、その恥ずべき結果として、ドイツの高官が「にわかにユダヤ人の前で腹這いし、彼らを『閣下』と呼ぶようになった」。ペーナーの露骨な表現はショッキングで、一部の人にとっては爽快だった。彼はためらうことなく、政治指導部は、自分を含め、長いことベルリンの打倒をもくろんでいたと認めた。「私を反逆罪で訴えているというなら、われわれはそれを五年もやっていたことになる」と彼が言うと、法廷内にどっと笑いが起きた。

強気な闘争連盟の軍事指導者、クリーベルも、プッチでの役割について話したが、それだけでなく、国家主義的な右翼の道に進むきっかけとなった一九一八年の第一次世界大戦の降伏についても振り返った。戦争の終わりにベルギーのスパで開かれた休戦委員会に参加しなければならなかったドイツ将校の一人として、彼は想像しうるかぎり「最も無礼な、最大の屈辱」の対象になったと述べた。そして、休戦が決まったあとのドイツ軍事代表団の列車での最後の出発について語った。「酔っ払い、興奮した群衆が、石を投げ、容赦なくわれわれを罵った」。クリーベルは、それに対して、列車の窓から身を乗り出して拳を振ったのだという。それから、自分の言葉がどれだけ予言的になるかは知らずに、「Auf Wiedersehen! 数年後にまた会おう」と叫んだ。

クリーベルの威勢のいい証言がますます感情的になったのは、長いプッチのあいだに起きたこと、特にオデオン広場への最後の行進を振り返ったときだった。彼は、ヒトラーや、死亡したショイブナー＝リヒターとともに、最前列で行進していた。「クリーベル中佐がつっかえながら詳細を語ったとき、法廷内で深い呼吸の音が聞こえた」という報告が残っている。「弁護人の一人が立ち上がり、『殺人！』という恐ろしい言葉を口にしたとき、裁判長や検察官を含め、誰も異議を唱えなかった」

どこまでも広がりそうなヒトラーの証言に、クリーベルの怒りに満ちた発言が加わり、公判の三日目の時点で、一部の人たちはいったいこれは何の話なのだろうと思うようになっていた。何しろ、被告人の反逆行為について誰も掘り下げていなかったのである。「公開裁判が、今日のように、反フランス、反ベルギー論だけに費やされるなら、この公判を続けるべき理由はほとんどないはずだ」と、ロンドンの「タイムズ」は不満を述べた。[2]

クリーベルは、驚いたことに、この公判の中でもとりわけ記憶に残る感情的な瞬間を提供した。とはいえ、それにうまく乗じたのはやはりヒトラーだった。エーハルト副検事は彼に、ベルリンへの大進軍をどのように計画していたのか「簡潔に説明」してほしいと言った。衣食住の兵站はどうなっていたのか? 外交上の意味合いは?

それに対して、花形被告人は椅子から立ち上がり、外交政策、世界史、反逆罪に関するいつもの演説を始めた。彼の「答え」は中断なく二十二分続いたが、まずはイギリスの歴史的な勢力均衡政策とフランスの欧州支配の野望をこき下ろした。「フランスはドイツを分割し、自ら覇権を握ることだけを望んでいる」。ヒトラーにとって、フランスはドイツの究極の仇敵だった。[3] 初日の大言壮語の中でもこんなことを言っていた。「フランスの支配下で幸せに生きるなら、ボリシェヴィキの支配下で街灯柱から首を吊るほうがましだ[4]」

このフランスへの辛辣な言葉は踏み台に過ぎず、そこから彼はスペイン、イタリア、トルコの国民蜂起に言及し、十九世紀後半のドイツのビスマルクによる「革命」の偉大さについて語った。そして、ベルリン進軍をきっかけに起こるはずだった「国民蜂起」の栄光のビジョンを説明した。「ミュンヘン、ニュルンベルク、バイロイトで、言い表せないような喜びが生まれ、熱狂の波が帝国に押し寄せていただろう」と声高に言った。国民は「ドイツの苦しみが終わり、蜂起から救いが生まれるのを見ただろう」。そこでヒトラーは再び多数派支配を非難した。「多数派の支持があると思っていたかと訊かれた。……ドイツは多数派の決定ではなく、個人の意志力と決意によって成り立っていたのであり、それはしばしば多数派の意志に反するものだった。ドイツは英雄［ビスマルク］の産物であり、多数派の産物ではない」

反復、反復、反復の力を何よりも信じるヒトラーは、反逆罪の話に戻り、「反逆罪は失敗したことで罰せられる唯一の犯罪だ」という以前の発言を繰り返した。反例として、再びビスマルクを取り上げた。「左翼の考えでは、ビスマルクは反逆罪を犯し、クーデターを起こしたということになる。……『フランクフルター・ツァイトゥング』は、ビスマルクがプロイセン議会を解散したとき、反逆罪だと言った。……ビスマルクの反逆はのちに正当化された。そこからドイツ帝国が創られたからだ。［一九一八年の］反逆行為は正当化されていない。それがドイツ帝国に残したものは苦しみだけだからだ」

これらの主張は、しっかりした歴史的詮索には耐えられなかっただろうが、大きな論争を生んだ。ヒトラーはいつもどおりの勢いだった。彼はプッチは栄光まであと一歩だったと考えていた。さらには、プッチの失敗を前向きに解釈し、のちに育む伝説の種をまき始めていた。「もう少しでドイツの運命を変えられるはずだったが、そこで努力が水の泡になってしまった。……ときに運命は予期せぬ形で介入してくる。今日の展開を見ると、時間が経過したのは望ましいことなのかもしれない」。これは、どのように権力を追い求めるか――革命か、政治か――に関する、ヒトラーの考え方の変化を示す初期の兆候でもある。

しかし、この即興演説のあいだに、歴史の裁きに訴える機会を逃すことはなかった。「この裁判がわれわれを滅ぼすと考えるべきではない」と、ヒトラーは法廷の人々に言った。「たしかにわれわれを投獄することはできる。しかし、ドイツ国民はわれわれを滅ぼさないだろう。われわれの監獄が開き、被告人が告発人となるときが来るだろう。……将来の世代はわれわれを放免し、われわれこそがいまも続く［一九一八年の］反逆行為に立ち向かった勇気ある者だと言うだろう」。さらに彼は、より現実的な視点から天敵のカールを非難し、「彼が統治者だとしたら、それは大惨事だ」と締めくくった。

わめき散らしたヒトラーは息を切らしていたかもしれない。彼が話し終えると、エーハルト副検事はこう言った。「私は穏やかな質問がしたかっただけなのですが」

「あなたの感情を害するつもりはなかった」とヒトラーは言った。

エーハルト：失礼ながら――私は感情を害されたなどとは思っていません。ただ、あのような論争目的の返答は必要なかったのではないかということです。

ヒトラー　：そのようなものではなかった。だが、私の気質は州検事のそれとはいくらか違うのだ。

エーハルト：この場合は望ましいことでしょう。[5]

衣食住など、質問されていたことについての言葉はなかったが、シュテングライン主任検事からの異議はなかった。証言の妥当性をめぐって、裁判官からの叱責もなかった。いまや誰がこの場を取り仕切っているかに関して、疑問の余地はなかった。公判は実質的にヒトラーの政治ショーになっていた。「ヒトラーは次のビスマルクとして名刺を差し出した」と、ドイツのある通信社は報じた。「そして、ヘル・カールに何度か蹴りを加えた」[6]

一方、弁護人たちは、法律家的なスタンドプレーのためにこの機会を利用することをいとわず、公判の出席者のあいだにちくちくした感情を生じさせた。威嚇的な弁護士のカール・コールは、シュテングラインを不当に侮辱し、カール、ザイサー、ロッソウの関与を信じていないのなら「立派な人間」ではないとほのめかした。現代の耳には何ということなく聞こえるかもしれないが、一九二〇年代のミュンヘンでは、そのような言葉は重大な個人攻撃に近かったのである。コールは撤回を余儀なくされたが、シュテングラインはその無礼を忘れなかった。

ヒトラーの証言以外で最も大きな期待が集まっていたのは、ルーデンドルフの証言だった。エーハルト副検事がヒトラーをプッチの「魂」と呼ぶまで、政治的にも、象徴的にも、ルーデンドルフはヒトラーと同等に重要な立場にあると思われていた。何しろ彼は第一次世界大戦で（陸軍元帥のパウル・フォン・ヒンデンブルクとともに）全ドイツ軍を率いた総司令官だったのである。大戦の最後には神経衰弱になって現場から逃げ出したが、ドイツのかつての軍事的偉大さを体現する存在だとまだ広く考えられていた。「ニューヨーク・タイムズ」や「ベルリン日報」などの新聞は、「ルーデンドルフ・ヒトラー裁判」という見出しを付けることが多かった。しかし、このドラマにおけるルーデンドルフの立ち位置はすでに揺らいでいた。戦争の英雄を無罪にするために、可能なかぎりの取引がなされるという噂も広まっていた。ヒトラーははっきりと、自分こそが最重要被告人であり、この事件の統括者であると印象づけていた。次は老将軍が、ナショナリストのクーデター部隊における自らの立ち位置を示すときだった。まだ五十八歳ではあったが、ルーデンドルフはそれ以上に年を取っているように見えた。

お抱え運転手の運転する車が木曜日に雪でスタックしたため、ルーデンドルフの証言は金曜日に延期され、その日の午後がまるまる費やされた。三時間近く、彼は兵士らしい厳格さをもって話した。[7]しかし話はあちこちに飛び、手紙を読み上げたり、ビスマルクを引用したり、ラインラントの分離主義的傾向について語ったり、待望する君主制の復活について力説したり、カトリック教会がドイツに対して裏切りに近いことをしたという自説に固執したりした。カトリック優勢のバイエルンをいたずらに怒らせ、何をしでかすか分からない危険人物であることを示した。バイエルン人は、ルーデンドルフは南ドイツに心から関心を持っていないのではないかと常に疑っていた――彼は北部から移住してきたプロイセン人だった――が、それが確かめられたと感じた。[8]

それどころか、ルーデンドルフは現実との接点を失っているのではないかと感じる人もいた。彼の話のとりとめのなさは耄碌《もうろく》に近いように思えた。彼は、プッチが起きた夜の時点で事前に知っていることは何もなかったと主張し、企て全体における自分の役割はきわめて受動的だったと語った。[9]（大半の歴史家はルーデンドルフは多くのことを知っていたと考えているが、のちに彼は「ヒトラーに欺かれた、嘘をつかれた」とまで言い、ナチスの指導者を「ただのスローガン屋、策士」と呼ぶ）。[10]「ルーデンドルフは別の惑星から来た人のようだった」と、「ニューヨーク・タイムズ」は伝えている。「ルーデンドルフが政治的無能さをこれほど決定的に示したことはなかった。……身体だけでなく精神も老いている」。社会民主党系のベルリンの新聞「フォアヴェルツ」はこの機会をとらえ、将軍は「政治的判断力が完全に欠けている」、「先見の明のある部下たちが戦時中に言っていた『狂った士官候補生』同然だ」と厳しく非難した。[11] ルーデンドルフについて、ヒトラーは冒頭演説の中で政治的に計算された温かい言葉（「彼を崇めていた」）を口にしていたが、これらの痛烈な批判を気にしてはいなかっただろう。「扇動家」はすでに、予測不能な老将軍からいかに距離を取るかを考え始めていた。

公判そのものにも妙なところがあった。最初の週、弁護人たちが、報道機関に代表される外の世界と、象徴的な意味での殴り合いを始めた。主任弁護人はナイトハルト判事に、「ミュンヘン＝アウクスブルカー・アーベンツァイトゥング」は非公開審議に関する弁護団の立場を誤って伝えている、と不満を述べた。同紙が報じていたのは、被告人たちは公開審議によって機密が危険にさらされることを避けたいようだが、「弁護人たちに関しては同じことは言えず」、彼らは公判全体を非公開にすることに強く反対している、ということだった。「全弁護人の名のもとに異議を唱えます」と、主任弁護人は憤慨して言った。そして、ナチスに友好的な「フェルキッシャー・クーリアー」の記事を引用した。情報源が示されていないその記事には、こう書かれていた。

ある人がこのような話を聞かせてくれた。「法廷で嘲笑を浮かべていた二人のスケッチ画家が、路面電車でたまたま私の隣に座りました。彼らはお互いに絵を見せ合っていました。一人は、見たところブルガリア人かハンガリー人、いずれにせよ典型的なスラヴ人で、裁判員の一人を三角形に描いた風刺画を見せていました。もう一人は、ユダヤ人で、ルーデンドルフの悪趣味な戯画を勝ち誇ったように見せていました。打ちひしがれてやつれたように見えるルーデンドルフが、ネズミのようにびくびくと前を見つめている絵です」

弁護人はナイトハルト判事に、「そのような人々」に裁判を報じさせるのを禁じるよう求め、判事は二つ返事で同意した。「そういった類の人々を排除するのに必要な措置はすでに取られています」と彼は言った。

しかし弁護人はそこで終わりにすることなく、外国の報道機関にも同じように挑みかかった。ある外国の新聞では、被告人は告訴をあまり真剣に受け止めていないようで、「芝居を打っている」とされていた、と弁護人は言った。そしてこう続けた。「被告人たちは真のドイツ人であり、きわめて純粋な動機を持ち、崇高な考えを身をもって示しています。当然のことながら、法廷に入ってくるときに、髪をかきむしったり、服を引き裂いたりはしません。ドイツの法廷において、外国の報道機関のこうした無作法は厳しく禁止するべきです」。ルーデンドルフの弁護人は、将軍を「ビール革命の指導者」と呼んだ「ニューヨーク・ヘラルド」の記事に大いに異議を申し立てた。そして判事に対し、「こうした来訪者の権利の悪用」を防ぐよう求めた。

シュテングライン州検事は我慢できなくなっていた。彼も言うことを言わねばならなかった。「ある新聞はこう書いていました。ヘル・ヒトラーの答弁中、誰もが真剣な面持ちだったが、州検事だけは常に見下したような笑みを浮かべていたと。それはまったくの誤りだ！　ヒトラーの答弁中に州検事が不適切な振る舞いをしていたというような話は、いっさい認めない[12]」

こうした法律家的な戯言は、ヒトラーの裁判の政治性を際立たせるとともに、一九二〇年代の社会や国民生活の中で新聞がいかに大きな役割を果たしていたかを表してもいる。

ヒトラーのプッチ仲間たちは、同じ出来事をそれぞれ異なる観点で語ったが、ヒトラーが初日に示した筋書きにはきっちりと沿っていた。彼らはクーデターの壮大な目標を強調し、愛国心を表明した。それは、救世軍的な目的があったというヒトラーの主張の繰り返しだった。また、ヒトラーがときおり匂わせていた、「剣をもって」政治を行うという邪悪な考えに付け足しをすることもあった。プッチで重要な役割を果たしたヒトラー衝撃隊のリーダー、ヴィルヘルム・ブリュックナーは、「ドイツに必要なのは、祖国に対する燃えるような愛を持つ者、熱狂的な憎悪の感覚を持つ者」であり、それには、ルール地方で消極的抵抗から積極的抵抗に転じた破壊工作者のような、暴力行為をいとわない姿勢が含まれると言い放った。[13]

検察側は打ち負かされていた。ヒトラー側には十人の被告人と十一人の弁護人がいて、[14]ビッグネーム――ヒトラーと、一応はルーデンドルフ――も含まれていた。それに対して、検察側にはシュテングラインとエーハルトの二人しかいなかった。州の力に支えられてはいたが、二人の検察官は際立って非攻撃的で、政治的に無力で、戦略にも力強さがないようだった。シュテングラインは、たとえば、被告人の偏向的な証言の長さにも内容にも異議を唱えなかった。

九人の共同被告人とたくさんの声高な弁護人がいることは、ヒトラーにとって大きな強みだった。自分ですべてをやらなくてもいいのだ。公判中、最初に法的勝負を挑んだのは、ヒトラーでも彼の弁護人のロレンツ・ローダーでもなく、ブリュックナーの弁護人のコールだった。彼はクーデターを誘発したという三巨頭への圧力をますます強め、カール、ロッソウ、ザイサーの「即刻逮捕」を正式に求めた。コールはこの裁判で最も攻撃的な人物の一人であり、ある新聞が彼の

〈embonpoint〉*に言及していることを考えると、最も体重の重い人物の一人でもあった。背が低く無表情、目も口髭も垂れたコールは、小さな大砲のようだった。「弁護側は重砲を設置した」と、「ミュンヘナー・ポスト」は皮肉った。[15]

ヒトラーとナチスがバイエルン州警察および国軍と緊密に連携を取っていたということは既成事実になっていた。一方、ミュンヘン市警察――制服の色から、青い警察と呼ばれていた――にも庇護されていたということは、被告人のヴィルヘルム・フリック――ペーナーの政治顧問だった――が証言するまであまり知られていなかった。フリックとペーナーが一九一九年から一九二二年まで指揮していた市警は、強力な政治部門を持ち、未熟なナチスの運動を育てる役割を密かに果たしていたのである。「一九一九年から一九二〇年のころなら簡単に抑圧できたでしょう」とフリックは言った。「しかし、この小さな国家社会主義の運動は弾圧すべきではないと気づいたのです」。その理由は、ナチスに「ドイツ再生の芽」を見たからだと、彼は言った。まるでヒトラーのスピーチライターであるかのようだった。ヒトラーと同じように、ミュンヘン市警を司る二人も、労働運動に押し寄せているマルクス主義者の流れを後退させ、労働者をナショナリスト陣営に呼び戻したいと考えていた。「われわれは国家社会主義ドイツ労働者党［ナチ党］とヘル・ヒトラーに保護の手を差し伸べていた」とフリックは認めた。[16]

クーデターの計画がだんだんと明らかになってきたころ、フリックとペーナーはミュンヘン市警の支配権を奪うという役割を割り当てられた。しかしその結果、警察本部で逮捕されることになる。プッチについて事前に知っていたことや、実際に果たした中心的な役割について、ナイトハルト判事から数々の証拠を突きつけられると、フリックは痛々しい言い逃れに出た（とはいえヒトラーはまったく気にしなかったようで、のちにフリックを第三帝国の内務大臣に任命し、彼はそこで政権の悪事の中心人物になる)。

公判二週目になると、法廷の雰囲気は緊迫し始めていた。ナイトハルト判事が勝手な発言や毒々しい嫌味を封じようとしないため、人々は苛立ちを見せるようになっていた。「ミュンヘン＝アウクスブルカー・アーベンツァイトゥング」のコラムには、「雷雨が起こりそうだ」と書かれた。パリの「ル・タン」も、法廷の様子を〈orageuse〉(嵐のよう)と表現した[17]。「ニューヨーク・タイムズ」は、ヴァイマル共和国の支持者は「この裁判はドイツ史上最も恥ずべきものだと言っている」と伝えた[18]。

政権も不安を感じ始めていた。ヒトラーの冒頭の一撃で守勢に立たされたあと、三月四日のバイエルン閣僚評議会――実質的な内閣――の会議では、多くの人が手を揉んだ。彼らが最も失望していたのは、ナイトハルトの法廷での振る舞いだった。彼は嘲笑と不満の的になっていた。内務(警察)大臣のフランツ・シュヴァイアー博士は、国軍とバイエルン州警察からひっきりなしに不満が届いていると言った。自分たちは法廷で中傷されているが、そのことを判事が問題にしていないと。別のある大臣は、ナイトハルトはルーデンドルフこそドイツが誇る最高のものだと言っていた、それゆえルーデンドルフを無罪にしたいのだろう、と指摘した。「判事が偏っている」のは明らかだと言う大臣もいた。被告人たちに過度の自由が与えられていることも問題にされた。彼らは

＊　embonpoint はフランス語で、一般に「肥満」と訳される。

いつも部屋を開け、優雅に食事をし、一日二時間は中庭で過ごし、好きなときに訪問客を迎えていた。ヴェーバーは「日曜日の休暇」まで与えられ、ミュンヘンで一日好きなように過ごすことが許されていた。最後に、フランツ・ギュルトナー州法相は、ナイトハルトと何度か会い、ヒトラーに「四時間も話」をさせたことに人々は不安を感じていると伝えたと打ち明けた[19]（この裁判では遠慮を見せていたが、ギュルトナーはやがて第三帝国の法相となる）。

一方、公判は先が読めない冒険物語のようになっていた。二週目の木曜日、「フォシッシェ・ツァイトゥング」は、「ヒトラー・ルーデンドルフ裁判の報告は連載小説のように読める」と書いた[20]。しかし、それから数時間のうちにさらに劇的な展開が起こり、法廷内の煮え立っていた感情がついに爆発するとは考えていなかった。またしても、火をつけたのは好戦的なコール弁護士だった。彼は、別のクライアントが絡む事件でシュテングラインの検事局が出した逮捕状について不満を述べ[21]、「逮捕の狂乱」におぼれていると検事局を非難した。シュテングラインからすれば、これは度を越していた。彼は素早く立ち上がり、事実上、公判を停止した。「この裁判のあいだ、私は繰り返し侮辱的な攻撃の対象になってきた。そのうちのいくつかは個人攻撃だ」と、ほとんど憤りを抑えられずに言った。「私は反応しないようにし、手続きを真面目に続けようとしてきた。あからさまな反応はしないようにしてきた。しかしもうたくさんだ！　今日のあなたは行き過ぎた。あ……私の名誉がこのように攻撃され続ける公判にはもう参加しない。エーハルト殿、どうか訴追手続きを引き継いでほしい」

怒りで真っ青になったシュテングラインは大股で出ていった。すれ違ったとき、コールはこう挑発した。「あなたの代わりに州検事になる人はたくさんいますよ[22]」

「行き過ぎだ！」と、ナイトハルト裁判長が声を荒らげた。取り乱した彼は、翌日まで休廷とした。

シュテングラインの大胆な行動は大々的に報道された。「フォシッシェ・ツァイトゥング」の一面には「ヒトラー裁判破綻」、同紙のコラムには「行き過ぎだ」という見出しが載った。外国の新聞にも取り上げられた。検察官の嵐のような退席は、ナイトハルトの公判運営への容赦ない非難であり、ドイツの司法制度の恥ずべき瞬間であると考えられた。裁判長は明らかに公判をコントロールできていなかった。強力な個性の持ち主たちを従わせようとする自信も力もなかった。若い副検事のエーハルトは、シュテングラインの行動に面食らうとともに、これは戦略上の失敗だと考えた。「机を思い切り叩き、判事に大声で不満を述べるべきだった」とエーハルトは言った。「もちろん負け戦になっただろうが[23]」

翌日までにコール弁護士は——少しばかり——謝罪し、シュテングライン検事は仕事に戻った。公判の焦点となっていた問題——カール、ロッソウ、ザイサーはヒトラーの陰謀にどこまで関与していたのか——に再び目が向けられた。当初は二週間の予定だったヒトラーの公判は、もっぱらその問題に答えるために、三週目に突入しようとしていた。

ヒトラーの攻撃こそ最大の防御の戦略はうまくいっていた。法廷前方の小さな被告人席から様子を眺め、元士官学校の簡素な部屋で新聞の多くの裁判報道を毎晩読んでいた彼は、自分の望んだ方向に事が動いていると分かった。二週間にわたってカール、ザイサー、ロッソウを逆に非難し続けたことで、記者団や世論を信じさせる大きな基盤もできていた。何かをしなければいけないという圧力が、シュテングライン州検事にのしかかっていた。そして週末、ダムがついに決壊した。シュテングラインはカール、ロッソウ、ザイサーの反逆罪での取り調べを宣言した。公判はいまや正式に、あるミュンヘンの新聞がのちに評したところの、「二つのナショナリズムの対決——カールのまわりの老いたナショナリストと、偉大な天与の指導者のまわりの若いフェルキッシュ」になった。[24] ヒトラーのプッチで重要な役割を果たし、彼に対する最も決定的な証拠を提示することが期待され、誓約、制服、責任という面で既存の秩序を象徴していた三人が、いまや反逆罪で起訴されるかもしれないのだ。

これは検察官に奇妙なジレンマをもたらした。取り調べを始めた人物を、証人として呼ぶことになるからである。しかし、ある新聞が見出しに書いたように、これはそもそも「奇妙な裁判」だった。

三月十日の月曜日、重大な三週目の初日、誰もがほっとしたことに、ミュンヘン市内の気温が上がり、雪が解け始めた。[25] しかし、春が手招きしていたとはいえ、公判は三巨頭の対決的な証言で陰鬱なものになりそうだった。彼らの言動はすべて、良くも悪くも、政府の権威、ドイツ共和国内でのバイエルンの評判、そして彼ら自身に影響を及ぼすことになる。いまや彼らの振る舞いを左右するのは、目の前に座り、様子を伺い、彼らを襲って追い詰める機会を待っている男だった。公判は、いちかばちかの「捕まえた《ガッチャ》」のゲームになっていたが、その政治的重要性は誰もが理解していた。三巨頭を網に引きずり込めば引きずり込むほど、ヒトラーの評価は高くなるのだ。

ロッソウが先陣を切った。背筋の伸びた、典型的なドイツ将校のロッソウは、五十六歳で、髪が薄くなり、縁なしの眼鏡を好んでかけていた。バイエルンの生まれだが、その風采と物腰はまさにプロイセン将校だった。プッチの影響で軍事的な地位を失った元国軍司令官は、シンプルな黒いフロックコートを着て法廷に現れた。軍の公式写真で見られるような、勲章で飾られた華やかな制服に懸章という格好ではなかった。

中将ではあったが、ロッソウは実のところ、第一次世界大戦のほとんどの時期を東部戦線や西部戦線の殺戮から遠く離れた場所で過ごしていた。彼はトルコ駐在武官であり、連合軍のガリポリ上陸に備えたトルコの防衛計画に携わっていた。クリーベルのような戦闘で鍛えられた粗削りな将校とは違い、外交や交渉の経験とスキルを持った人物だった。彼は証言台を恐れていなかった。ヒトラーを恐れていなかった。

ほとんどの証人が裁判官席の前の小さな席に座るのに対し、ロッソウは自ら要求した書見台に向かって闊歩していき、その前に立って、分厚い原稿をどさっと置いた。彼は戦いに来ていた。行儀と規律を重んじるドイツ将校の体現であるロッソウには、成り上がりの下士官兵に腹を立てる理由がとりわけ多くあった。彼は真剣だった。何としても、自分を刑務所に入れず、ヒトラーを入れなければならなかった。

ロッソウは六時間近く話をした。「別の惑星からこの法廷に着陸した人がいたら……ロッソウのことを光る剣を持ったミカエルだと思っただろう」と、ルーデンドルフに友好的な「ドイチェ・プレッセ」は書いた。「彼は右も左も切りつけた。……われわれが驚いたのは、将軍の耳障りな声が裁判長の神経に障らなかったことだ」[26]。尊大な軍人らしさを指摘する記者もいた。「彼の演説は刺々しく、やかましく、ときに荒々しかった。その証言は非常に辛辣だった」と、ある新聞は報じた。彼は左手を自信たっぷりにポケットに突っ込み、ベテランの講師のようにゆっくりと傍聴人のほうを向いて、慣れた右手の手振りで発言にアクセントをつけていた。[27] 別の新聞はこう書いている。「ヒトラーのカウンターヒーローとして彼は堂々たるものだった！」[28]

ロッソウはベルリン進軍への興味を強く否定した――フランスとチェコの侵攻を引き起こしかねない「子供じみた考え」だと言った。また、衣食住の支援が足りない準備不足の部隊は、すぐに行く先々の人に頼る盗人になっただろうと述べた。[29]

一方、当初はヒトラーと良好な関係だったとも言った。一九二三年初頭に初めて顔を合わせたとき、彼はナチスの指導者に「強い感銘を受けた」。しかしそれはすぐに薄れた。「大演説のたびに彼が同じ話をしていることに気づいたのであります。彼の話の一部は、すでにナショナリストにしっかり理解されている話でした。また別の一部は、彼が現実との接点をいっさい失い、何が実行可能であるかが分からなくなっていることを証明しているだけでした」[30]。ヒトラーの「原動力は野心だった」、彼は「激し過ぎる愛国心」にさいなまれていた、彼に道理を説こうという試みは失敗した、と将軍は言った。「会話をしても、ヒトラーが一人で話しているのです。異議を唱えても聞いていないから、効果がない」

ヒトラーは多くの嘘をついているともロッソウは言った。その証拠として引き合いに出したのは、一九二三年にロッソウが「フェルキッシャー・ベオバハター」の発行停止の命令（ゼークト将軍の妻を中傷したため）を無視したときの彼のコメントだった。「ヒトラーはある新聞で、私の『人間的な面』を初めて見たと言っておりました」とロッソウは言った。「私を支えると請け合ったと主張していました。［プッチは］起こさない、ベルリンに対する戦いで私を支持する、という名誉にかけた誓いを、ほかの誰でもなく、この私にしたのだと言っていました」。そしてこう付け加えた。「この報告に真実の言葉はひとつもない」。にわかにロッソウに親近感を覚えたという話については、こう嘲った。「ヒトラーには……『残忍』という言葉しかないのであります。彼が『情』という言葉を使うのは聞いたことがない。この話全体があとからでっち上げられたものなのです」ロッソウは、プッチの夜に三巨頭が名誉にかけた誓いを破ったというヒトラーの主張に力強く反論し、「ヒトラーの約束違反」こそがこの裁判につながったのだと言った。そのとき、「法廷は静寂に包まれた」と、ある記者は伝えている。「傍聴席の大半を埋め尽くしていた被告人のサクラでさえ黙り込んだ。ヒトラーは座ったまま顔を赤くし、ルーデンドルフ将軍は、何度目になるか分からないが、鼈甲縁《べっこうぶち》の眼鏡を額に持ち上げた」[31]

ロッソウ将軍は必ずしも勝利者ではなかった（いまや犯罪捜査の対象にもなっていた）が、その証言はヒトラーの信用性に打撃を与えた。ヒトラーを「空威張り屋」、「政治的太鼓たたき」と貶したロッソウは、この二週間の誤った発言をすべて正すとしたら「何日もぶっ続けで話すことになるだろう」と言った。

この間、ヒトラーはかろうじて自制心を保っていた。しかし、午後六時十五分、ロッソウが話し終えた途端に立ち上がり、ロッソウの説明は「事実に反し不正確」だが、彼の共謀者であるカールが出てくるまでは証人への質問を差し控えるときっぱり言った。

六十一歳のグスタフ・リッター・フォン・カールは、始める前からくたびれていた。長身で強気なロッソウのあとに現れると、背が低く亀のようなカールは、丸々とした顔とセイウチを思わせる口髭で、アンチヒーローのように見えた。バイエルンで二度にわたって権力を獲得していた——

官僚的スキルがあり、君主制支持の保守派だったことが主な理由——とはいえ、彼は、消極的、非協力的、優柔不断、受け身だと考えられていた。低い声で一本調子だったため、法廷内の半数の人は話を聞き取れなかった。「ロッソウは半音高かった《シャープ》が、今日のは半音低かった《フラット》」と言う人もいた。切れ味の悪い返答、記憶がないという主張、「公務上の秘密」を隠れ蓑にする態度で、狡猾かは分からないが強情なカールは、ヒトラーと弁護人たちを苛立たせた。カールが証人席に着いた三日間、彼らは容赦のない攻撃を繰り返した。反撃に出たロッソウとは違い、カールは、有罪になるかもしれないという立場にそぐった振る舞いをした。「カールの演説とヒトラーの冒頭演説との対比以上に著しい対比は想像できそうにない」と、「ミュンヘン＝アウクスブルカー・アーベンツァイトゥング」は書いた。「ヒトラーは情熱と怒りで爆発していたが、カールは絶えず静かで、憂鬱とあきらめがいくらか感じられた[32]」

カールの長い開幕演説のあと、ヒトラーはすかさず襲いかかった。敏腕弁護士のように質問を始め、具体的にいつ、誰を通して、州総督という全面的な権力を与えられたのかを明確にしようとした。彼はこう訊いた。「州総督局の創設について最初に聞いたのはいつですか?」

カール　：それは当然ながら言いにくい。
ヒトラー：日にちの話ではなく、どんなときだったかということです。
カール　：はっきりとは答えられない。
ヒトラー：八月の終わりですか?　九月の初めですか?
カール　：確信を持っては言えない。

ヒトラーは方針を変えた。「主導したのは閣僚評議会ですか、のちに州総督局で仕事を得る別の誰かですか？」

　カール：それに関する情報は与えられない。

ヒトラーは、プッチの数週間前に行われた、民兵と国軍の合流をごまかすための「秋期演習」のことでも、カールを追い詰めようとした。カールは何を知っていて、いつそれを知ったのか？カールはヒトラーの質問をすべてはぐらかした。

そんな調子が何時間も続き、やがて外は暗くなった。カールの「ハリネズミ戦法」（あるドイツの新聞はそう呼んだ[33]）をさらに悪質にしたのは、ヒトラーら質問者を真っすぐ見ないことだった。彼は断固として裁判官のほうを向いて座り、ほかの人々には背中を向けていた。

弁護側は、カールが計画していたドイツの集団統治について、その詳細を少しずつ彼から搾《しぼ》り出していた。傍聴人が驚いたのは、フリードリヒ・ミノー（ルール地方の大実業家）、ヴィルヘルム・フォン・ガイル男爵（東プロイセンの貴族・政治家）、ハインリヒ・クラス（右翼団体「全ドイツ同盟」の指導者）、アルフレート・フォン・ティルピッツ元帥、ラインハルト・シェア大将（ともにドイツでとりわけ有名な軍人）が、体制変革について、カールと、あるいは彼らの中で議論していたということだった。ヒトラーが早まって下手なことをしていなかったとしても、何か別の形で一九二三年の秋にクーデターが勃発していただろうということが、次第に明らかになってきた。バイエルンの三巨頭による集団統治の試みだったにしろ、ゼークト将軍によるベルリンの軍産主導の陰謀だったにしろ、ドイツの議会制打倒への圧力は強く、広く行き渡っていた。[34]「ドイツの現行憲法を変えるという真剣な計画が立てられていた。それはいまでも過激なナショナリストの賛同を得られるものだろう」と、ロンドンの「タイムズ」は書いた。[35]

カールが証人席に着いた最後の日、ヒトラーは彼のはっきりしない答えに苛立ちを抑えられなかった。ビアホールでの心からの握手のことで、元総督に繰り返し迫った。カールの左手が二人の交わした右手に置かれた感動的な瞬間を思い出させ、「あなたが手を差し出すのは三度目だった！」と主張した。彼はカールから一メートルも離れていないところに立ち、その声は大きくなっていた。「私の両手を握ったのは三度目だった！」

いまやヒトラーは叫んでいた。「私は嘘をついているか、そうではないか、どちらだ？」

ナイトハルト判事：興奮しないでください。証人が答えます。

ヒトラー［手を振りながら絶叫する］：私は嘘つきか、そうではないか、どちらだ？

カール：ヒトラーの手の上に手を置いた記憶はまったくないと繰り返すことしかできない。[36]

カールはヒトラーの嫌がらせに頑なに抵抗し、一貫して鼻であしらっていたが、証言を終えるころには心が折れているようだった。小男はどんどん深く椅子に沈んでいき、頭も下がっていた。ある記者は、「めったに見ることのない悲惨な光景」だったと言った。[37]

ロッソウ将軍に襲いかかる前に、ヒトラーはバイエルン州警察の長だったハンス・リッター・フォン・ザイサー大佐の証言を聞かなくてはならなかった。四十九歳のザイサーは、ロッソウと同じく典型的な軍人で、細身で髪を刈り、党派心が強かった。だが、彼の証言は気取りや激情とは無縁で、長い政治的な前口上もなかった。ロッソウと同様、彼も初めはヒトラーを注目に値する人物だと思ったが、この「太鼓たたき」が自らの「異常な権力願望」に屈し、ついに「無法者の襲撃」に等しいこと――ミュンヘン一揆――をしたのを見て、その気持ちは薄まったと言った。そして、ロッソウやカールと同じように、ヒトラーのベルリン進軍の考えを即座に退けたと言った。「われわれには、重砲も、飛行機も、防ガス装備もありませんでした。われわれにあったのは、愛国心にあふれた意欲的な男たちだけで、彼らは敵のガス攻撃の犠牲になったことでしょう」。進軍を行えば、「フランス、ポーランド、チェコスロヴァキアがすぐに軍を動員」し、ドイツに向かってきただろうと、彼は証言した。

ザイサーはヒトラーら被告人の証言に繰り返し異議を唱え、「でっち上げで事実ではない」と言った。鋭くも侮辱的ではない話しぶりで、三巨頭の信頼性を高め、世論という法廷におけるヒトラーの勢いを弱めた。「彼は魂の底から話している」と、あるコメンテーターは言った。ザイサーはヒトラーの説明に真っ向から反論したが、ヒトラーのように癇癪を起こしたり、法律家と争ったりすることはなかった。再びナチスの指導者は劣勢になった。

金曜日、ロッソウ将軍が質問を受けるために戻ってきた。この週はヒトラーにとってストレスのたまる週で、あまり成果を上げられていなかった。木曜日にわずかにカールに向かって吠えた以外、ほとんど目立つことがなく、その一方で三巨頭はニュースになっていた。「わが全人生は人々を説き伏せるというこの不断の努力に集約される」と、ヒトラーは言ったことがあったが[38]、いま再び説き伏せるときがやってきた。攻撃性を取り戻す必要があった。金曜日は週で最も熱い日になりそうだった。

ロッソウは初めから喧嘩腰で、威圧的な口ぶりだった。書見台の前でちょこちょこと動き――三歩動いて、三歩戻る――弁護団をだんだんといらつかせた。「散歩をしながら答えを吐き出しているようだった」と、ある記者は言った。「彼の声はメガホンのようだった」。ロッソウは法廷を軍事パレードの場と混同していると言う人もいた[39]。

三時間以上、ロッソウ退役中将は弁護団と戦闘を繰り広げた。弁護人のすべての質問の裏に落とし穴を見つけ、それをかわしていった[40]。両者とも、被告訴人と告訴人のあいだを行ったり来たりし、交互に攻撃と防御をしているようだった[41]。長いあいだ、ヒトラーはそれを見て聞いているだけだった。しかし、十分に耳に入れると、勢いよく立ち上がって争いに加わった。彼は、ベルリン集団統治という「考えの生みの親」は誰なのかと訊いた。

ロッソウ：その質問には異議を唱える！　そもそも私は答えを知らない。この件については極秘のやりとりで知ったのだ。私にその秘密を侵す権利はない。

ヒトラーは顔を真っ赤にした。ナイトハルト判事に向かって大声を上げ、ロッソウに秘密を破ってでも質問に答えさせるよう求めた。

ナイトハルト判事：ヒトラーさん、声を抑えていただけませんか。

ヒトラーが声を抑えなかったため、まもなくナイトハルトは再度の注意をした。ついにヒトラーは、最もセンシティヴなトピックである「名誉にかけた誓い」の話に移った。「プッチを起こさない」というヒトラーの一九二三年一月の約束については、すでに多くのことが理解されていた。しかし、別の名誉にかけた誓いの問題は誰も取り上げていなかった。一九二三年五月一日、共産主義者との対決に向けて突撃隊に国軍の武器を持たせることを、ロッソウが以前に約束していたにもかかわらず、軍が拒んだという話である。これでヒトラーは大きく面子《めんつ》を失っていた。

ロッソウはいまヒトラーに、反乱の夜のビュルガーブロイケラーでの対決について語っていた。その夜、プッチを起こさないという約束を破ったと責められたヒトラーは、こう答えていた。「許していただきたい、私は祖国の利益のためにやったのだ」

ヒトラーは、声を張り上げて嚙みついた。「許しを乞うたのは、あなたが言うところの『残酷なヒトラー』だったか、『感傷的なヒトラー』だったか？」

ロッソウ：感傷的なヒトラーでも残酷なヒトラーでもない！　やましさを感じたヒトラーだ！

ヒトラー：中将！　名誉にかけた誓いを破ったというやましさを感じるのは私ではない……なぜなら、ここで名誉にかけた誓いを破ったのは中将だけだからだ――五月一日に[42]！

法廷内の人々は衝撃を受け、声を失った。公開法廷の場で、歩兵が将軍を、名誉にかけた誓いを破ったと非難したのである。ドイツ人にとってこれ以上の侮辱はなかった。

数秒間、法廷は静まり返っていた。顔を殴られたかのようにショックを受けたロッソウは、まもなく書類を集め、大股でドアのほうに向かった。振り返って法廷に一礼し、出ていった。それから二度と戻ってくることはなかった。

ナイトハルトは言うべき言葉をなかなか見つけられなかった。結局、「侮辱、ひどい無作法だ！」とあえぎながら言ったが、騒ぎの中でほとんどかき消された。

ヒトラー　　　：叱責を受け入れます。
ナイトハルト：前例のない無作法だ！
ヒトラー　　　：証人の発言に対する返答でした。

法廷は大騒ぎになっていた。こんなものは誰も見たことがなかった。ナイトハルト判事は昼食のために休廷を告げた。

ヒトラーは一部のメディアに無愛想さと暴走的な戦法を批判された。とはいえ、たしかにロッソウを追いやったのだ。老将軍に恥をかかせ、自分は逃げ切った。路上で新聞の見出しを見ていた小市民にとって、ヒトラーはまさに「すごい奴」だった。

十八日間の論争、屁理屈、深読み、絶叫、非難合戦は、法律上は引き分けに終わったようだった。政府転覆の陰謀を誰か一人の責任にするのは不可能だった。明らかにどちらの側も体制変革を決意していた。体制側が反逆者――ヒトラーのプッチ参加者――に力を貸したのかどうかは証明されなかった。しかし、ベルリン進軍を考えたことはなかったという三巨頭の主張についてもそれは同様だった。被告人たちは、抗議をしながらも、たしかに犯罪行為を認めた。しかし、罪、有罪判決、処罰という点で、それは何を意味したのだろう？　この件全体の複雑で曖昧な性質が、有名な風刺雑誌「シンプリチシムス」の表紙で巧みに戯画化されている。ロッソウ将軍の肩の上に乗るのはヒトラーその人で、政府の建物に向けてトーチを掲げている。しかしロッソウもまた、助力者のカール総督の肩の上に乗っている。カールは、二人を持ち上げながら、革命犯罪を犯したこの二人を下ろすよう警察に命じてもいる。一方、空高くでは、ヒトラーの鉤十字が流星になっている。

ロッソウ将軍の驚きの退廷（これに対して裁判長はのちに六十マルクの罰金を科した）の一週間後、シュテングライン検事が最終弁論をした。罪の重さと、必要とあらば、刑罰を決めるときだった。有罪となった場合、下されうる判決は禁錮五年から終身刑まで幅があった。

いわゆる「バイエルン自由州」とドイツ帝国に対する反逆罪の刑として、検事はアドルフ・ヒトラーに、最低刑より三年長い八年の「要塞収監」（名誉の拘置）を求刑した。クリーベル中佐、ヴェーバー博士、エルンスト・ペーナーには六年。プッチの共同指導者であるエーリヒ・ルーデンドルフ将軍には、反逆罪の共犯としてわずか二年の刑を求めた。ほかの被告人たちは、十五ヵ月から二年のあいだだった。

弁論の中で、シュテングラインはヒトラーが重要視する歴史観を認めた。それは、反逆罪は失敗したときだけ犯罪だと考えられるということである。ヒトラーと共謀者たちの企ては明白にその定義を満たしていた。「彼らの行為は失敗に終わり、それゆえ処罰に値する」。州検事は形式的な手続きとして、一時間半をかけてあらためてプッチの完全な詳細を語り、証拠について無意味に話を繰り返した。それから突然、人々の目を覚まさせた。

いつの日かヒトラーに気に入られる必要があると感じたのか、禁錮八年の刑に処したい相手に

ヒトラーの裁判中に有名な風刺雑誌に載ったイラスト。政府の建物に火をつけるヒトラーはロッソウ将軍の肩に乗り、ロッソウはカール総督の肩に乗り、カールは警察を呼んでいる。ナチスの盛運が鉤十字の流れ星に表されている。（Library of Congress）

対して、予期せぬ賛美を始めたのである。その発言は法廷中を唖然とさせた。「ぱっとしない環境で育ったヒトラーは、大戦中に勇敢な兵士としてドイツへの愛国心を示しました」と彼は始めた。「偉大な祖国ドイツへの激しく正直な熱意を持ち、戦後は疲れも知らずに働き、始まりはちっぽけでしたが、国家社会主義ドイツ労働者党という偉大な党を創設しました。その基本方針は、国際的なマルクス主義やユダヤと戦い、十一月の犯罪者に恨みを晴らし……ドイツ国家主義を広めることです」

傍聴人がわくわくしながら聞いていると、シュテングラインは、ヒトラーの党の政治について判断を下すのは自分の役目ではないとしながらも、ナチスの指導者の「ドイツの運命への信頼を再喚起しようとする正直な努力」は、何と言っても「彼の偉大な奉仕」であると述べた。さらに、ヒトラーの強烈な物の見方や支持者たちの攻撃的な精神がときに度を越したとしても、「彼をネガティヴな意味でデマゴーグと呼ぶのは不当」だろうと続け、ヒトラーの人徳についてこう言った。「彼が私生活を純粋に保っていることは尊敬に値します。名高い党の指導者には当然さまざまな誘惑があるのですから」

この賛美の言葉を終えてようやく検事は被告人の訴追に戻ったが、ほとんど詫びるような口ぶりでこんなことを言った。ヒトラーは不運にも、熱心過ぎる支持者に「彼本来の意向を越えたところに引きずり込まれてしまった」のだと。多くの信奉者と党内のおべっか使いにもてはやされたことで、自分はドイツの救済者であるという誇張された自己認識を持つようになり、まわりの人々もその考えを過剰に喜んで後押しした。そしてこの重大な誤りにこそ「彼の悲劇的な罪」があるのだと、シュテングラインは言った。

それまでは否定する声もあったかもしれないが、このときシュテングラインははっきりと、ヒトラーの裁判が法律的であるのと同じくらい政治的であることを証明した。彼は検察官のアンビバレンスの新たな尺度を示した。

本当に重要なのは、最終日の最後の手続きだった。被告人の最終陳述である。公判が始まって一ヵ月と一日目、被告人はドイツの裁判手続きで言うところの「最後の言葉」を述べることができた。小物たち――レーム、ブリュックナー、ワーグナー、ペルネ――は話す権利を放棄し、大物たちの便宜を図った。残りの六人――クリーベル、ペーナー、フリック、ヴェーバー、ルーデンドルフ、ヒトラー――のために、弁護団はクレッシェンドの戦法を取ることにした。最初は地味に始めるが、やがてルーデンドルフの自己弁護、そしてヒトラーの演説で盛大なフィナーレを迎えるのである。

午前の手続きが始まったとき、法廷は破裂しそうなほどいっぱいになっていた。記者たちは、普段よりも多くの女性、花束、プレゼントに気づいた。「ヒトラーの女性信奉者たちは、その忠誠心をケーキや菓子に変え、彼の開かれた監房に小さな山々を築いていた」と、「ミュンヘナー・ポスト」は報じた[43]。

最初に証言したのは強情なクリーベル中佐で、彼はここでも「行為」を認めたが、挑戦的にこう付け加えた。「同じ状況になれば、また同じことをするだろう」[44]。続いて、フリックも同様の考えを語った。ペーナー元警察長は、ドイツの社会民主党の大統領フリードリヒ・エーベルトを意地悪くからかい、「エーベルト・フリッツェ」という馬鹿にした呼び方をした（「この公判はペーナーにいかなるマナーも教えなかった」と、ある新聞は書いた)[45]。この日の抗弁と哀訴の激しいトーンは、ルーデンドルフによってさらに高められた。彼は驚くほど雄弁で、態度に威厳があり、「先日のように、自分をシロに、ほかの全員をクロにしようと苦心してはいなかった」と、「ニューヨーク・タイムズ」は報じている[46]。みなの記憶の中のルーデンドルフ――一九一八年の降伏の前、休戦の前、戦争末期の逃亡の前のルーデンドルフ――が戻ってきていた。彼は「自由を求めるドイツの魂の叫び」を呼び求め、フェルキッシュ運動――ヒトラーとその協力者たち――が「うまくいかなければ、われわれは負けだ」と語った。「[ドイツは]フランスへの継続的な隷属を強いられ、国々のうねりに苦しめられるだろう[47]」。大げさな物言いに出たルーデンドルフは、歴史の裁きを求め、自分にふさわしい場所はヴァルハラ――北欧神話の英雄の霊を招く神殿――だと言った(翌日、「ニューヨーク・タイムズ」は、「ルーデンドルフ自らを神格化」という見出しを載せた)。

ルーデンドルフの大ざっぱな政治演説は拍手喝采の嵐を呼んだ。しかし、これらはみなが待ち望むものへの序章に過ぎなかった。午前半ばに証人席に立ったヒトラーは、すぐにビアホールの調子になった。「声量の争いであれば、いやはや、ヒトラーは輝かしい勝利を収めただろう」と、ある新聞は論じた[48]。

プッチの試み、刑務所での数ヵ月、法廷での数週間――それらがすべて、この寒い木曜日の午前中、ミュンヘンの法廷内の、この演説の中で明確になった。伝説創造とプロパガンダの天賦の才があるヒトラーは、血まみれのプッチの失敗を、長期的な意味での成功として描き出した。そして九十分におよぶ熱弁の中で、図々しくも、彼の無謀な企てで死んだ若者たちについてこう主張した。彼らはオデオン広場で「喜んで命を落とした」のであり、いつの日か「祖国の解放のために死んだ」者として追悼されるだろう、と――この予言は第三帝国の時代に現実となる。さらに、プッチの成功は、「若いドイツ人たちが高潮のように立ち上がり、大規模な組織の中で自分たちの意志を表明するようになる」ことで明らかになるだろうと、ヒトラーは続けた。「われわれの旗を持った多くの者が……彼らと戦った相手と団結するときが訪れるだろう。あのとき流れた血は、決して彼らを分裂させない。……われわれが築いている軍隊は、日に日に、刻々と成長するのだ」。彼は、たんに権力を握ることだけが目的ではないと言った。「私の目標は閣僚になることよりも数千倍大きなものだった。私はマルクス主義の破壊者になりたかったのだ。それが私に課せられた仕事であり、私はそれを成し遂げるつもりだ」

それから彼は、人間の法廷からより高次の法廷へ戦いの場を移し、殉教者のマントをまとった。「われわれの墓から、われわれの骨から、われわれに最終的な判決を下す法廷が現れるだろう」と、得意のねじれたメタファーを使い、裁判官たちに言った。「その最終的な判決を告げるのはあなた方ではなく……最後の法廷の女神……すなわち『歴史』なのだ。……彼女は、反逆罪を犯したかなどとは訊かない。彼女の目から見れば、「われわれは」国の最善を望む者である。あなた方が何千回と有罪を宣告したとしても、永遠の法廷の女神は、検察官の起訴とこの法廷の判決を笑いながら破棄するだろう。彼女はわれわれに無罪を宣告するのだ！」

ある種の人たちにとって、これはまぎれもないキッチュだった（「ヒトラーの親しみやすさには秘密がある。彼は物事をあまり考えない人の望みが直感的に分かるのである」と、「フォシッシェ・ツァイトゥング」は書き、お高い態度をあらためて示した。インテリの多くは、こうした報道を受け、その後もヒトラーを見くびることになる)。しかし別の人たち――一部のジャーナリストを含む――にとっては、涙が出るほど感動的だった(「この演説は世間に公開されるべきだ」と、ある新聞記者は言った)。要するに、「フォシッシェ・ツァイトゥング」の記者の理解は正しかった。ヒトラーは人々の望みを知っていたのだ。「最後の法廷」を呼び求めた彼の演説は、熱烈な支持者たちに追い求めたい何かを与えた。オデオン広場の惨劇は、ナチ党をひとつにする物語になろうとしていた。

ヒトラーは政治の戦いに勝った。あとは、法律の戦いに勝てるかだけだった。ナイトハルトは五日後の四月一日に評決を出すと約束した。その日まで、市民や報道機関は派手に分裂することになった。「ヒトラーたちを何年も刑務所に入れ、彼らが定めた任務から遠ざけるのは、国に対する犯罪」だろうと、ナチスに友好的な「フェルキッシャー・クーリアー」は書いた。社会主義の「ミュンヘナー・ポスト」は、当然ながら違った見方で、「この移動劇団」に州が「休暇」を与えるべきだと書いた[49]。この「ミュンヘナー・ポスト」の主張で多くの人が賛同したのは、ナイトハルト判事の振る舞いがバイエルンの司法制度の評判を著しく汚したということだった。「バイエルンの司法へのわずかに残された敬意がどうなるかは判決次第である」と、同紙は社説で論じていた[50]。

ミュンヘン市民は印刷されるや否や新聞を手に入れたが、そのとき発行されたのは三万部から五万部で、「ミュンヘンのような規模の都市では桁外れの売れ行きだ」と、「ニューヨーク・タイムズ」は報じた。禁止されていたヒトラー主義の刊行物も、「非常に能率的なニュースおよび伝達サービス」を構築し、支持者に最新情報を伝えていた[51]。

週末のあいだも緊張感が高まっていた。暴力行為が起きるという噂が渦巻いていた。ある極右の新聞は、ヒトラーが有罪になったら事を起こすと、脅すようにほのめかした。「ドイツの名誉のために命を懸けた愛国者を有罪にすれば、われらが人民は最も恐ろしい怒りを爆発させるだろう」。ナイトハルト判事のもとには、近隣のアウクスブルクに住むナチ党員のカール・ブラッスラーから脅迫の電報が届いた。「アウクスブルクの国家社会主義者およびフェルキッシュ活動家は警告する。われらが指導者に対する有罪判決には、力強く情熱を持って反対すると決意している」(ブラッスラーはのちに脅迫罪で起訴された[52])

警察と国軍は再び強迫観念に駆られ、歩兵学校周辺の防御態勢を強化し始めた。効果的に群衆を取り締まるため、騎馬警官隊を待機させた。軍の部隊は、暴動に備え、週末のあいだ兵舎に待機していた[53]。また、歩兵学校の付近で三人以上が集まることは禁じられた。「警官があちこちで見張り……ビアホールの人々はドイツ共和国を非難している――それがこの週末のミュンヘンである。波乱のバイエルンの州都は、興奮で張り詰め、評決を待っていた」と、「ニューヨーク・タイムズ」は報じている[54]。

この予測不能な雰囲気の中に、小さな爆弾が落ちた。カール、ロッソウ、ザイサーが姿をくらましたのである。多少の裏付けが取れた情報――ミュンヘンの全新聞で報じられた――によると、三巨頭はこの不快な状況から素早く逃げ出したということだった。イタリアに行ったという話があれば、ギリシャのコルフ島に行ったという話もあった[55]。いずれにせよ、三人は〈Erholung〉――骨の折れる日々からの休息と回復――に行ったのだ[56]。厳密に言えば反逆罪で取り調べ中だったとはいえ、もちろん彼らには逃げる理由はなく、自由の身だった。しかし、そのミュンヘンからの逃亡は、彼らの有罪の印象を強め、ヒトラーの勝利のオーラを高めた。「これ以上に強い罪の意識があるだろうか？」と、「フェルキッシャー・クーリアー」は、三巨頭の「逃走」を非難する熱っぽい社説で問うた。「絶対的権力者［カール］の何という最後だろう！」（カールの本当の最後はこの十年後に訪れる。ヒトラーの指示のもと、一九三四年の「長いナイフの夜」のあいだに、ダッハウ強制収容所に近い沼で斬殺されるのである）

四月一日、火曜日の午前中、騎馬警官が大挙した歩兵学校は、またもや軍のキャンプのようだった。有刺鉄線の非常線のそばに群衆が押し寄せたが、追い払う者はいなかった。彼らはいつもどおり、ミュンヘンの外れの邸宅からお抱え運転手の車で到着したルーデンドルフを出迎えた。ヒトラーと残りの囚人たちは、二階のドアの開いた「監房」にいたが、その歓声で英雄が到着したことが分かった。公判中初めて、ルーデンドルフの車には、フェルキッシュ運動への忠誠を示す、黒、白、赤のペナントが掲げられていた。[57]

また、これも初めて、ルーデンドルフ将軍は完全な軍服姿で現れ、ピッケルハウベをかぶり、生涯に授かった勲章をすべて胸に付けていた。第一次世界大戦の補給局長に戻っていた。ヒトラーとフリック以外の被告人は軍服を着ていた。ヒトラーはいつものフロックコートと鉄十字勲章。フリックはハイカラーのシャツにモーニングで、まるで結婚式に行くかのようだった。九時三十分、法廷に入る前に、被告人の一団は歩兵学校の裏口に集まった。ヒトラーの専属写真家となっていたハインリヒ・ホフマンは、彼らにポーズを取らせた。そのときに撮られた写真を見ると、写っているのは九人だけで、ペーナーはいない。二重顎がハイカラーに包まれたルーデンドルフは、フォーマルなポーズを取り、礼装用の剣を杖のようにしている。[58] ヒトラーは、野外撮影のときにいつも着ていた茶色いレインコート姿で、片手にスローチハットを持ち、片足を少し前に出している。これはこの時代の典型的なポーズだが、同じくこの時代らしいのは、誰も笑顔を見せていないことである。良い知らせが届くであろう日だったにもかかわらず。

法廷は、そわそわした期待感と、抑えきれない喜びに満ちていた。見物人でごった返し、ジャーナリストはかきわけながら席に向かわなければならなかった。多くの女性が被告人に大きな花束を持ってきていた。ルーデンドルフが大勢の元将校たちの中に入っていくと、「全員が敬意を表して一斉に立ち上がった」と、ある記者は書いている。[59]

高さのあるベレー帽をかぶったナイトハルト判事は、裁判官を着席させると、すぐに本題に入り、アドルフ・ヒトラーは反逆罪で有罪であると宣告した。不平や脅迫にはひるまなかったようで、五年間の「要塞収監」――すでにランツベルクで経験している「名誉の収監」――を言い渡した。また、二百金マルクの罰金も科した。クリーベル、ヴェーバー、ペーナーも同じ判決を受けた。

一方、罪の軽い者たち――レーム、ブリュックナー、ペルネ、ワーグナー、フリック――は、反逆罪そのものではなく、その幇助《ほうじょ》で有罪とされた。彼らは禁錮十五ヵ月（即時仮釈放）、罰金百金マルクを言い渡された。

「とんでもない！」と、一部の傍聴人が叫んだ。「けしからん！」しかしナイトハルトは、ルーデンドルフへの判決で彼らをすぐに黙らせた。プッチを全面的に支援し、オデオン広場への破滅の行進を共同で率いた男が、なんと無罪を言い渡されたのである。彼は自由の身となった。あちこちで

反逆罪裁判の最終日、歩兵学校の前に立つヒトラーと被告人たち（ペーナーは不在）。
（Fotoarchiv Heinrich Hoffman, Bayerische Staatsbibliothek）

称賛のつぶやきが聞こえる中、数人の見物人は「ルーデンドルフ万歳！」と叫んだ。

ナイトハルト判事はそれからまた驚くべきことを言った。ヒトラーたちは六ヵ月で仮釈放の資格を得るというのである。

シュテングライン検事と同じように、判事も、重大犯罪で刑務所に送る相手を賛美する必要を感じていた。彼らのしたことはたしかに間違っているが、良かれと思ってやったのだ。「この上なく気高い、私心のない動機」から、「純粋な愛国精神」に基づいて事を起こしたということを理由に、彼は法律が認める最も軽い刑を言い渡したのである。

この驚くべき正当化が理解され始めると、デリケートな問題がもうひとつ出てきた。共和国保護法第九条のことである。これには、「[反逆罪を犯した]外国人は国外に追放される」と明記されていた[60]。これは非常に明快な規定で、適用対象になることが明らかだったため、オーストリア人のヒトラーは、五日前の最後の熱弁で、「第九条は適用しないでくれ！」とはっきり嘆願し、フランスの土地で兵士として過ごした四年間のことをわざとらしく語っていた。「燃えるような愛」を抱きながら、祖国に「戻ることができるまでの時間を数えていた」と。「下級の人々」だけが、たまたま世論の気に障った「鉄の男」を追放するのだと、彼は言った。そして、自分を追放すれば、ドイツの歴史におけるこの不面目な瞬間の話を、未来の男子たちは「恥ずかしさで頬を真っ赤にして」読むことになるだろうと主張した。

ナイトハルトはヒトラーの訴えを聞き、心に留めた。そして、「ヒトラーは自身をドイツ人とみなしている」と結論付けた。「第九条は適用されない。ヒトラーのように、自身をドイツ人だと考え、感じている者には。戦中、ドイツ軍に四年半仕えた者には。敵をものともしない勇敢さで、大きな名誉を勝ち取った者には。傷を負い、健康を害した者には[61]」

ヒトラーの国外追放はなかった。長期収監もなかった。上訴もなかった。人民裁判所は、一九一九年の血なまぐさい混迷期に簡易裁判所として設立されたもので、上訴の規定がなかったのである。しかも、まもなく閉鎖されようとしていた。

こうして公判は終わった。そこで突然、法廷が静まり返った。ルーデンドルフが軍人らしくすっと立ち上がって、胸を張り、背筋を伸ばし、憤りで唇を震わせながら、自らへの無罪判決を糾弾したのである。「この判決は私の制服と勲章に対する侮辱、無礼であると考える！」法廷内に歓声と「ハイル！」の大合唱が起きた。

判決のニュースはミュンヘン中に轟いた。最初の部分――ヒトラー禁錮五年！――だけを聞いて憤慨する人もいた。しかし、次の部分――わずか六ヵ月！――が届くや否や、その雰囲気はひっくり返った。号外が新聞売りの手からもぎ取られていった。ミュンヘンに住んでいた十一歳のオットー・グリットシュネーダーは、その日パン屋と牛乳屋にお使いに行き、浮かれ騒ぎや笑い声に気づいた。「ヒトラーの『有罪判決』を歓迎した人々の喜びの爆発がいまでも聞こえる。当時の私は何が何だか分かっていなかったが」と、彼は何年もあとに書いている[62]。

法廷の外は大混乱だった。歩兵学校から一ブロック離れたところに集まった群衆は、騎馬警官に攻撃され、数人が負傷した。とはいえ、多くの人が建物の前で歓声を上げており、すべての窓が閉まっていたにもかかわらず、中までその声を届けることができた。そのとき、政治的直感を刺激されたヒトラーは、開けることのできる窓を素早く見つけると、路上のファンたちに笑顔で手を振った。ファンたちは花束を持った手を振り返した。勝利の瞬間だった。

一方、バイエルンとドイツにとっては敗北の瞬間だった。極右の人間を除いて、ほとんどのコメンテーターが、ヒトラーたちへの甘い判決を恥ずべきことだと非難した――「無罪判決に等しい」と論じる新聞もあった。ナイトハルトの振る舞いは、ドイツの司法の大失態だと考えられた。「公判とは名ばかりだった」と、熱烈な親バイエルン・ナショナリズムの日刊紙「バイエリッシャー・クーリアー」は書いた。「実際には、フェルキッシュの大規模扇動集会に近かった[63]」。「ベルリン日報」は、バイエルンの司法制度は「破綻している」と主張した[64]。「ミュンヘン中が判決を聞いてくすくす笑っている」と、「ニューヨーク・タイムズ」は報じた。「エイプリルフールの見事なジョークだと思われている[65]」。のちにある批評家は、有罪の者を無実としたナイトハルトは「ポンテオ・

ピラト〔訳註 イエス・キリストの処刑を決定したとされるローマ総督〕の逆」だと言った[66]。

ルーデンドルフの無罪は、ヒトラーへの寛大な判決と同じくらい落胆を呼んだ。外国、特にフランスなどの元敵国では、老将軍のほうがはるかに知名度が高かったため、反響も大きかった。「ル・タン」は、無罪判決はドイツにいまも報復願望が残っていることの証拠ではないかと言った[67]。これについては、ナイトハルト判事でさえ多少の後悔があるようだった。彼の後輩のマルティン・ドレッセは、公判直後に廊下でナイトハルトと出くわし、なぜルーデンドルフを無罪にしたのかと訊いた。「私は反逆罪で有罪だと思っていた」とナイトハルトは言った（ドレッセによれば）。「だが、裁判員がみな無罪を支持していたから、私もそうしたのだ」。ヒトラーに惚れ込み、カール、ロッソウ、ザイサーの有罪を確信していた裁判員たちは、ナチスの指導者の禁錮五年の刑すら阻止しそうな勢いだった。しかしナイトハルトは彼らに忠告していた。ヒトラーを無罪にすれば世間が騒ぎ、カール、ロッソウ、ザイサーがライプツィヒ裁判所に引きずり出される、それはバイエルン人が必死に避けようとしてきたことだ、と。彼らにヒトラーの禁錮五年の刑を受け入れさせる――五人中四人から有罪票を得る必要があった――ために、ナイトハルトは六ヵ月での仮釈放許可を約束しなければならなかったのである。

ヒトラーは、いまやドイツ中で、裁判のテーブルをひっくり返した男、バイエルンの軍司令官を法廷から追い出した男、バイエルン政府の敵対者を弁舌で滅ぼした男、ナチスのブランドを全国に広めた男として知られていた。たしかに、ヒトラーの六ヵ月の不在を党が乗り切れるのかという問題はあった。しかし、もはや彼のことを聞いたことがないという人は少なくなっていた。彼は法廷をビアホールの演壇のように利用したが、いまやその聴衆は全国規模（さらに言えば世界規模）

だった。

全国的な政治地図上にヒトラーが新たに出現したことで、これまで日和見をしていた人の多くが極右の訴えを新しい観点から見るようになった。競争渦巻くフェルキッシュ、ナショナリズム、右翼の政治グループ――バイエルンには少なくとも五十の団体があった――にとっては、彼の悪名も人を集める力になった。ドイツの右翼の多くは、いくつかの問題――ロシアの社会主義、政治におけるキリスト教の役割など――に関して、ナチスと異なる考えを持っていた。しかし、その大半が分かち合っていた考えは反セム主義、そして熱烈なドイツ性の意識だった。

ミュンヘンの六百五十キロ北西、ルール地方の町ライトでは、ある若い大卒のナショナリストが、ヒトラーの公判の模様を報じる新聞を毎日むさぼり読んでいた。情熱に駆られた彼は、日記にいろいろと書き始めた。「ヒトラーと国家社会主義運動に熱中している。……共産主義、ユダヤの問題、キリスト教、未来のドイツ。……ヒトラーは多くの問題に触れている。しかし彼はその解答を実にシンプルにする」。公判での演説から、この若者は指導者がどのような人物であるかを想像し始めた。「ヒトラーの何が解放的かと言えば、本当に真っすぐで誠実な人格を備えていることだ。……ヒトラーは理想主義者で……新しい信念をドイツ国民に届けている。僕は彼の演説を読んでいるが、彼からインスピレーションを受け、空の星々へ運ばれたい。……僕にとってはヒトラーだけがいつも重要だ。彼はたしかにインテリではない。だが、彼には素晴らしい気力、気迫、熱情、ドイツ精神がある[68]」

公判と新聞報道のおかげで、この若者はすぐにヒトラーの催眠的なイデオロギーと政治の世界に入っていった。彼の名前はヨーゼフ・ゲッベルスである。

第九章　世界再編

「ヒトラーのかろうじて判読可能な手書き文字から、何かしら政治的なものであることが分かった」

——フランツ・ヘムリヒ、ランツベルク刑務所の看守

ヒトラーは意気揚々とミュンヘンを発った。歩兵学校の窓から沸き立つ群衆に手を振ったあと、その日のうちにランツベルク刑務所に戻ることは何でもなかった。彼はいまや自分に関係する世界の頂点に立っていた。公判の好ましい結果が新たなエネルギーをもたらしていたのだ。ヘムリヒによれば、刑務所に戻ってきたヒトラーは、「目に見えてリフレッシュ、リラックスしていた」[1]。わずか六ヵ月で仮釈放になるという期待とともに、彼は人生で特に実り多い時期に入った。

ヒトラーにとって、刑務所暮らしは多くの意味でありがたいものだった。政治人生でほぼ初めて、集会に出ることも、演説をすることも、オフィスに行くこともなかった。「彼は夜遅くまで次々と慌ただしく人に会うようなことはない」と、ある囚人仲間は書いている。ランツベルク要塞

棟二階の七号室に落ち着いたいま、ヒトラーはある意味で自由の身だった。「次第に、彼にとってこのやむを得ない逗留は何でもないのだろうと思えてきた。刑務所の平穏な環境で将来について考えられるのだから」と、ヘムリヒは書いている。

　ミュンヘンの歩兵学校の部屋で五週間過ごしたあと、ランツベルクに戻るのはヒトラーにとって家に帰るようなことに思えたのかもしれない。警察のヴァンが要塞棟のわきに止まったとき、そこには看守のルーカーとヘムリヒ、ライボルト所長という馴染みの顔があった。さらに、ヒトラー衝撃隊の四十人など、いっそう馴染深い面々が、まもなく反逆罪の共犯として有罪判決を受け、五月から六月にランツベルク刑務所にやってくることになる。

　とはいえ、目下のところは、傲慢なクリーベル中佐と堅苦しいヴェーバー博士だけが、ヒトラーとともに壁の厚い要塞棟にいた。二人は、ヒトラーの部屋のすぐ右側の八号室と九号室に移ってきていた。改修されたばかりのこれらの部屋――「漆喰と塗りたてのペンキのにおいがした」とヘムリヒは書いている――は、ヒトラーがランツベルクでの最初の五日間、ハンガーストライキをする前に使用していた部屋とほぼ同じだった。小さいが機能的で、高い窓があり、遠郊の野原と遠くの山々の気持ち良い景色が刑務所の高い壁の向こうに広がっていた（ある受刑者はその風景を「ほっとする静寂」と称した）[2]。囚人の部屋はすべて広い談話室に面していた。そこには白いテーブルクロスが敷かれた六人掛けのテーブルがあり、植木鉢に囲まれて快適な籐椅子も並んでいた。ヒトラーは、ファンから送られてきた月桂樹のリースとともに、フリードリヒ大王の肖像を二枚、壁にかけていた（彼は一九四五年の死の瞬間にも、ベルリンの地下壕の壁にフリードリヒ大王の肖像をかけている）。別の壁のそばには鋳鉄のストーブ――部屋を暖め、食べ物を温めるため――があり、その横には二つの洗面台と背の高い鏡があった。さらにそのうしろにはバスルームがあり、バスタブも付いていた。「われわれのためだけに」と、ある囚人は驚いた。

好きなようにドアを開けておくことができ、労働の義務もない「名誉の」囚人たちは、集まったり、一緒に食事をしたりすることが容易にできた。春の空気に包まれ、ヒトラーはしばしばお気に入りの囚人服――バイエルン伝統のサスペンダー付きレーダーホーゼンと白いシャツ――を着て、ときにネクタイやカフリンクスを身に着け、いつもニーソックスを履いていた。籐椅子で新聞を読むのが好きだったという[3]。彼らは一日六時間まで隣接する庭で過ごすことができた。

とはいえ、ヒトラーの平穏はすぐに訪れたわけではなかった。彼のもとには初めから面会者、手紙、贈り物が殺到していた。これまでランツベルク刑務所はこれほどの有名人を受け入れたことがなかった。最初の日、ヒトラーは要塞棟の面会室で十一人の訪問を受けた。二日目は十三人で、その中にはハンフシュテングルと、ナチ党の指導者代理に指名されたアルフレート・ローゼンベルクもいた。禁止処分を受けた党は、さまざまな偽装を施して活動していたが、すでに分裂やほかのグループとの同盟の兆候を見せ始めており、それはヒトラーが望まないことだった。ヒトラーは次の二ヵ月間、彼の方針を守ろうとする党の面々と数多く会った[4]。最初の数ヵ月は毎日のように面会者がいた。そのほぼ全員が食べ物や花を持ってきたという。ヒトラーの悪名高い甘党ぶりを知って、食料はペストリーやケーキ（ドイツではほぼ基礎食品だとみなされていた）が選ばれた。

刑務所生活に落ち着いたヒトラーは岐路に立っていた。人生の中間点――数日後が三十五歳の誕生日――に直面していたのは、六ヵ月の空白の時間、不確かな未来だった。裁判で勝利を収めたとはいえ、政治活動は依然として禁止され、党は崩壊しかけており、彼は新たな政治情勢の中で新たな自分を生み出すべきか、そしてそれはどのように行うべきかという難問にぶち当たっていた。ドイツは経済的にも政治的にも回復期にあったが、ナチ党は秩序と評判を失っていた。政治的な死のあとに人生はあるだろうか？　カムバックのためにどのような位置に立てばいいのか？　自分の考え――国家社会主義、独裁、絶対的な指導者（Führer）原理、そしてとりわけ反セム主義――は筋金入りの信奉者以外にもアピールできるだろうか？　アドルフ・ヒトラーはいまも需要のあるブランドだろうか？　ヒトラーはそう疑っていたようだが、少なくとも平静を装っていた。「われわれの闘争は勝利で終わらなければならないし、そのようになるだろう」と、ある崇拝者に宛てて書い

ヒトラーはランツベルク刑務所で快適に暮らしていた。籐椅子があり、お茶を飲みながら新聞を読んだ。リースはファンからの贈り物。（Yad Vashem）

ている。
四月二十日、イースターの日曜日、ヒトラーは彼のことを最も気にかける人々からも前向きな答えをもらった。その日は三十五歳の誕生日であり、ランツベルク刑務所を訪れた支持者はこれまでで最多の二十一人に達した。週末には手紙が「洗濯かごに入れられて」届き、検閲に数日かかった、とヘムリヒは報告している。ヒトラーの部屋は「温室のように花であふれていた」。彼はその緑の中に立ち、クリーベルとヴェーバーから誕生日の祝福を受けた。[5]

ミュンヘンでは、三千人の真の信者たちが、誕生日を祝うためにビュルガーブロイケラー――悲惨なクーデターが始まったビアホール――に集まっていた。ヒトラー信奉の中核層はいまなお強固だった。ヒトラーが道を選ぶのに長くはかからなかった。裁判の成功と信奉者の支持が、彼にドイツ救済の任務を続けるという決断をさせた。引き続き世間にメッセージを売り込むのだ。しかし、サーカス・クローネやホフブロイハウスの壇上に立てないため、声よりもペンで訴えなければならなかった。彼は話すことよりも書くことにいつも苦労していた――エーハルト副検事に最初に会ったときにそう言っていた――が、ちょうど人生で最も長い文章のトレーニングをしたばかりだった。法廷での演説の道標となった六十ページ余りの答弁メモを書いたことで、自信は高まっていた。

ヒトラーはまず、復讐がしたかった。公判で彼が仕掛けた罠をすっと通り抜け、町からもすっと抜け出した憎き連中――カール、ロッソウ、ザイサー――の「嘘と欺瞞《ぎまん》」を白日のもとにさらしたかった。「十一月の犯罪者」――彼に言わせれば、ヴァイマル共和国の創立と運営に関わったすべての者――の背信を暴露したかった。「清算」、すなわち恨みを晴らしたかった。

人々の注目を集めたいま、ヒトラーはドイツに伝道する用意ができていた。歩兵学校での宣言は序章に過ぎず、そこから彼は自分の信じること、やりたいこと、そのやり方を七百八十二ページもの声明にまとめ上げていく。それは、ヒトラーの世界観と、ドイツの未来への「ロードマップ」を世に示すものになる。[6] タイトルは『わが闘争』。

しかし、そのタイトルが付けられるのはあとのことだ。ランツベルク刑務所に戻った当初、ヒトラーの何よりの課題は一本の記事を書くことだった。右翼の出版人ユリウス・レーマンは、自身が発行するドイツを代表するフェルキッシュ思想の月刊誌「ドイチュランツ・エアノイエルング」(「ドイツの再生」)にエッセイを寄せてほしいとヒトラーに頼んでいた。[7] レーマンは、ヒューストン・ステュアート・チェンバレン、ハンス・F・K・ギュンター、ポール・ド・ラガルド、アルテュール・ド・ゴビノーなど、有名なレイシスト作家の本も出版していた。彼が政治的に共鳴していたのは明らかにナチスであり、プッチの際には人質の収容のためにミュンヘン郊外の邸宅を使わせていた。「ドイチュランツ・エアノイエルング」に彼が欲していたのは、公判の焼き直しや仕返しの文章ではなく、一九二三年十一月八日のプッチの企てと関連付けたヒトラーの政治観の解説記事だった。

「十一月八日はなぜ起きなければならなかったのか」は、「ドイチュランツ・エアノイエルング」の一九二四年四月号に掲載された。[8] このエッセイは、見過ごされがちだが、のちに『わが闘争』に現れる文章やコンセプトが数多く含まれており、攻撃的な領土拡張の夢や、徹底的に人種主義的な世界観があからさまに提示されている。ヒトラーは以前から「フェルキッシャー・ベオバハター」に多くの論説を書いてはいたが、レーマンの雑誌に寄稿した五千ワードの記事は、彼の思想、特に外交政策について、並外れて細かく書かれており、内容が濃い。いまこれを読むと、第三帝国の予告のように感じられる。

冒頭、いつも黙示録的なヒトラーは仰々しい言葉で議論を投げかけ、ドイツは「生きるべきか死ぬべきか」(Sein oder Nichtsein)と問うた。大きな勝負に出た彼は、第一次世界大戦は、「ドイツという国の、今後何世紀もの、あるいは未来永劫の」存続を決めるプロセスの始まりだった——そしてそれはまだ終わっていない——と論じた。ドイツの敵はドイツの完全除去を決意している。敵の「スローガンは『勝利!』ではなく、『破壊と壊滅!』である」と彼は書いた。

中央政府が目指すべき最大の目標は、ただ「自己のために平和を守る」ことではなく、「国民を守り、伸ばす」ことだと、ヒトラーは主張した。そして、自らの政治哲学の中心要素を強調した。人民(Volk)の地位こそがすべてであり、あらゆる手段——戦争を含む——を使ってその強さを増大するべきだということである。彼にとっては、民族という概念の中心には人種があった。ユダヤ人だけでなく、ドイツ人も、完璧なアーリア人として、人種であると考えていた。ドイツ民族の「根本的な柱」、すなわち「人種と文化」が危機にさらされており、「決死の戦い」でそれを保護しなければならない、と彼は書いた。マルクス主義は「宿敵」であり、マルクス主義はユダヤ人が生み出したものなのだ。

「民族と人種」——『わが闘争』の重要な章のタイトルとなる——の問題のほかに、ヒトラーはドイツの国際同盟のことでも頭がいっぱいだった。彼のエッセイは、一九三九年以後に推進される東欧とロシアへの征服政策を略述していた。ヒトラーにしてみれば、戦争はすでに起こっていたのだ。戦争こそ国家間関係の自然な状態であり、誰と誰が敵対関係にあるかというだけの話だった。

だから同盟の問題を解決しなければならないのである。ヒトラーは、フランスはドイツの執念深い「代々の敵」であり、その目指すところはドイツを「バルカン諸国のように」小国に分裂させることなのだと考えていた（ドイツは、一八七一年にビスマルクが統合する前、三百の独立国家、地方自治体、公国から成り立っていた）。それゆえ、ドイツはロシアかイングランドを同盟国として選ばなければならない。その選択は経済学的なものだった。ドイツは「海上権力《シーパワー》と国際貿易」を求めるのか、広い「農地」を持つ陸上権力《ランドパワー》を求めるのか？　前者であれば、ロシアと同盟を組み、大宗主国のイングランドに対抗するべきである。後者――海外進出の野心は捨て、東方への「大陸拡張」を目指す――であれば、イングランドと同盟を組んでロシアに対抗するべきである。彼はドイツには「土地と土壌」が必要だということをよく言っていたが、どちらと同盟を組むべきかという問題はとりあえず棚上げにしていた。

しかしヒトラーは、このとき初めて、「大陸拡張」のための土地の獲得を、「剣」の脅威や暴力と結び付けた。「武力外交の考えや行動なしに」経済的地位を高めようとしても大惨事――「カルタゴの終わり」――につながるだけだ、と彼は言った。そして、武力外交を人種政策とつなげて考えた。これは、『わが闘争』の中で語られる、「ゲルマン人」のための「生存圏」政策の予兆となっている。

このような悲惨な状況と可能性を受け、一九二三年十一月八日、プッチの「時が来た」と確信したのだと、ヒトラーはエッセイの終わりにさらりと書いている。そして、お気に入りの劇的な結論を繰り返している。「われわれが正しかったか否かは州検事や裁判所に決められるのではなく、いつの日かドイツの歴史によって決められるのだ」。彼は、ある意味で、記事のタイトルの問いかけに答えていた。さらに重要なことは、このエッセイを書いたことでヒトラーの執筆力が鍛えられ、それが世界で最も有名かつ悪名高い本を書くうえで役に立ったということである。「構成、言葉、テーマ、そして全体として、この記事は『わが闘争』の前触れとして見ることができる」と、歴史家のプレッキンガーは書いている。

バイエルンの田舎の寂れた町の簡素な監房にいた元伝令兵にしてみれば、これはスケールの大きな考えだった。ラディカルな考えでもあり、ヒトラーが囚人として特別な待遇を受けていることの証でもあった。建前上、囚人は政治活動に従事することが許されていなかったのだから。十六歳で学校を退学し、何の学位もなく、無作為だが精力的な読書を通して国際関係を学んでいたこの男は、いまや非難を受けることなく印刷媒体で好き勝手にわめき散らすことができた。そして彼は、自分の好きなように世界を再編することに明らかにためらいがなく、グローバルなチェス盤の上で国々を動かしていた。経験豊富な政治家、あるいは世界征服者のように自信たっぷりに。

比較的簡潔な記事に多くの大胆な考えや複雑な国際分析を詰め込めたという事実は、過度に論争的にならなくとも大きな考えを論じられるということをヒトラーに示した。たしかに、ユダヤ人（「人種的結核」）や軟弱な戦前ドイツの政治家（「世界平和主義者」）に対する悪口は少なからずあった。しかし彼の主張の大半は、極端ではあったとしても、簡潔にまとめられていた。論法にはもちろんまだ矛盾や欠陥があり、プロの編集者の助けを受けてようやく発表できる形になったものだっただろう。しかしそれでも、フェルキッシュ運動の思想雑誌に寄稿したことで、ヒトラーはレーマンが出版に携わっている大物知識人から真剣に受け止められるようになるはずだと確信した。一冊の本を書くという考えに至るまでには、もうわずかに飛躍するだけだった。

頭の中にあふれている考えを本にしようと決めたのには、より実際的な理由もあったのかもしれない。ひとつは経済的な理由だ。高額な弁護士費用を払うために金が必要だった。囚人仲間だったユリウス・シャウプはのちに、ヒトラーは「ただ金を稼ぐためのプロパガンダ」として『わが闘争』を書いたのだと語っている。[9] また別の理由は、囚人仲間のグレゴール・シュトラッサーにあったと言われている。彼は（彼の弟の必ずしも信頼できない回想録によれば）ヒトラーの夕食後の熱弁に嫌気がさし、際限なく話すのではなくその素晴らしい考えを本にまとめるのがいいのではないかと言ったという。確証の取れないこの説に従えば、『わが闘争』が生まれたのは、ヒトラーを黙らせ、ほかの受刑者たちがくつろぎ、おしゃべりし、カードゲームをするためだったということになる。

とはいえ、大口を叩きたい、人々を説得したいという思いだけでも、十分な動機だったかもしれない。刑務所に戻ったとき、彼はすでに自伝的な話をノートにメモし始めていた。[10] ミュンヘンでの公判の際、若いころのウィーンでの落ちぶれた日々を少し誇張して話すと、聴衆の受けが良く、政治の話にも移りやすかった。それから二ヵ月が経ち、ランツベルク刑務所の七号室で、彼は同じアプローチで本に取りかかることを決めたようだった。

四月か五月初旬のあるとき、ヒトラーは公判前に使っていたのと同じタイプライターで執筆を始めた。

「喜ばしい前兆のように思える。わが誕生の地が……」

そこでいったん止めた。キャリッジを戻し、再び始めた。

「今日では幸福な前兆のように思える。わが誕生の地が……ブラウナウであったことは。この小さな町は二つのドイツ人の国家の境にあり、その再統合をわれわれ若い世代は真に気高い人生の目標としたのである」。これに近い形で、この文章はヒトラーの有名な悪名高き『わが闘争』の冒頭段落となる。

ヒトラーはこの最初の試みで少なくとも五ページ分を書いた。このオリジナルのタイプ原稿は第二次世界大戦の終わりにベルヒテスガーデンの隠遁所から消えた――侵攻してきたフランス軍が持ち去ったのである。しかしその数十年後、米国で発見された。学者による入念な分析、法医学の専門家による肉筆、タイプ原稿、紙の鑑定を経て、二〇〇九年、フロリアン・バイアールとオトマール・プレッキンガーが、ミュンヘンの「Vierteljahrshefte für Zeitgeschichte」(「季刊現代史」)誌でこの原稿ついて発表した。[11] その結果、この最初の五ページは、『わが闘争』の第一章「Im Elternhaus」(「両親の家で」)のオリジナル原稿だと判明した。

ヒトラーはいまや好ましい軌道に乗ったと分かっていた。自分の中に本がある――少なくとも一冊、あるいはもっと――と確信していた。すらすら書けるとも感じていた。刑務所に戻ったわずか五週間後、五月初旬の時点で、彼はすでにそれが存在しているかのように本について話していた。五月五日のジークフリート・ワーグナー(リヒャルトの息子)への手紙にこう記している。「[一九二三年] 十一月九日に熱狂的に『万歳』と叫んだ者たち」――しかし変節し、プッチを「狂気の企て」と非難した者たち――「との徹底的な清算となるものをついに書いている」。言うまでもなく彼は、カール、ロッソウ、ザイサーへの恨みにとりつかれたままだった。この時点での本の仮タイトルは復讐心にあふれ、長たらしい――『虚偽、愚行、臆病に対する四年半の闘争――清算』。

まだほとんどヒトラーの思い付きに過ぎなかったこの本をめぐって、ちょっとした入札競争が起きた。反逆罪裁判で勝利を収めた受刑者、バイエルンの三巨頭とバイエルン国軍の疑わしい取引について多くを知る人物による暴露本は、明らかに優良株になりそうだったからである。かつてのヒトラーの部隊の軍曹で、発行禁止中の「フェルキッシャー・ベオバハター」の営業部長となっていたマックス・アマンは、大きな出版の野望を抱いていた（彼はのちにドイツの出版事業の半分以上を手中に収める）。エーア・フェアラーク――実質的にナチ党の出版社――の社長として、彼はヒトラーの本の可能性について市場調査を行った。その結果は驚くべきものだった。「ヒトラーの作品を、五百部限定のコレクターズエディションとして、特別な加工［簾の目紙と半革の装丁］を施し、シリアルナンバーとヒトラーのサインを入れて刊行すれば、少なくとも一冊五百マルクのプレミア価格がつくだろう[12]」

アマンはヒトラーの本が欲しかったが、資金が不足していた――書籍市場は非常に弱いと彼は語っていた。また、ヒトラーは、ナチス寄りのマーケット以外にもアピールできないかと考えているようだった。別のフェルキッシュ出版社、グロスドイチャー・リングフェアラークからの申し出も考慮に入れていたのである。リングフェアラーク（リング出版）は、ヒトラーの本の権利を真剣に勝ち取ろうとしていたようだ。編集者、営業部長、共同オーナーの一人が、四月から立て続けに五回、ヒトラーを訪問した。また、エルンスト・ハンフシュテングルも四月に五回訪問した。彼もヒトラーの本を出版したいと思っていたが、家業の出版社を経営する兄を説得できなかったという。最終的に、理由は分からないが、ヒトラーはリング出版をはねつけ、アマンに本の出版の権利を与えた。エルンスト・ベップレのドイチャー・フォルクスフェアラークなどの別の出版社、さらには外国の出版社からも真剣なオファーがあったという話もあるが、それを裏付ける証拠はない。[13]また、分かっているかぎり、保守系出版業界のヒトラーの友人――ユリウス・レーマンやフーゴ・ブルックマン――が興味を示した気配もない。いずれにせよ、どのような対抗案があったにしろ、ヒトラーの選択は間違いなく正しかった。ナチスのファミリーの中で本を作ることで、彼もアマンも莫大な金を得ることができたからである。『わが闘争』は、アマンの巨大出版事業、そしてヒトラーの個人財産の礎となった。本の印税はすべて、ナチ党ではなく、彼の個人口座に入った。

ヒトラーは出版人を得た。五月中旬になると、オーストリアのザルツブルクからの面会人たちに、本が「もうすぐ出る」と言っていたという。[14]執筆生活に身を入れる意志を示すように、ランツベルクの大工のセバスチャン・シュプリンガーにカスタムメイドの仕事机も注文していた。五月八日、シュプリンガーは「小さなタイピング机、茶色、ニス塗り」の十五マルクの請求書を起こした。[15]部屋、机、平穏、多くの時間。あとひとつ望むとしたら、新しいタイプライターだった。何かを必要としているとヒトラーにはいつも幸運が降りかかるようで、このときも守護天使が降りてきた。ベルリンの著名なピアノ製造業者の妻、ヘレーネ・ベヒシュタインが、五月十五日、「仕着せを着たお抱え運転手が運転する大きな車で」夫と娘を連れて面会に来たのである。[16]この最初の面会について分かっているのは、ミュンヘンのフォーシーズンズ・ホテルにプライベートのスイートを所有する貴婦人が看守に激しく腹を立てたということだけだ。彼女はヒトラーへのプレゼントが通常どおりに検査されるのが気に食わなかった。憤然として小包を破り開けると、「極上のプラリネ」をまき散らし、こう叫んだという。「さあ見て！　そこに機関銃があるかしら！[17]」

ヘレーネ・ベヒシュタインは、その後の二週間に五度の再訪をした。ヒトラーに心を奪われ、ナチ党に金銭的貢献をしていた彼女は、ヒトラーの執筆環境に次なる適切な品を提供したと考えられている。それは、真新しいアメリカ・レミントン社の持ち運び式タイプライターである。黒い本体に白いキーで、[18]シリアルナンバーによれば、わずか一ヵ月前にニューヨークで製造されたものだった。[19]ピカピカとした小型のレミントンは、新しい小さなタイピング机が置かれたヒトラーの狭い部屋の補完物としてふさわしかった。入手経路が何であったにしろ、この持ち運び式レミントンを使って、ヒトラーは『わが闘争』第一巻のほとんどを書くのである（当初は一巻だけの予定だっ

ヒトラーはこの小さなレミントンの持ち運び式タイプライターで『わが闘争』を書いた。(Hermann Historica)

た)。

　ヒトラーはこの新しい機器を計画的に使い始めたが、普段の彼が非計画的で無秩序だったことを考えるとこれは驚きだった。古いドイツ製のタイプライターですでに自伝的な冒頭部分を書いていたため、レミントンで残りの部分の概要を書き始めた。この時点で、新たな高品質の紙を使うようになっていたが、それはどうやらナチ党のレターヘッドのようで、鉤十字が各ページの左上に描かれていた(研究者のバイアールとプレッキンガーは、その紙を持ってきたのもヘレーネ・ベヒシュタインではないかと示唆している。ランツベルクに来る途中にミュンヘンの党本部に立ち寄ったか、ホテルで党員の訪問を受けたのではないかと)。

　そうして書かれた十八ページの概要は、次のような文句に満ちていた。「定住政策はヨーロッパでのみ起こりうるもので……即座の戦争が必要」であり、「国際貿易と植民地は放棄し、海軍艦隊も放棄する」。また、「私は平和主義者であったことはない」という言葉も注目される。この概要は論理的で構造化されており、自伝的なアプローチを中心に政治を語り、彼自身のイデオロギーを説いている。何より驚くべきは、ヒトラーが、多くの脱線をしながらも、実際にこの概要に沿って本を書いたということである。

　五月下旬から六月上旬ごろ、ヒトラーは要塞棟に新しいタイプライターの音を響き渡らせるようになっていた。その音は朝五時ごろから始まることが多かったと、新たに刑務所に入ったルドルフ・ヘスは言っている。「五時に、ヒトラー（本の執筆に取りかかっている）と自分用にお茶を淹《い》れます」と、彼は家族に宛てた手紙に書いている[20]。ヒトラーはまた、特別料金を払い、午後十時の消灯以降も部屋に明かりをつけていることがよくあったという。鉛筆でメモや下書きを書いては、満足のいかないページをゴミ箱に捨て、看守たちが毎朝律儀にそれを回収していった。「ヒトラーのかろうじて判読可能な手書き文字から、何かしら政治的なものであることが分かった」とヘムリヒは書いている。「最初はそのばらばらの紙を検閲係のところに持っていった。しかし、出所の際に完成したものを検閲係に提出することになっているため、処分するように言われた。私はゴミ箱に入っていたものを暖炉に放り投げた[21]」

ヒトラーはまだ下書きをしている段階だったが、六月中旬に早くもアマンは「約四百ページ」の本を告知する四ページのパンフレットを作成した。タイトルはまだ、長く、復讐心に燃えた、「虚偽、愚行、臆病」のままだった。ヒトラーの公式写真――口髭が目立ち、髪をなでつけている――が一ページ目をほぼ埋め尽くしていた。このパンフレットの話は、まもなく出版されるという本の広告（「七月発売」）とともに、いくつかのフェルキッシュの新聞に載るようになった。そのうちのひとつ、ニュルンベルクの「フェルキッシェス・エヒョー」は、「ヒトラーの生贄！」という長文記事を一面に掲載した。その二日後には、ヒトラーの（まだ書かれていない）本が五万部刷られるという噂を息せき切って報じた。同紙はすでにこの本をフェルキッシュ運動の「バイブル」と呼んでいた[22]。

こうしてアマンは人々の興味を掻き立てることに間違いなく成功した。しかし、いまのところ、まだ本はなかった。

第十章　ボス

「植木鉢にタバコを投げ捨てるな」

――ハンス・カレンバッハ「礼儀と規律の十戒」

「夕方、ヒトラーは執筆中の作品をよく四人仲間に読み聞かせていた。彼らはオリーブ山の使徒のように彼のまわりに集まり、その言葉に耳を傾けた」。看守のヘムリヒはそう書いているが、このような報告ができたのは、ほかの一部の職員とともに、要塞棟談話室でのヒトラーの内輪の講義を立ち聞きしていたからである。ヒトラーが執筆を進めるにつれ、ランツベルク刑務所は活気を帯びてきていた。

三人で一ヵ月を過ごしたあと、ヒトラー、クリーベル、ヴェーバーは新たな仲間を得ていた。ヒトラー衝撃隊の四十人――ミュンヘン一揆の際に暴力行為と人質行為で捕まった――がミュンヘンで裁かれた。四十人の被告人がいたにもかかわらず、この裁判は新聞で「ヒトラー小裁判」と呼ばれた。指導者を裁いた「大裁判」と区別するためである。「小」裁判はわずか五日で終わった。五月三日、衝撃隊の全員が反逆罪の共犯として有罪になり、平均して十五ヵ月の要塞拘置――ヒトラーらと同じ名誉の収監――を言い渡された。しかし、彼らもやはり、素行が良ければ早期仮釈放が認められることになった。

　五月第一週、受刑者が刑務所に流れ込み始め、要塞棟の一階を満室にしたうえ、あぶれた者は本棟の特別隔離エリアにも入れられた。本棟の部屋は暗く、要塞棟の社交的な雰囲気からは程遠かったが、本棟に送られた囚人は二つの監房を与えられた。ひとつは「居間」、もうひとつは寝るための部屋である。それでも、一部の囚人――法学生のヘルマン・フォプケなど――は、要塞棟のごみごみとした大部屋（「ほかに五人いる」とフォプケは友人に書いている）に移ることを選んだ。[1]一人部屋を複数人で共用しなければならない者もいた――「潜水艦の中のよう」だったと、ある囚人は言っている。[2]

　この振り分けには例外がひとつあった。ヒトラーの運転手を務めることもあった側近のエミール・モーリスには、ヒトラーの部屋のすぐ左の二階六号室が与えられたのである。長身で浅黒い顔をした元時計製造人のモーリスは、最初に到着した衝撃隊員で、根っからの悪人だとみなされていた。「ミュンヘナー・ポスト」のオフィス襲撃の際にとりわけ攻撃的で、編集人の妻を手荒く扱っていたことを思い出してほしい。しかし、彼が二階の誰もが羨む部屋を手に入れられたのは、ヒトラーとの特別な関係――そして、指導者がある種の従者を必要としていたこと――のためだった。「俺の部屋は大きくて、明るくて、ゆったりしている」と、彼は友人に書いた。[3]モーリスは当初、秘書と召使いの役割を果たし、牛乳や卵を調達するなどしていた。[4]しかしまもなく、秘書の仕事はなくなった。五月十五日にルドルフ・ヘスが到着したからである。

ヘスは非常に特殊なケースだった。第一次世界大戦のパイロットで、大学に通い、物静かだがヒトラーに献身的な彼は、ナチ党の日常活動において指導者と最も近しいメンバーの一人となっていた。ブルジョワの家庭で育ち、高等教育を受けていたことから、秘書としてのスケジュール管理以上の役割を果たしていた――ヒトラーのとりとめのない講義を最初に聞く役でもあった。プッチにおけるヘスの最も重い罪は、バイエルンの大臣二人を拉致したことで、それ以来彼は逃走していた。しかし最終的には自首し、人民裁判所が廃止される日に有罪判決を受けた。ランツベルクに到着すると、二階のひとつだけ残っていた部屋、モーリスの隣の五号室を与えられた。

『わが闘争』執筆中のヒトラーの最も赤裸々な会話のいくつかは、その部屋でなされた。そのことをヘスは、その後の数ヵ月に書いた約三十通の手紙の中で明かしている。手紙の大半は将来の妻のイルゼ・プレールに宛てたものである。しかしいちばん最初の手紙は、ランツベルクでの最初の夜に母親に宛てて書いたもので、そこでは刑務所生活の別の側面がとらえられている。戦場での日々が何より重要な人生経験だった男が率いる、第一次世界大戦の退役兵たちとの生活について、ヘスはこう書いている。「ちょうどいま、談話室から［ヒトラーの］声が聞こえてきています。……戦争中の体験を再現しているようです――手榴弾や機関銃の音を真似たり、勢い良く部屋を跳び回ったりしていて、空想にふけっているようです」[5]

　五月中旬にヘスが到着したとき、ヒトラーは鉛筆とペンでいつもスケッチをしていた。「今日の午後、彼は陸、海、空、植民地戦争がテーマの各博物館の実に見事な設計図を持ってきました」とヘスは書いている。「劇場、国立図書館、大学の設計図と……［オペラの］『トリスタン』、『ローエングリン』、『トゥーランドット』、『ジュリアス・シーザー』などの舞台デザインもあります。これまでは荒々しい風刺画しか見たことがなかったので、こういう一面を見てすごく驚いています」

　六月初旬、ハンス・カレンバッハが到着した。背が低く、砂色の髪で、ハンサムな彼は、プッチの際に機関銃部隊を率いていた。第一次世界大戦には陸軍中尉として従軍しており、収監されたときは二十六歳だった。ヒトラーの支持者や荒くれ者の多くを占める「前線世代」に熱狂的に共鳴していた。この若い元兵士は一階の十一号室に入った。狭苦しい部屋で、ルームメイトから野心的な法学生と言われていたヘルマン・フォプケと一緒だった。意識的にかどうかは分からないが、新入りのカレンバッハは、のちに発表する回想録『Mit Adolf Hitler auf Festung Landsberg』（『ランツベルクの要塞でアドルフ・ヒトラーと』）のための素材を集め始めた。

　多くの取り巻きが集まり、ヒトラーは再び目の前の世界の支配者、小さな集団の偉大な指導者となった。ナチ党に軍国主義的要素――制服、マーチングブーツ、旗、軍歌――があり、突撃隊と衝撃隊が存在していたのと同じように、刑務所の集まりにも軍事的構造と雰囲気が生まれていた。これは、軍事好きなヒトラーだけでなく、クリーベル中佐のような頑強な元将校や、カレンバッハのような元前線兵士にとっても魅力的だった。新入りは到着次第――刑の執行開始日はばらばらだった――直ちに〈der Chef〉（ボス）に報告するよう言われていたが、これは新たな部隊における司令官への報告のようなものだった（ヒトラーはまだ〈Führer〉――指導者――とは呼ばれておらず、たんに「ボス」などと呼ばれていた）[6]。「心臓がドキドキしていた」と、カレンバッハは到着した日に階段を上って二階のヒトラーの部屋へ行ったときのことを振り返っている。「彼の磁力とその瞬間の劇的さに畏れ入っていたため、もはや彼が言った正確な言葉を思い出せない。[ヒトラーから]

私自身と私が愛する人たちのこと、私たちの個人的、経済的状況について非常に細かな質問を受けた。……心の底からの、心に響く言葉のあとに、力強い握手があった」（カレンバッハの本は英雄崇拝に満ちている）[7]。ヒトラーにすっかり魅了され、ランツベルクの一員になると、彼は軽やかに十一号室に戻った。そこでは、新たな仲間たちが、穀物が原料の代用コーヒーとマーマレードを塗ったパンを用意していた。

ランツベルクの要塞棟はごく少数の囚人しか収容したことがなかった。しかしいまは四十人以上がいた。環境は概して気楽だった。二階と同じように、一階の者たちにも食事をしたりくつろいだりできる大きな談話室があった。本を読み、昼寝をし、タバコを吸い、手紙を書く、あるいは何もせずに過ごすことができた。通常の囚人服ではなく、自分の服を着られ、ポケットナイフのような非常に個人的な物の保有も許されていた。お金だけは看守に渡さなければならず、各人の刑務所口座に預けられ、毎週更新される元帳で管理された。「名誉の囚人」である彼らは、労働どころか、ベッドメイクすらしなくてよかった。部屋の掃除とベッドメイクは――ゴミ箱を空にする、靴を磨く、食事を出す、などのあらゆる身の回りの雑事とともに――管理人の仕事だった。この職に就いたのは、本棟から要塞棟に異動となった幸運な若者たちで、〈Kalfaktor〉（特別使用人）の地位を与えられていた[8]。彼らはプッチ参加者と話すことは認められていなかったが、要塞棟で働けること、ヒトラーたちに食事を出したあとに残ったものを好きに食べられることをボーナスだと考えていた。食事場所は、一階と二階にそれぞれある談話室の共用テーブルだった。

ランツベルク刑務所での生活は、プッチ参加者（拉致犯、泥棒、押し込み強盗、公共物破壊者、そして――四人の警官の死の責任が彼らにあるとするなら――殺人の共犯でもあった）にとって好ましいものだった。日々の暮らしは快適で、少なくとも暖かい時期は退屈を紛らわすものもいろいろとあった。「退屈だなどと嘆くことはできません」と、ヘスは父親に宛てて書いている。「僕は朝七時半までは『頭脳労働者』です。朝食後、八時から十一時までは『肉体労働者』となり、木を切ります。とても健康的な活動です。根をたたき切るのです。それに、一時間当たり二十ペニヒをもらえます！　ヒトラーも本が終わったらやるかもしれないと言っています。その後は熱い風呂です。十一時三十五分にたっぷりの昼食が出ます。それから昼寝、お茶、そしてまた『頭脳労働』です。七時四十五分から八時の夕食が終わったあとは、また外に出ることができて、ゲームをしたり、僕の場合はヒトラーと歩きながらしゃべったりします。その後はまた中で集まって――ヒトラー、クリーベル中佐、ヴェーバー博士、モーリス、僕――お茶とペストリーの時間です。差し入れは途絶えることがありません」

ランツベルクでの生活は、ホテル暮らしやスパ滞在と比較される。人が密集した生活環境や、一階の小部屋を複数人で共用していたことを考えると、ボーイズキャンプと言ったほうがいいかもしれない。どう呼ぶにしろ、ランツベルクの要塞収監はバイエルンで最も楽な服役だった。社会主義者や共産主義者からは、バイエルンの司法が右寄りであることを示すさらなる証拠だと考えられた。政治犯罪で有罪となった左翼はほとんどがニーダーシェーネンフェルト刑務所へ送られていたが、ランツベルクの九十キロ北にあるその刑務所はランツベルクよりはるかに過酷だった。

二階の「名誉の囚人」五人――ヒトラー、クリーベル、ヴェーバー、モーリス、ヘス――は、修道士のような生活を送っており、読み、書き、しゃべることが主な活動だった。一階の者たちはそれよりも騒々しかった。将校や知的職業人はほとんどおらず、自分たちのことを〈raue

Landsknechte〉、荒っぽい田舎者と呼んで、そのとおりに振る舞っていた。「やかましく騒がしく、われわれはいつも十一号室に出入りしていた」とカレンバッハは書いている。彼らは悪ふざけをし、新入りをしごき、劇や詩を考え出し、よくあるリズムに合わせて曲を作った。十一号室で、カレンバッハは「礼儀と規律の十戒」を考えついた。これに含まれていたのは、たとえば、「植木鉢にタバコを投げ捨てるな……ここはスラム街や飲み屋ではない」、「服を椅子の上に投げるな、そのためにワードローブがあるのだ」、そして、何気ない悪意がこもった「叫んだりわめいたりするな……ここはユダヤ人学校ではない」。

娯楽に関しては、「ランツベルク刑務所楽団」を結成するほどだった。ヴァイオリン、リュート、ジングルベルが付いた自家製の「ターキッシュ・クレッセント」という編成で、隠れナチだったミュンヘンの政治家、ヨーゼフ・ゲルムがヴァイオリンを弾いた。ランツベルクの要塞はきわめて活気ある場所になっていた。「僕たちへの待遇は申し分ありません」と、ヘスは家族に宛てて書いた。「まさに『名誉の』という言葉どおりです」

特別なとき——誕生日、祝日、土曜の夜など——には、二階（一階の者たちから「陸軍元帥の丘」と呼ばれるようになっていた）の五人が下に降りてきて、歩兵たちと一緒に食事をした。ヒトラーは、城の主として、長いテーブルの上座に座った。厳格な軍隊的ムードに合わせて、全員が気をつけの姿勢でヒトラーを待ち、彼が到着すると握手を交わした。それから本気でがつがつ食べた。料理は素早く無言で平らげられ、やがてヒトラーがドイツの伝統的な食事の挨拶〈Mahlzeit!〉をした。それで食事の時間は終わり、テーブルの上が片づけられて談笑の時間となった。タバコ、葉巻、パイプが出てきた。予想どおり、この夕食後の雑談会はしばしばヒトラーの独演になった。

刑務所でヒトラーは、4人のプッチ参加者とともに“要塞”棟の2階で暮らした。（左から）ヒトラー、エミール・モーリス、ヘルマン・クリーベル中佐、ルドルフ・ヘス、フリードリヒ・ヴェーバー博士。（Landsberg Prison）

彼は自分の声の響きを気にしたことがなかった。テーブルを囲う者たちはビアホールの聴衆にかぎりなく近く、執筆中の本をよく読み聞かせた。ヘムリヒが書いているように、男たちは魅了されていた。「われわれは彼の言葉に何も言うことができず、数時間が数分のように過ぎていった」とカレンバッハは振り返っている。

雨で庭を歩けないときなどは、ヒトラーは午前十時に談話室で講義を行い、政治と世界史を教えた。優れた教師のように、都合良くイーゼルに立てかけてあった黒板まで使った。カレンバッハによれば、ヒトラーは恍惚とした聴衆に名人芸を聞かせた。ウィーンで貧しい生活を送ったこと、多国籍議会の欠陥と（徹底した反セム主義の）カール・ルエーガー市長の偉業から重要な教訓を得たこと。「民族と人種、血と土……国家主義と社会主義」の概念を「われわれにたたき込んだ」と、カレンバッハは書いている。ヒトラーの信念体系では、自らの人種の保護こそ最も価値のあることだった。不満でいっぱいのドイツ人にそれを売り込むのは難しくなかった。

しかしヒトラーはすでに、敵を打ち倒そうという対立的な力の政治から、ドイツに新たな統一された社会――彼が言うところの〈Volksgemeinschaft〉、民族共同体――を作ろうという政治的戦略、ライバル間の調停に気持ちが移っていた。公判の最終陳述では、オデオン広場で血を流し合った者たちが肩を組んで行進し、「連隊」や「師団」を形成する日を予言していた。ランツベルクに来て、「もはや力ずくで権力を勝ち取ることはできない。国は時間をかけて強固になっており、武器を持っている」と気づくようになったという。力の政治――革命による国の打倒――から、選挙運動と昔の敵の受け入れへの転換は、多くの凝り固まったナチ党員にとって飲み込みがたいことだった。ランツベルクにいたあいだ、この変化を「支持者の多くは理解してくれなかった」と、ヒトラーは言っている。

刑務所内の過激派にとっては間違いなくそうであったようだ。「師匠の総合的なドイツ『民族共同体』の概念について何時間も議論した」とカレンバッハは振り返っている。「われわれにはよく分からなかった。……われわれはただ、あちら側の人が騒いでいる『プロレタリア独裁』を、『[第一次世界大戦の]前線兵士独裁』に変えたいだけだった。敵と決着を付けたかったのだ……目には目を、歯には歯をで。われらが指導者が言っていたような、友好の手を差し伸べるということは望んでいなかった」

政治の議論や講義が行われていたのは、もちろん、刑務所生活が快適で甘いからでもあった。飲食は、ふつうならば兵士や囚人の大きな不満の種だが、ランツベルクでは質量ともに充実していた。通常の飲み物に加え、ディナータイムには大ボーナスがあった。本棟の哀れな五百人とは違い、要塞の囚人たちはアルコールを手に入れることができたのである。口座に金があれば、一日に半リットルのビールか大きなグラス（Schoppen）一杯のワインを買うことが正式に許されていた。ヒトラーは、のちに飲酒を完全にやめるが、少なくとも四月から五月初旬には一日一杯のビールを飲んでいた。この時期の刑務所の記録を見ると、彼の口座から毎日ビール代として十八ペニヒが引

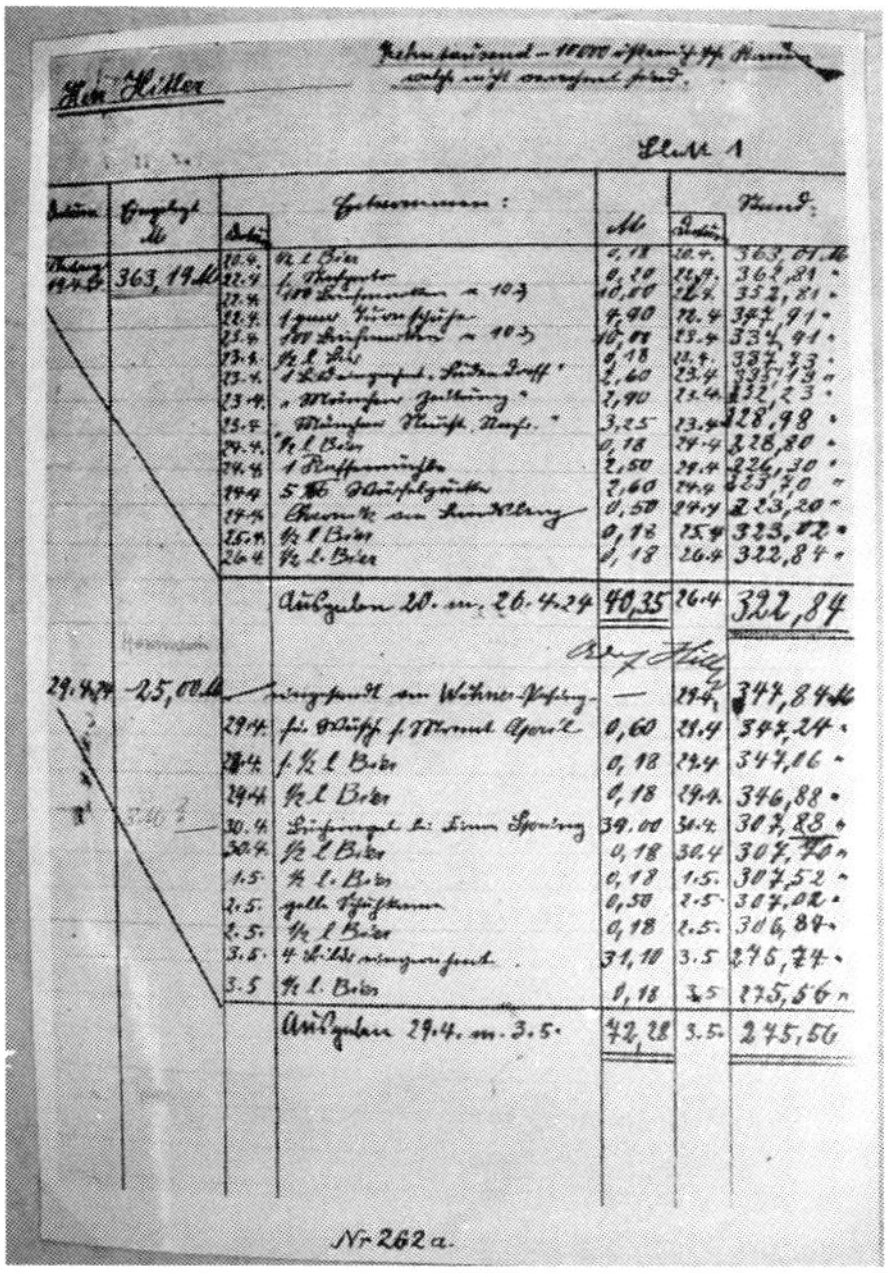

1924 年 4 月 20 日から 5 月 5 日まで、ヒトラーは毎日 18 ペニヒでビールを一杯買っていた。彼のサインが真ん中にある。（Archiv Manfred Deiler）

かれている。

多くの者にとって、半リットルというビールの量はみみっちく思えた。バイエルンで生まれた彼らは、名産のビールを日ごろから水のように飲んでいた。「ムフティー〔彼らはライボルト所長を密かにそう呼んでいた〕にもっと出してほしいという申し入れをした」と、第三帝国時代にミュンヘン市長となる衝撃隊のカール・フィーラーは言っている。ライボルトは規則を引き合いに出し、その申し入れを断った――しかし翌日、ある方法を見つけた。規則によれば、庭仕事に一時間当たり二十ペニヒまで払うことができる。夏の暑さを考えれば、一日六時間の仕事をしている者に半リットルのビールをもう一杯与えるのは妥当だと感じられた。囚人たちは追加のビールをもらえることになり、庭はクリーベル中佐の指導でずっと立派になった。彼には園芸の才と威厳があり、土掘り、植え付け、砂利道の拡張を指揮した。夏の太陽のもとで、幅広の麦わら帽子をかぶったクリーベルは、「ブラジルのコーヒー農園主」のようだったと、ルーカーは言っている。

ビールとワインに加え、ハードリカーも何らかの形で認められたり、看守の目を盗んでこっそり持ち込まれたりしていた。モーリスはナイトスタンドに「蒸留酒」を置いていたと言っているし、一階の荒くれ者たちのところにはシュナップスがあったという。「シュタインヘーガー〔訳註 ドイツのジンの銘柄〕のボトルが届いた、エンツィアン〔訳註 アルプス地方の蒸留酒〕のボトルや、大量のシュナップスやリキュールのボトルも届いた……看守たちは、われわれの酒の棚を見て、よだれをたらし始めた」とモーリスは報告している。こうした密輸品がどのようにセキュリティ検査をくぐり抜けたのかは、完全には分かっていない――ただひとつ、カレンバッハのマラリア絡みの事例を除いて。

第一次世界大戦中、カレンバッハはマケドニアの湿地での任務のあいだにマラリアにかかった。

それから数年が経っても、暑い日には熱が出ることがあった。キニーネで熱が治まらないなら、「できるかぎり強いアルコールを毎日摂取することで効力が増す」とどこかに書いてあったと、彼は主張した。[10] 症状を証明する記録と、治療目的のアルコールを認める刑務所の規則に基づき、カレンバッハは酒を入手する許可を得た。本人の話を信じるならば、彼はコニャックのボトルを自宅に頼み、それがすぐに届くと、要塞のギャングたちは揃って興奮したという。

規則によれば、患者は一日一杯の酒を受け取れるが、看守がグラスに注がなければならなかった。コニャックグラスを持っていなかったカレンバッハは、水用のグラスをひっつかんで看守詰所へ行った。そこに彼の名前が書かれたボトルが厳重に保管されていた。カレンバッハの法律顧問を自任するヘルマン・フォプケも同行した。この口のうまい法学生は、水用のグラスも規則上の「グラス」の定義に入るのだから、いちばん上まで注ぐべきだと看守を説得し、そのとおりにさせた。二人は談話室に飛んで帰った。そこではみながマラリア作戦の結果を待っていた。彼らは黄金の液体を回してくれとカレンバッハに懇願した。少なくとも「近くで見られる」ように、できれば芳しい香りを「少しばかり吸い込める」ように、と。この駆け引きの結末は容易に想像がつく。一周して持ち主のもとに戻るまでに、グラスは空になっていたのである。「フォプケと私は何も得られなかった！」とカレンバッハは振り返っている。「かろうじて唇を濡らせただけだった、待望の火酒のわずかな残りで」[11]

しかし次の夜、カレンバッハと無免許法律家はさらに知恵を働かせた。水用のグラスではなく、半リットルのビアマグを持っていったのである。フォプケは、「グラス」を法的に定義するのは、容器の大きさや容量ではなく、ベースの素材であると主張した。驚くべきことに、このひねくれた論理はまかりとおり、二人の狡猾な男はボトルに残っていたコニャックをすべて手に入れた。カレンバッハによれば、ほかの多くの囚人たちも自分がかかった命に関わる病気を急に思い出し、その結果、度数の高い酒が看守の棚を埋め尽くすようになったという。ある「強欲な受刑者」は、金魚鉢を送ってもらい、「グラス」だと主張しようとした。これにはフォプケでさえ尻込みした。

ごまかしだらけのランツベルクの囚人たちは、政治シンボルを禁止する規則にも逆らい、ナチ党の鉤十字の旗を手に入れた。監視されていないときは、それを談話室の壁にかけていた。禁じられている旗がどのように刑務所内に持ち込まれたのかは定かでないが、内部の人間の仕業だったのではないかと思われる。何しろ、看守や刑務所職員がだんだんとヒトラーの運動に取り込まれ、彼が釈放されたときには涙を流すほどだったというのだ。とはいえ、見つからないようにする必要はあった。誰かが看守がやってくる音を聞いた瞬間――ある看守はいつも鍵の束をジャラジャラ鳴らしながら歩いていた――囚人たちは素早く旗を丸め、脚付きバスタブの下に隠した。一度も捕まることはなかったようだ。

強い酒や違法な旗を持ち込めただけでなく、要塞の男たちは、口座に金があれば、靴墨や便箋などの日用品、さらにはバターやニシンの缶詰などの食料品も頼むことができた。看守が毎日午後一時から二時のあいだに注文を取った。ヘムリヒはヒトラーのために大きな水用のグラスを買うこともあったという。第一次世界大戦のガス攻撃の影響でまだ喉が痛むため、毎日うがいをするのに必要だと言われたからである。[12] 受刑者が注文できるものに明確な制限はなかったから、法律絶対主義のフォプケは、再び限界を探ってみることにした。ホイップクリームをのせたストロベリーアイスクリームを頼んだのである。

これは誰も予期していなかった。フォプケは、冷たいアイスがなければ「収監に適した」健康状態を保てないという、複雑な法律的主張を用意していた。バイエルンの司法当局――裁判所だけでなく刑務所も管理していた――は、フォプケを追い払うのではなく、むしろ激しく動揺した。関係各所に電話をかけ、手紙を書き、メモを残した。責任があちこちに転嫁された。ヒトラー軍団はトラブルを起こしうると誰もが知っており、誰も彼らと衝突したくなかったのだ。最終的に、「フォプケ受刑者の収監中の健康のために」一度だけ例外を認めるという決定が上から出された。フォプケはアイスクリームを手に入れられることになった。とはいえ、彼としてはもちろんこの時点で満足であり、この件は忘れてくれと言った。[13]

クラブ・ランツベルクの最大の特典のひとつは、要塞棟に近い外壁沿いの庭に行けることだった。約百八十メートルの細長い草地の片側には木々が立ち並び、突き当たりには小さな菜園があった。春の初めには、クロッカスとアマリリスが咲き、果樹も花を咲かせた。「われわれがそこにいるときは監視人がいなかった、少なくとも見えなかった」とモーリスは言っている（実際には、高い生垣の裏の小さな塔の隙間からしっかり監視されていた。庭の一端に「境界！」という看板が立っていたが、それはそういうことだった）。

庭には二つの砂利道があった。ひとつは果樹の並びに沿い、数人が横に並んで歩けるほどの幅があった。ここでヒトラーはヘス、モーリスらとよく散歩をし、いつも活発な会話をしていた。ある写真は、花咲く果樹が並ぶ中をヒトラーとモーリスが短パン姿で歩くところを写している[14]（ヒトラーはスローチハットをかぶっており、レーダーホーゼンを着た姿は少し太って見える。二人は真剣な議論をしているようで、頭が下を向いている）。もうひとつの狭い砂利道はまさに外壁のところにあり、これは「ヒトラーの道」として知られるようになった。よく一人で考え事をしながら歩いていたからである。この二つの道、そして庭のベンチは、ヒトラーが声に出して考え事をし、見解を述べ、政治信条を磨き、話し方や書き方を練習する格好の場所になった。「『わが闘争』の大部分はこれらの道で作られたのだろう」とヘムリヒは推測している。[15]

若い男たちは庭でサッカーやシュラークバル（野球に似たゲーム）をしたり、地元の体操クラブから送られた器具で運動——平行棒、鉄棒、高跳び、跳馬——をしたりすることが多かった。一日六時間は庭にいられることになっており、朝八時きっかりに要塞棟から外へ出る扉が開くと、男たちは新鮮な空気のもとに走っていった。ヴェーバー博士——オーバーラント団の司令官だが、獣医でもあり、人間の健康についてもよく知っているようだった——が厳しい朝の点呼を行い、運動の指導をしたが、そのプログラムは徐々に要求や難題が増えていった。「釈放されてしばらく経って、ようやくあの朝の運動の絶対的必要性が分かった。当時はきつ過ぎると感じていたが」とカレンバッハは書いている。「尋常じゃない退屈さと『刑務所精神病』に対する唯一有効な解毒剤だったのだ[16]」

ヒトラーも当初はこれに参加していたが、すぐにやめ、もっぱら本に集中するようになった、とヘスは書いている。カレンバッハによれば、脱臼した肩がまだ完治していなかったために参加しなくてよかったのだという。しかし、ハンフシュテングルは少し違った話をしている。あるときヒトラーと面会した彼は、その体重の増加に驚いた——ヒトラーは刑務所に来てから体重が五キロ増え、八十キロ近くになっていた。[17] 何しろ、ヒトラーの部屋は、ハンフシュテングルが書いているとおり、「デリカテッセンのよう」で、果物、ワイン、贈り物の食べ物でいっぱいだったのである。

「何らかの運動かスポーツに参加しなければ」とハンフシュテングルは促した。「いや」とヒトラーは答えた。「私が参加すれば規律に悪影響があるだろう。指導者は試合に負けることができないのだ[18]」

競技の際、ヒトラーの役割は傍観者か審判だった。サッカーの審判をしたほか、あるときはボクシングの試合を見物したが、これは収拾がつかなくなった。そもそもは、サンドバッグが体操器具と一緒に届いたために、受刑者のエドムント・シュナイダーがボクシングのレッスンをしていたのである。カレンバッハによれば、「ヒトラーはこのとりわけハードで男性的な競技に強い興味を示

刑務所の庭を歩きながら話し合うヒトラーとエミール・モーリス。ファンから甘い菓子類が絶えず届いたため、ヒトラーは太った。レーダーホーゼンがきつそうに見える。（Fotoarchiv Heinrich Hoffman, Bayerische Staatsbibliothek）

した」。そこでエキシビションマッチが行われることになった。背は低いが闘志のあるフォプケが、自分よりはるかに背の高いモーリスに挑んだ。最初は和気あいあいとしていたが、まもなくエスカレートし、熱くなり過ぎた二人は荒々しくお互いを攻撃し始めた。フォプケはモーリスの胴体を狙い、背の高いモーリスはフォプケの頭を襲った。最終的に、ほかの男たちが駆け寄り、流血している二人を引き離した。フォプケの左目は開かず、紫色になっていた。モーリスは息ができないほどだった。一方、ヒトラーは大喜びだった。「二人のボクサーが顔を見せにきたときほど、彼が心の底から笑っているのはまず見たことがなかった」とカレンバッハは書いている[19]。

しかしながら、この血まみれの試合のあと、ボクシングは野外カリキュラムから外れ、レスリングと柔術が加えられた。これによって、彼らは筋や腱をよく痛めることになった。

ヒトラーは、明らかに要塞の受刑者の中で最も真面目で勉強好きだったが、若者たちの娯楽やゲームに参加することもあった。六月十七日の彼の「聖名祝日」――ドイツでは誕生日と同じように祝う――には、夜に長いサプライズパーティーに駆り出された。要塞の男たちは、一階の談話室を密かに装飾し、絵、歌、詩、パントマイムなどを用意していた。カレンバッハによれば、ヒトラーは何時間も笑って拍手喝采していたという（ある詩はヒトラーに、ドイツ中をめぐって「ユダヤ人と『赤』をぶちのめす」という「刑を宣告」した）。その夜の終わりまでに、彼らはこのような楽しい会を毎週土曜の夜に開催すること、そして刑務所内新聞を作ることを決めた。

「ランツベルガー・エーレンビュルガー」（「ランツベルク名誉市民」）は、しばらくのあいだ、ヒトラーたちの週刊紙になった。どういうわけかヘクトグラフで刷られていたが、刑務所職員には知られていなかったという。基本的に三、四ページで、刑務所生活のおかしなところや、ナチスの将来の再興の見通しについて、冗談半分のコメントが載っていた。ヒトラーの聖名祝日のパーティーと同じように、型破りな詩や威勢のいいジョークも紙面にアクセントを付けていた。また、たいていヒトラーによるエッセイ（主に歴史的なもの）が載り、彼の描いた絵が付されていることもあった。

残念ながら、「名誉市民」は一号分しか現存していない。秘密とされていたため、部数はかぎられ、見つからないように隠されていた。しかし、ある受刑者がうっかり家族宛ての手紙で言及してしまい（これはもちろん検閲係にも読まれた）、看守たちが手入れに入った。要塞の荒くれ者たちは、看守が近づいてくる音を聞くなり、その内輪の新聞をすべて談話室の暖炉に投げ入れた。一号分を除いてすべてが煙と消えた。

救出された「新聞」は第六号で、第一次世界大戦開戦から十年目の八月一日を記念したものだった。カレンバッハが著書で復刻しているが、この号には戦争を回想する十八の記事と詩が載っていた。クリーベルは「第二中隊の動員」について書いた。フォプケは「死者」という詩を詠んだ。ヴェーバー博士は、雪に覆われたヴォージュ山脈のフランスの陣地で、バイエルン第一雪靴大隊の攻撃が成功したことについて語った。ヘスは「ヴェルダンを前にして」という百四十行の詩を書いた。これは、彼自身も負傷したフランス北部での有名な戦いの話だった。[20] ヘスは開戦記念日の特別なディナーの席でこれを朗読し、ランツベルクの仲間の感情を揺さぶった。

しかしヒトラーはこの号に何も書いていない。外の世界に向けた長編の準備で忙しかったのである。

第十一章　聖典

「収監されていなければ、『わが闘争』は書かれなかっただろう」[1]

——アドルフ・ヒトラー、一九四二年

「政治から身を引くことに決めた」

ヒトラーのこの驚きの言葉は、一九二四年六月十六日、小さな大学町ゲッティンゲンに住む若いナチ党員ルドルフ・ハーゼに宛てた長い手紙の最後に書かれていた。ハーゼはフォプケの友人で、活発な北ドイツ派の活動家の一人だった。ヒトラーの言い分は、ナチ党内の陰口や無秩序にうんざりしたため、釈放されて「再び真の指導者」になる機会を得るまではこの混乱にいっさい関わらないということだった。さらに、これからは「誰も私の名のもとに話してはならない」とも言った。

ヒトラーの予期せぬ退場は、活動禁止中のナチ党とドイツ各地のフェルキッシュ運動に波紋を巻き起こした。彼の手紙は、ハンブルクやバルト海沿岸のグライフスヴァルトなど、分派が芽を出していた遠い場所で熱心に議論された。党に大変動が起きている中で、ヒトラーはどうやって政治を放り出せるのかと、人々は問うた。
その答えはすぐに届いた。ヒトラーは辞職の声明を「フェルキッシャー・クーリアー」[2]——ミュンヘンの新聞で、ナチ党の「フェルキッシャー・ベオバハター」の発行禁止に伴う空白をある程度埋めていた——に送った。同紙は、一面の囲み記事で、ヒトラーがナチ党の指導者から退くと決めたことを報じ、こう書いた。ヒトラーは「元部下たちに、どうかランツベルクを訪れるのを控えてほしいと言っている。……この決断をしたのは、現状では政治的指導力を行使できないからだ。……また、ヘル・ヒトラーは包括的な本の執筆にかける時間を必要としている」[3]
そう、ヒトラーは本を書いていた。党内のつまらない争いから離れたかっただけでなく、執筆のための時間と平穏が欲しかったのである。いまやるべきことは、自分のライバルや後継者になろうとする者たちの喧嘩を仲裁することではなかった。「彼は外にいる者たちに、彼なしでは機能しないということを示している」とヘスは書いている。[4]ヒトラーが辞めようとしている党は、もはや健全な状態ではなくなっていた。ライバルたちが内部抗争でエネルギーを消耗しているあいだに、彼は自らの力を強固にするために身を引いた。泥仕合に関わらないでいれば、のちの確固たるカムバックに向けた道が開けてくるだろう。「［ヒトラーは］絶望的な脱線が起きていると考えている」と、フォプケはヒトラーのあとにハーゼに送った手紙に書いている。「自由の身になったときに、ゼロから始めなければならないと分かっている」[5]
ナチ党の問題が他人事となったいま、ヒトラーは自由に書くことができた。獄中で回想録を書いた先達——マルコ・ポーロから、マルティン・ルター、ウォルター・ローリー卿まで——の長い系譜に連なることを意識していたかは分からない。しかしなぜだか、いまそうなるべきだと感じたようだ。このジャンルの古典を生み出すのである。メッセージに突き動かされた、鬱積した情熱と信念のほとばしり。数年前からにじみ出ていたその感情は、紙の上に流れ出されなければならなかった。

一九二〇年にナチ党の支配権を得たとき、ヒトラーは騎士気取りで創設者を押しやり、制限のない執行権を要求した。トリプルバンクショットを狙ったプッチと、ムッソリーニに倣ったベルリン進軍の夢を追いかけたときも、最終的に負傷し、投獄され、政党活動が禁止になるまで、仰々しい考えにこだわり続けた。バイエルンの法廷でドイツの司法の重圧と戦ったときは、賽《さい》をすべて投げた――そして勝った、少なくとも象徴的には。ヒトラーはいつも大物狙いだった。

それは『わが闘争』でも同じだった。運動に必要なものだと公判で訴えていた「残酷な熱狂」をもって、執筆作業に入り込んだ。単純な政治パンフレットや楽しい回想録、よくある党綱領を書いているのではなかった。彼なりの聖書（自らそのように呼ぶことはなかったが）、人生全体のイデオロギー的な手引き、新たな世俗宗教の教理問答を書いていたのである。新たな教義は国家社会主義であり、『わが闘争』はその聖典になる。

全二巻、約八百ページの中で、ヒトラーはドイツ政治の未来のビジョンを示すだけでなく、素人評論家らしい流暢さで、頭に浮かんださまざまなトピックについて弁じ立てることになる。結婚の「唯一の」目的（「種と人種の繁殖と保護」）から、「正しい読書法」（「すでに自分の中に存在するイメージに合わせる」）、梅毒と闘うことの重要性（「国民の使命」）まで。興奮し過ぎた梅毒の部分を除いて『わが闘争』の内容を変更するつもりはないと、ヒトラーはのちに言っている。彼はまた、自伝的な構造を使って、自身のイメージを入念に作り出そうともしていた。ドイツのために世界を作り直すことができる比類なき存在——暗黒期にある国（そして世界）を導く者として運命に選ばれた政治家・哲学者——というイメージを。

この本は「部外者に向けたものではなく」、根っからの「運動の信奉者」に向けたものだとしながらも、ヒトラーは政治信条の基本要素を「いつまでも残る」ものとして記録することにしたと言っていた。[6] 党の内部文書であればまずありえない言い方である。彼は言葉を石に刻み付けているかのようだった。作業の場こそランツベルクの部屋だったが、その文章は、彼にとって、聖典の厳粛さを持つものだった。最後の知恵を使者に授ける天の声——神からモーゼへの言葉——のように、ヒトラーは読むことと話すことに明け暮れた混乱の数年間を紙の上に向けた。彼は神であり使者であった。大半の考えが何かの模倣だったとはいえ、その情報源にはほとんど触れておらず、その本にはたしかに神託の真実を語る聖書的なトーンがあった。

聖書風に言うと、ヒトラーのタイプライターの前での四ヵ月は、「荒野の四十日」だった。イエスが、荒野とサタンの誘惑から、自己意識と献身の精神を浄化して出てきたと言われているように、ヒトラーは、国内追放の日々——失敗と軽蔑の苦難——から、ドイツを苦しみの谷から救い出す運命と能力が与えられているという感覚を強固にして出てきた。激動の政治から身を引き、強制的に思索と執筆を行うことに、そのような浄化作用を期待していたかは分からない。しかしたしかに効果があった。

粗削りな政治的直感を、かなり広範だとはいえ筋の通った信条に変えていくうちに、ヒトラーは自分自身をその最も忠実な信者に変えた。彼の「冷酷な体系化の力」は、ランツベルクでの「具体化の経験」[7]から発達したものだと、歴史家のヒュー・R・トレヴァー＝ローパーは一九五三年の有名な論文「アドルフ・ヒトラーの精神[8]」に書いている。その具体化の大半は、要塞棟の部屋で『わが闘争』(そのころはまだ「私の本」、「私の作品」と言っていた)を書き連ねていたときに生じた。「以前は直感的にしか理解していなかった多くのことが明快に分かるようになった」とヒトラーは言っている。

この時期に彼は、「私の哲学に、自然な、歴史的な基盤をもたらす」十分な知識と理解を得たという。つまり、自らが持つ偏見を裏付け、自分はすべてにおいて正しいと確信する「事実」を見つけたということである。彼の自信はもはや「何にも揺るがなかった」。こうして、彼の心の中で、「太鼓たたき」——プロパガンディスト——から指導者への転身が完了した。これを機にヒトラーは、ドイツを支配するまで決して休まない男になったと言える。これは、自己正当化、すなわち自身の経歴に欠けている知的な箔の獲得へ向けた最終ステップだった。

ヒトラーは、「偉人」の人物像を描き、自らをその名もなき候補者とすることにも余念がなかった。政変における「人格」の何よりの重要性を強調した。「人格は代わりがきかない。……機械的に鍛えられるものではなく、神の恩寵によって持って生まれるものなのだ」。正しい人格は、彼が言うところの「ゲルマン民主主義」——「指導者は選挙されるが無条件の権限を享受する」——に欠かせないものだった。これこそが〈Führerprinzip〉、ヒトラーの絶対的な支配につながる指導者原理である。

このプロジェクトに着手したとき、ヒトラーの狙いは復讐だった。敵のやり方すべてを正そうと思いながら、四年以上にわたって不満の日々を送っていたヒトラーは、邪魔をしてくる体制側の人物、左翼勢力、中央政府の役人を攻撃したかった。しかし五月下旬になると、復讐というテーマから、自伝的な構造へと方向性が変わっていた。イデオロギーと自伝を融合し始めたのである。バイアールとプレッキンガーが書いていることによれば、ヒトラーは「過激な党指導者とイデオロギー的な理論家の境界」において、徐々に理論家のほうへ向かっていた[9]。政治哲学者としての立場を正当化するためには、身の上話を磨き上げたり、ときには飾り立てたりして、形成中の新たなイメージに合わせなければならなかった。ドイツとの国境のオーストリアの小さな町で生まれたという話は、『わが闘争』の冒頭において、自分は神の子であるという最初の主張になった。以前の五ページの書き出しに書いていたのとほぼ同じ言葉で、ヒトラーはこう書いた。「今日では幸運だったように思える。運命がイン川畔のブラウナウをわが誕生の地に選んだことは。というのは、この小さな町は二つのドイツ人の国家の境界にあるが、われわれ若い世代はできるかぎりの手段を尽くしてこれを再統合することを人生の仕事としてきたのだ」。歴史家のカーショーはこう指摘している。「運命を背負っているという彼の神秘的とも言える自己信仰は……この時期に始まった[10]」

ウィーンでの若いころの話をする中で、ヒトラーは教養小説*のように不遇の生活と厳しい経験を語った。それは必然的に、多言語の議会（「狂気じみた、身振りの激しい連中が……あらゆる調

＊　ウィーンの章のタイトル「Wiener Lehr- und Leidensjahre」（「ウィーンでの修業と苦悩の時代」）は、ドイツ最大の文学者ゲーテ（一七四九〜一八三二）の教養小説『Wilhelm Meisters Lehrjahre』（『ヴィルヘルム・マイスターの修業時代』）のタイトルを反映している。また、ゲーテの最も有名な小説『Die Leiden des jungen Werther』（『若きウェルテルの悩み』）を巧みに取り込んでもいる。意図的だとしたら、この巧妙な言葉の選択は賢いセルフマーケティングである。

子で叫んでいた」）、雑種の民族、マルクス主義、ユダヤ人への憎しみにつながったというが、これは将来的な政治テーマにすでに合致していた。カフタンを着た東方ユダヤ人を初めて見たとき（「これはユダヤ人か？……ドイツ人か？」）に自らの反セム意識を発見し、やがて社会民主党（ヒトラーの考えではマルクス主義と同義）が「ユダヤ人に動かされている」と気づいて目からうろこが落ちたという話には、「無垢な異郷体験」のような趣がある。[11] 建設現場で同僚と激しい口論をしたという話では、「恐怖と暴力を利用する」社会主義者の暴虐ぶりを伝えるために、「直ちに建物を去るか、足場から放り出されるか」のどちらかだと迫られたというエピソードを披露している。[12] 真実であるかどうかは別として、このような語り方は、ウィーンの薄汚いスラム街のカフェで見つけた政治冊子や無料の新聞から考えをまとめた――一部の歴史家はそう考えている[13]――と認めるよりも、ストーリーテリングとして優れていた。一九一四年にドイツが戦争を宣言し、祖国（オーストリアではなくドイツ）のために戦う機会を得たときに、「胸がいっぱいになって[14]」ひざまずいたという主張も同じく疑わしい。また、ユダヤ人との戦いを決めたという「ダマスカスへの道」――宿命であるかのように書かれている――は、彼の戦争体験とドイツの一九一八年の革命の完璧な結末となっているが、小説家でもこれ以上はできないだろう。

刑務所で、ヒトラーは自ら定めた任務を達成するための完璧に近い環境を手に入れていた。ナチ党の職務がなくなり、面会者も減ったことで、仮釈放が見込まれる十月一日より前に本を完成させるという目標を立てることができた。自分の頭の中、要塞棟の小さな部屋の小さな世界の中、独学者の雑多な読書から生まれた架空の世界史の中に入り込んでいった。頭を通過するさまざまな素材を集め、彼が好んだ言い方をすれば、「モザイク石」を組み合わせていた。彼は思想体系から役立つものだけを選び取っていたが、政治学者のバルバラ・ツェーンプフェニヒによれば、情報源はめまいがするほど多かった。ショーペンハウアーやニーチェの意志の形而上学、カール・ハウスホーファーやフリードリヒ・ラッツェルの地政学、アルテュール・ド・ゴビノー、ヒューストン・ステュアート・チェンバレン、ポール・ド・ラガルドの反セム主義とレイシズム、トマス・マルサスの人口論、チャールズ・ダーウィンの生存理論、ギュスターヴ・ル・ボンの群集心理の教え、そしてもちろん、カール・マルクスである。『シオン賢者の議定書』のような陰謀論にも依拠した。反モダニズム、反自由主義、反資本主義などのオスヴァルド・シュペングラー以後の歴史理論も借用した。得体の知れないオカルト的な宇宙解釈にも手を出した。「保守革命」に関する考えも吸収した。ヒトラーは、彼なりに、あちこちに気が散るルネッサンス人だったが、略奪した知識を組み立て直せば、その中で一貫性が生まれ、宗教的信念のような強さを獲得できると考えていた。「彼は元の形のまま借用することはほとんどなかった」とツェーンプフェニヒは書いている。「使える部分だけを取ってきて、すでに作ってある枠に合わせるのだ[15]」

そして出典はほとんど示さなかった。そんなことをしたら、彼自身の声の神々しいトーンが損なわれてしまう。ヒトラーは大勢の前で全知全能の神のように話すことに慣れていた。なぜそれを本で変える必要がある？　『わが闘争』でも説明されているが、「話し言葉の魔力」は、シンプルにしたときこそ最大のインパクトを持つ。ひとつの敵、ひとつの考え、ひとつの解決策（ヒトラーの敵はユダヤ人で、解決策はその排除だった[16]）。それは本でも同様だった。ある考えについて、複雑な説明をしたり、複数の解釈を与えたりすることは、その考えを脆弱にし、読者の気を散らすだけなのだ。

取っ散らかった文章、とりとめのない逸話が続くとはいえ、ヒトラーの本は彼の将来の行動のはっきりとした手がかりを提供している。何十年にもわたって、戦後の批評家はこの本を「下劣な戯言」[17]、「陳腐さのカオス」[18]、自らのライフストーリーの「薄っぺらい得意げな記述」[19]と片づけてきた。こうした指摘はたしかにそのとおりだが、ばらばらの断片をひとつにまとめようとしてみれば、この本が提示している世界観はその後に起こるすべてのことに意味と解釈を与えていると分かる。「アドルフ・ヒトラーのように、権力を取ったあとに行うことを、権力を取る前にこれほど正確に記した支配者というのは――たとえいたとしても――歴史上珍しい」と、歴史家のエバーハルト・イエッケルは書いている。[20]四ヵ月のあいだに――演説の四年間と、公判での長い陳述を活かしながら――ヒトラーは多少なりとも構造と論理がある政治信条をおおむね構築することができた。しかしながら、これがどこまで直接的にアウシュヴィッツにつながったかは、歴史家のあいだで盛んに議論されているところである。*

ヒトラーの知的出発点は黙示録的だった。西洋文明、特にドイツは転落に直面していると、彼は考えていた。オスヴァルト・シュペングラーの一九一八年の大ベストセラー『西洋の没落』の悲観論が生み出した雰囲気の中で、歴史家のフリッツ・スターンが当時の支配的なムードを評して言ったところの「文化的絶望の政治」を行っていた。この不安定な政治情勢は、東の共産主義と西の資本主義のあいだに新たな呼び名――「第三帝国」――のドイツの「特別な道」を築こうという、アルトゥール・メラー・ファン・デン・ブルックの考えに煽られており、ヒトラーの不吉な予言と救済案にとっては理想的だった。彼は即座の「絶望からユートピアへの飛躍」を提案したと、スターンは書いている[21]。このヒトラーのビジョンでは、急進的な手段だけが崩壊を止められるのだった。第一次世界大戦はヨーロッパをよろめかせ、既存の秩序全体が唯一の勝者――マルクス主義――に脅かされる事態を生んだ。ロシア革命は残忍な腐敗であることを自らさらし、世界革命を宣言した。ドイツはその次なる標的だった。レーニンもトロッキーも大っぴらにそう語っていた。トロッキーは、「ドイツでの革命の勝利がなければ、われわれは滅びる運命となる」と、レーニンが一九一八年に言ったことを引用していた[22]。このマルクス主義者の脅威は、「ユダヤ人作家と株式市場の盗人の集まり」であるボリシェヴィキにコントロールされていると、ヒトラーは『わが闘争』に書いた[23]。マルクス主義者のウィルスは、最大政党の社会民主党という形で、そして共産党（はるかに小規模だが、それでも国政選挙で十パーセントの票を獲得できる）を通して、すでにドイツに侵入している。敵は門の内側にいる。

これらの破壊分子に対する唯一の解毒剤は、ヒトラーの見解と本の中では、民族――団結した、純血の、戦う用意のできた民族――だった。戦いは、要するに、浄化、成長、生存のための自然の命令だった。「闘争は常に、種の健全性と抵抗力を高めるための手段であり、それゆえ、より高

＊　意図派と呼ばれる人々は、ヒトラーはホロコーストを予告し、直接それを指図したのだと論じている――トップダウン理論である。一方、機能派と呼ばれる人々は、地方の役人や小規模部隊の司令官などの下のレベルで殺人が始まり、そこから大量虐殺に発展していったのだと主張している――ボトムアップ理論である。今日では、イデオロギーが行動を駆り立てた、『わが闘争』は青写真だった、という見方が強まっている。

度な発展の要因になる」と、『わが闘争』に書いている。[24] 民族の強さは人種という概念にある。外的要素に卑しめられていない純粋な人種だけが、戦い、勝つことができる。そのため、人々は民族（人種）意識を高め、不純な要素、すなわちユダヤ人を駆逐しなければならない。ユダヤ人はどんなにがんばってもドイツ人に（あるいはいかなる国民にも）なれないと、ヒトラーは言い張った。自分たちは「宗教共同体」に過ぎないというユダヤ人の言い分は、ヒトラーによれば「第一の大嘘」だった。彼らは、そうではなく、独立した人種なのであり、それがくつがえされることはない――地理（何世代にもわたってドイツに住んでいる）によっても、言語（ドイツ語だけを話す）によっても、さらには宗教（キリスト教に改宗）によっても。人種として、ユダヤ人は常にユダヤ人である（そしてドイツ人は常にドイツ人である）。そして、ユダヤ人と戦うことは、ヒトラーにとって、まぎれもない召命だった。「ユダヤ人に抵抗することで、私は主《しゅ》の働きをしているのだ」と彼は書いている。[25]

『わが闘争』のこうした理論の多くは、科学の単純な解釈に基づいていた――ヒトラーは人種を動物の種やその交尾習性と同一視していた。彼はまた、もっともらしい人種のカテゴリーを作った。「文化創造種」（アーリア人）、「文化追従種」（日本人）、「文化破壊種」（ユダヤ人）というように。この類型論は都合のいい序列法であり、科学的基盤はないが、大衆にとっては説得力のある疑似科学だった。さらに、このヒトラーの基本的な世界観は、政治において、三つの大きな企てを正当化することにつながる。西方との戦争、ロシアとの戦争、そしてホロコーストである。彼は最後の最後までこの考えにこだわった。

この世界観に信用性を持たせるため、ヒトラーはこれをマルクス主義のイデオロギー的対極とし、マルクスの世界観と同じくらい複雑で詳細なものにしなければいけないと感じていたと、ツェーンプフェニヒは書いている。たとえば、人は自らのために自然を克服できるというマルクスの主張に対して、ヒトラーは自然法の力を説き、それは必然的に人種の分類を決め、ひいては人種戦争につながるのだと言った。恒久の平和というマルクス主義の目標に対して、国家社会主義は永遠の闘争を求めた。マルクス主義は階級闘争の概念に基づいているが、ヒトラー主義は一致団結した「民族共同体」を通して階級区分をなくす。マルクス主義者は共同体を離れて私有財産を築くことを原罪と考えるが、ヒトラーは自然に定められている人種分類から離れることを、人種の混合や退化につながる原罪だとみなす。マルクス主義は経済決定論を唱えるが、『わが闘争』は〈der Wille〉――人間の意志力――を決定的な力とする。[26]

この考えの渦に勢いづけられ、ヒトラーは要塞棟二階の比較的静かな空間で長い隠遁生活に突入した。心地良い夏がやってきたが、庭に出たり、ほかの囚人と過ごしたりすることは少なくなった。夕食後の草稿の読み聞かせもやめた。クリーベルとヴェーバーは不満を言ったが、ヒトラーは「前の章とのつながりが崩れてしまったのだ」と弁解した。ヘスはこれよりも現実的な説明をした。「たんに夜に読む気がしないということだ。九時には床に就きたいし、読んでいたら数時間寝られなくなってしまう」[27]

言い伝えに反し、ヘスは口述筆記をしていない。ヒトラーが自ら「二本の指で」小さなタイプライターを叩いて書いたのだと、イルゼ・プレール・ヘスはのちに言っている（彼女はヘスと結婚した）[28]。とはいえ、お茶運び、相談役としてヘスがいたことは、ヒトラーにとって大きなプラスだった。ヒトラーが考えを進めていく中で、ヘスはその最初の読み手、そしてより多くの場合、最初の聞き手になった。ヒトラーはいつも話すように書いていたため、熱心なヘスに読み聞かせ、それを自ら聞くという作業が有益だったようである。彼の本を批判する人が指摘しているとおり、優雅な文章にはならなかったかもしれないが、その代わりにリズム、バランス、視野が与えられることになった。そしてそれは長期的な視野だった。レミントンの小型タイプライターを使い、ヒトラーはページを量産していた。演説のとき、彼はいつも冗漫でありながら、大聴衆を並外れて長い時間引きつけられた。同じやり方を文章にも適用できると思ったに違いない。人々はヒトラーをたっぷり味わってくれるだろうと、彼は考えた。

夕食後の集まりでの読み聞かせをやめた一方で、ヘスへの読み聞かせは多くなっていた。「彼は章をひとつ書き終えると、真っ先に僕のところに来る」とヘスは書いている。アッパーブルジョワ階級の出身で、比較的教養のあったヘスは、ヒトラーが望みうる最高の伝記作家《ボズウェル》だった。細身、やや長身、ウェーブした黒髪、深くくぼんだ目の彼は、ハンサムであると同時に思慮深げだった。一部の人たちに言わせれば、奇妙なほどに静かで、異常なほどにきっちりしており、ヒトラーのまわりのポジションを油断なく守っていた。彼は私的にヒトラーと〈Du〉——親しい間柄で使う二人称代名詞で、当時は家族、子供、親友のあいだだけで用いられていた——と呼び合う数少ない側近の一人だった。[29] ヒトラーの近衛兵として、詮索好きな者たちを追い払うのに貢献していたが、その役割はその後も高まる一方で、一九三三年にはナチ党副総統、ヒトラーの右腕となる。自ら任じた刑務所での役割は、当然ながら、彼のことを神経症で他人行儀だと考えるほかの囚人たちとのあいだに摩擦を生んだ。ハンフシュテングルは、ランツベルクを訪れたときのことをこう書いている。ヘスは「私がヒトラーと話しているあいだ、しぶしぶそばを離れた。……ヒトラーが自分以外の視線にさらされるのが我慢ならず、いつも注意をそらそうとしていた」[30]

ヒトラー信者のヘスは、その草稿に心を奪われることがあった。あるときの読み聞かせのあと、彼はプレールに手紙を書いた。「論理、勢い、多彩で美しい言葉」に感動し、「最後に緊張が解かれると、大きく息を吐かなければならなかった、彼の最高の演説のあとのように」。ヒトラーはお馴染みの熱烈なパフォーマンスで言葉の効果を高めていたようだ。「絶え間ない顔の表情と手振りによって強調される」とヘスは書いているが、彼はそのような言葉の芝居をヒトラーの魅力のひとつだと考えていた。「何をしようと、何を言おうと、彼はいつも完全に彼自身なのだ――それを免れることはできない！」ヒトラーも自分自身にすっかり満足しており、「少年のような笑顔を見せて、［ヘスの］部屋の籐椅子に座っていた」。ヘスはそれを、「冷酷かつ成熟した優越感と自由な子供っぽさの」奇妙な「混合」だと言った。[31]

ヒトラーの文章は、第一次世界大戦が彼の人生において果たした劇的な役割を映し出している。彼の感情のコアは、まだかなりの程度まで、第一次世界大戦の残酷で幻滅的な体験に依拠していた。彼と取り巻きの多く――特に刑務所にいた者――は、結局のところ、負けた戦争の負けた兵士だった。厳しい前線経験によって結び付いていた彼らは、左翼の売国奴が軍部に背後の一突きをしたという考えから政治的エネルギーを得ていた。実戦で鍛えられていた彼らの政治には、軍国主義的、暴力的傾向があった。第一次世界大戦に大きな影響を受けたヒトラーにとって、公の舞台での基礎的経験は戦争だった。これがのちの彼の政治観を養ったのだろう。政治とは戦争の場であり、歩み寄りや議会での議論などは愚かだと考えるようになる。[32]

ヒトラーにとって、政治とはほかの手段による戦争の延長だった。闘争や衝突は自然な状態であり、特別ではなかった。「人は永遠の闘争で成長してきたのであり、永遠の平和では落ちぶれてしまう」と、『わが闘争』に書いている[33]。また、ドイツ国民に望むことがあるとしたら、「十五年か二十年ごとに戦争を経験」することだと、のちに言っている[34]。

本を書き進める中で、彼は戦場での経験をたびたび蘇らせた。戦いの激しさを思い起こし、一九一四年に勇ましく戦場に向かったことを鮮やかに回想した。草稿をヘスに読み聞かせながら、戦争の初めの高揚感あふれる日々に多くのドイツ兵が経験した幸福感を呼び起こした。ヒトラーの場合、戦争への道は、バイエルン予備歩兵第十六連隊を乗せた列車の中だった。ライン川に沿って西へ向かい、すでに血に染まったフランドルの戦地に向かうところだった。彼はこの章を一度書いたあと、すべて書き直し、ヘスに聞いてほしいと言った。ヘスはそのときのことをプレールに宛てた手紙に書いている。

彼が話すのは……ライン川沿いの旅……若い志願兵でいっぱいの列車が、淡い霧の中、太陽に照らされたニーダーヴァルトのドイツ帝国記念碑を通過し、男たちが「ラインの守り」を歌い始める――それからまもなく、最初の死の歓迎。若いドイツ人の連隊は次から次へと突撃していく。ふと、遠くの右側面から、「ドイツよ、ドイツよ、すべてのものの上にあれ」が聞こえてきて、それはどんどん力強くなる。歌う人はどんどん増えていき、ついには戦線全体が声を張り上げるようになる。しかし、最初の散弾が男たちのあいだを抜けていき、ドイツの花をなぎ倒す。それでも、歌はやまない。若い兵士たちは戦い方はよく知らなかったかもしれないが、死に方はたしかに知っていた。護民官［ヘスはヒトラーをこう呼んでいた］は、それまでよりもゆっくり、途切れ途切れに読むようになっていた。……中断がどんどん長くなり、ついには紙を下ろし、頭を抱えて泣きじゃくった――

「言うまでもないだろうが、僕もそのとき平静を失った！」とヘスは書いた[35]。

ヘスの手紙とほぼ同じ言葉とトーンで、同じように感情的に、この話は『わが闘争』にも書かれている。元兵士は、お涙ちょうだいになるリスクをいとわなかったようだ。それよりも読者の琴線に触れる話をすることが重要だと考えていた。そのためには真実を抹殺しても問題ではなかった――この話は九日間にわたって起きた出来事の組み合わせであり、実際には「ドイツよ、ドイツよ、すべてのものの上にあれ」の合唱はなかった[36]。またヒトラーは、徐々に自伝色が濃くなっていた草稿のこの部分で、赤裸々になることも恐れなかった。戦場の場面のすぐあとに、負傷と死の恐怖で前線に伝令に行く意志がほとんど砕けたと認めている。ヘスによれば、「臆病だった」と白状したという。「率直に恥じることなく言うが、私は一部の人々よりも繊細な神経を持っているのだ」。しかしこの極端な男は、弱さを見せたと思えば急に残忍にもなる。そのときのヘスとの会話の中で、彼は突然、戦傷と「銃後の反逆」について辛辣に語り始めた。そしてこう毒づいた。「よし、態勢が整った最初の日に、容赦のない恐ろしい復讐をしてやろう*」

ヒトラーは、ヘスの絶えることのなさそうな辛抱強さを利用し、興味のあるさまざまな話題について漫然と話すこともあった――車、道路建設、連棟住宅の大量建設、高層ビルの技術、さらには軍艦の装甲、元ドイツ海軍司令官アルフレート・フォン・ティルピッツ元帥の第一次世界大戦での失敗。「彼がこのようなことを詳しく勉強していることが分かるだろう」とヘスは書いているが、[37]彼はヒトラーにこれから新たな政治人生が訪れると確信していた。「僕が確信するようになったのは、彼の豊かな頭脳に毎日接しているからだ」とヘスはプレールに言った。[38]

ヒトラーの集中を妨げたのは、ひっきりなしに訪れる面会者（四月は百五十人、五月は百五十四人、六月は九十四人）、支持者からの贈り物、そしてもちろん、特殊な収監の仲間たち、慰めをもたらしてくれる人たちだった。ヒトラーに援助の手を差し伸べた人物の中に、義兄のレオ・ラウバルと、その美しい娘のゲリがいた。十六歳のゲリは、ヒトラーの異母姉アンゲラの娘であり、彼の姪にあたった。しかし、彼女が七月にやってきたとき、ヘムリヒはヒトラーが彼女の口に「熱く」キスするのを見たと言っている――彼が少しでも誘惑した女性は彼女だけだったと、ヘムリヒは書いている。[39]のちにヒトラーはゲリと恋愛関係にあると言われるようになるが、彼女は不可解な状況下で死亡した。一緒に住んでいたヒトラーのアパートで、彼の拳銃が使われており、その死は自殺だとされた。

知的な面で、ヘスは忠実な従者以上の役割を果たすことがあった。彼はハウスホーファーの熱心な門下生だった。風変わりな元バイエルン陸軍将軍のハウスホーファーは、ミュンヘン大学の教授として、ほとんど誰にも理解できない複雑なナショナリズムと地政学の理論を構築していた――「単純な地理学に、政治的神秘主義をまとわせている」と、あるアメリカの地理学教授は言った。[40]しかし、ハウスホーファーの最もシンプルでよく知られた概念は、彼の理論の核となるもので、理解しやすかった。〈Lebensraum〉、「生存圏」である。これは彼よりも前にドイツの政治地理学者フリードリヒ・ラッツェルが使っていた言葉で、十九世紀の理論家たちがあれこれ議論していたが、まだ一般に広まってはいなかった。

ヒトラーは何年にもわたり、ドイツの未来の生存のためには「土地と土壌」が必要だという考えを喧伝していた。その思想は、一九二〇年のホフブロイハウスでの初めての演説で発表した、ほとんど注目されていないナチ党の二十五ヵ条綱領にも表れていた。ドイツの新たな地理的獲得がほぼ間違いなく「ロシアの犠牲のもとに」なされるというのは、まもなく『わが闘争』に書かれることであり、決して秘密の事柄ではなかった。〈Drang nach Osten〉――東方への衝動――という考えは、ドイツで昔から繰り返し言われていたことで、ドイツ騎士団による六百年前の歴史的なドイツ拡大のノスタルジックな復興という面もあった。しかしヒトラーは、「生存圏」ほど明快でシンプルな概念を持っていなかった。

彼はヘスを通してハウスホーファーと会ったことがあったが、彼らは決してお互いを信頼しなかった。十代のころに正式な教育を拒絶し、苦労の日々と数年の戦場経験には「大学教育三十年分の価値があった[41]」と考えていたヒトラーは、「大学の牧師」（彼は大学教授をそう呼んだ）たちへの軽蔑心を隠さなかった。一方ハウスホーファーは、ヒトラーを「ろくに教育を受けていない者」と考え、直接の関わりを持ちたがらなかった。「彼［ハウスホーファー］は護民官を嫌っていると思

＊　恐ろしい復讐は、一九三四年六月三十日に起きた。ヒトラーはレームがプッチを企てているという噂を口実に、敵とされる百人以上の人物の大虐殺を行った。元首相のクルト・フォン・シュライヒャー将軍、グスタフ・フォン・カール、そしてレームらが「長いナイフの夜」に冷酷に殺された。

う」と、ヘスはプレールに書いたことがあった[42]。ヘスがランツベルクで二人を引き合わせたときも、短時間会っただけで、常にヘスが一緒だった[43]。しかしながらハウスホーファーは、第三帝国と第二次世界大戦の時代に、ヒトラーの拡張政策に科学的正当性を与えることになる（戦後、彼は重要戦犯として訴追されそうになり、のちに自殺した）。

一九二四年七月初め、ハウスホーファーの興味深い言葉――「生存圏」――は、突如としてランツベルクで盛んに話題になったが、完全には理解されていなかった。ヒトラーの仲間内では激論が起こった。「庭にいたとき、クリーベルとほか数人が、地政学の生存圏のことで僕をからかった」とヘスはプレールに書いている。「僕は『生存圏は地球とその全生命体、その影響に関する理論で、おおむね明確に定義されている』と言った。でもクリーベルは、俺は馬鹿だから分からないと言う。……将軍［ハウスホーファー］が火曜日にここに来たから、僕らのためにもっと明確な定義を書いてほしいと頼んだ[44]」。そうしてハウスホーファーが書いたものは、ヘスの手紙によれば、ヘスが言ったこととほぼ同じだったが、より分かりにくい言葉で飾られていた。

しかしそれは問題ではなかった。重要なのは、ヘスを通して、「生存圏」という言葉がスローガン好きなヒトラーの頭に入り、そこでフラッシュのように発光したことだった。この唯一無二の単語は、ドイツの人口過剰、ドイツの拡張、ロシアの土地について彼が考えていたことのすべてを包み込んでいた。この言葉はプロパガンディストの夢だった。建設的で、明快で、自明で、目標指向で、未来を向いていた――ぱっとしない「土地と土壌」（Grund und Boden）という言葉よりもはるかに魅力的だった。人口過多のドイツで、いま以上の「生存圏」を望まない人がいるだろうか？　それにこの言葉は、未来の所有地を直接的に呼ぶ――征服対象――よりもはるかに良かった。軍事侵略はいまや自然の摂理となり、ヒトラーは自身の基本理念のひとつに輝かしい新たな名前を手に入れたのだ。

ヒトラーはすぐに「生存圏」という言葉を使い始めた。七月、「ミュンヘン」という章の草稿を書いていた彼は、純人口が年に九十万人ずつ増えていると言われる中での土地不足の問題に対し、ドイツが外交政策として取りうる「四つの道」を示した。そして、第一次世界大戦前のドイツの植民地政策がどうあるべきだったかという仮定的な議論をすることで自らの意図はヴェールに包みながらも、多くの演説や以前の雑誌記事でほのめかしてきたのと同じ解決策をはっきりと掲げた。東方での大規模な土地収奪ということである。人口密度の低いロシア西部だけでもかなりの土地が得られると彼は主張した（ロシアの一人当たりの土地はドイツの十八倍だと断言した）[45]。その地域をのちにナチスは〈Raum ohne Volk〉、「民なき土地」と呼ぶ。これはいかがわしい主張だが、コインの反対側――ドイツ人は〈Volk ohne Raum〉、「土地なき民」であるという考え――と完全なペアになっていた。こうして、「生存圏」はドイツ人のためにあるという明快な解決策が導かれたのである。これは、いかにもヒトラーらしい、理論に合わせるための事実の単純化だった。しかしやがて現実になってしまう。のちにドイツはロシア国境とウラル山脈のあいだの広大な半無人地帯を征服し、ドイツの農民を定住させるのである。望みを失った不幸なロシア人――自分たちの土地を生産力の高い現代的な農地にできなかった――は落ちぶれるか死ぬかで、新たな支配民族（Herrenvolk）であるドイツ人の無慈悲な支配者によって、農奴にさせられるか、滅ぼされることになる。

こうして「生存圏」はヒトラーの本の強力な新概念となり、やがてナチスの領土の野望、戦争正当化の柱となった。ヘスとハウスホーファーのおかげで、ヒトラーはいまや科学風で建設的な理解しやすい言葉を手に入れ、拡張主義理論の蓄えを増やしていた。十八ページの概要や執筆済みの部分にはなかった「生存圏」という言葉が、七月以降、原稿に急に何度も現れるようになった。[46]これは、『わが闘争』の執筆と、ヒトラーの将来的な政策の構想における転換点となった。

「生存圏」という原理は、ヒトラーの理論の手ごろな支えにもなった。「生存圏」のない民族は真の「文化創造種」(ヒトラーは自分が認める民族をそう呼んだ)ではないというわけである。アーリア人、特にドイツ人は、もちろん文化創造種だった。ユダヤ人は、もちろん違った。彼らは「他民族の体に宿る」寄生虫だった。彼らの問題は「生存圏」を持たないことにもあると、ヒトラーは言った。ユダヤ人は自分たちの国を持ったことがなく、「いつも［自分たちの］人種のための新たな食糧を探している」放浪の一団なのだと、歴史的事実を無視して言い放ちもした。[47]ユダヤ人は、定住するとき、国家の中に国家を作る。彼らはどこにでも住むから、明確に定義される「生存圏」をどこにも持たない。遊牧民でさえ「はっきり境界の定まった『生存圏』を持ち、家畜とともにそこを耕している。定住農民とは方法が違うだけだ」とヒトラーは著書に書き、アーリア人も「始まりは遊牧民だっただろう」と述べた。[48]

八月に入り、ヒトラーは執筆マラソンの真っ只中にいた。邪魔をされないよう、「フェルキッシャー・クーリアー」に新たな声明を送った。「レヒ川畔ランツベルクの私のもとを訪れるのは控えてほしいと嘆願したにもかかわらず、いまも多くの外部訪問者がやってくる。……もう一度強調しなければならないが、前もって認められた訪問者以外は受け入れないつもりである」[49]。モーリスは関係者に書簡を送り、ヒトラーが手紙に返事を出さないのを了解するよう求めた。「途方もない仕事の山」を抱えているのだと説明した。[50] 八月初旬、ヘスはこう書いた。「護民官は来週までに本を終わらせようと思っている――僕はそれは無理だと思う」[51]。二週間後、フォプケ――ヒトラーと北ドイツナチスの仲介役、「陸軍元帥の丘」と歩兵たちの橋渡し役となっていた――は、故郷シュテティーンの友人に宛てた手紙にこう書いた。「いまHをつかまえて話をするのは難しい。ノンストップで本に取り組んでいて、邪魔されたくないんだ[52]」

とはいえ、この八月の執筆ラッシュのあいだに、ヒトラーは時間を見つけ、ちょうど書いていたのであろう重要なトピックについてフォプケと細かく話し合っている。[53]「プログラマティスト」（Programmatiker）と「政治家」（Politiker）の融合という話である。これは、理論家（または政治哲学者）と実際的政治家と言ったほうがいいかもしれない。おおよそ自明の言葉だが、例によってヒトラーは数ページを費やして説明を加えている。「理論家は運動の目標を定め、政治家はそれを実行に移すものである。……一方は永遠の真実に導かれ、他方は目下の実際的な現実に導かれる」。その理論家は「好奇心のある人間の北極星」になるべきだと、ヒトラーは力説している。[54] そして、そのような偉人の例として、フリードリヒ大王、マルティン・ルター、リヒャルト・ワーグナー、「宗教の創始者」（キリストやムハンマドを含みうる）に言及している。はっきりと言ってはいないが、当然、ヒトラーは自分をその仲間に入れようとしていた。

さらに言うと、ヒトラーは自分が世に出ることを千年王国の到来のように考えていた。「人類の歴史の中でごく稀に」と、彼は書いている。「実際的政治家と政治哲学者がひとつであることがある。その結合が深いほど、政治的難事は大きい。そのような男は狭量な人間の目にも明らかな要求を満たすために骨折ったりはしない。わずかな者にしか見えない目標に手を伸ばすのである」。そのような瞬間がいま訪れたのだと、ヒトラーは示唆した。

フォプケは知る由もなかった――ヒトラーでさえ八月半ばの時点では分かっていなかったかもしれない――が、『わが闘争』の中でも特に意味深い部分がこのとき書かれ、議論されたのである。急速に高まっていた「自己信仰」、召命の感覚、強固になりつつあった絶対性を、これほど露骨に示しているところはほかにない。彼は自分の政治家としての才能は明らかだと考えていた。自分のように実際的才能と哲学的才能を兼ね備えている者はほかにいないのだと。

一九二四年の中で、ヒトラーを作ったと言えるひと月、決定的な軸となる局面、明確な瞬間があったとしたら、このときである。この時点でヒトラーは、彼自身の言葉を借りれば、「今後われわれは絶対に何にも揺るがされないという、怖いもの知らずの信念、楽観主義と自信を得た」[55]。

哲学政治家――現代の「哲学王」――のマントをまとうことで、ヒトラーは築き上げていた心理的なアーチに要石をはめ込んだ。彼の英雄の一人であるナポレオンが一八〇四年に自ら皇帝の冠をかぶったように、ヒトラーは自らを同時代の偉人として聖別したと言える。いまや剣を肩に当て、誰もが認める運動の指導者になることができるのだ――相談役の意見や抑止に縛られない独り舞台である。ここから指導者（Führer）神話という類を見ない非合議の独裁制が発展し、やがてヒトラーはドイツを支配し、滅ぼすことになる。

八月、ヒトラーは急いで本を完成させようとしていた。第十一章、人種とユダヤ人に関する長い論――「民族と人種」というタイトルが付けられた――は、違う時期に作られた三つの断片が組み合わされている可能性がある。[56]　たとえば、「ユダヤ人の道」に関する傲慢な解説はかつての演説にもあった――しかし、三つの基本的な段階（「宮廷ユダヤ人」、「大衆のユダヤ人」、「血のユダヤ人」）が十一段階に変わり、十八ページを占めるようになっていた。この章は『わが闘争』のきわめて重要な章であり、ヒトラーの人種理論の基礎を作り、最終的にホロコーストにつながったものである。歴史家のバイアールとプレッキンガーは、この章でヒトラーは壮大な言い逃れをやってのけようとしていると論じている。すでに過激な反セム主義に染まっていたヒトラーは、ここで手の込んだ人種理論をでっち上げ、その中に自らのユダヤ人への憎しみを埋め込もうとしていた。反セム主義が包括的理論より先にあったにもかかわらず、「彼は『わが闘争』の中でそれを逆に見せようとした」と、バイアールとプレッキンガーは書いている。[57]
「民族と人種」の中でヒトラーは、「強者は優位に立たなければならず、弱者と混ざってはならない」という信念をむき出しにしている。絶え間ない闘争こそ民族と人種の繁栄につながるという考えと併せ、戦争を正当化する根本的な理由、もみ殻から小麦を選り分ける再生と浄化の力を得た彼は、「生きたい者には戦わせろ。この永遠の闘争の世界で戦いたくない者は生きるに値しない」と書いている。[58]　そして、将来の排除的な優生学政策を暗示するようにこう付け加えている。「この世界において、優れた人種でない者はすべてもみ殻である」[59]
このような残酷な人種判断は『わが闘争』全体に見られ、さらにひどいものもある。この本の中の少なくとも六百の言葉、文、節が、ユダヤ人への憎しみに駆られている。[60]　しかしヒトラーは、ウィーンの章の中で、自分が反セム主義に達したのは長い「内面の闘争」を経たあとだとも言っている。そのことはヘスにも話しており、彼はそのときの会話のことをハウスホーファー教授に宛てている。

た手紙に書いている。「［ヒトラーが］ユダヤの問題について、激しい内面の戦いを経て現在の位置にたどり着いたとは知りませんでした。……彼は自分は正しいことをしているのだろうかという疑念を持ち続けており、いまでも少数の教養ある人の前で話すときは大衆の前で話すときとは違う表現をしていると言っています。大衆の前で話すときが最も過激になるのです」

この時点ではまだ、「少数の教養ある人の前で」反セムの主張を和らげる気があったかもしれないが、それはすぐに変わることになる。クーフレルというチェコのナチ党員は、数週間後にヒトラーと面会し、刑務所にいることや本を書いていることでユダヤの脅威との戦いに何らかの影響があったかと訊いた。「ああ、あった」とヒトラーは答えた。「実のところ、ユダヤ人との戦い方に関する考えが変わった。これまでは甘過ぎたようだ！」本に取り組む中で、将来的に「最も厳しい武器」はユダヤ人との戦いに使われなければならないと気づいた、なぜなら、「ユダヤは世界の悪疫だからだ！」と、彼は言った[61]。

激しやすい革命家から長期的展望を持った政治家への変化は進行中だった。春の時点で、面会に来たクルト・リュデッケ――ナチスの支持者で、世界中を回る資金調達者――にこう言っていた。「われわれは新たな行動方針を取らなければならない。……武力クーデターで権力を獲得しようとする代わりに、鼻をつまんで国会に入り、カトリックやマルキストの代議士と対峙しなければならないだろう。投票によって相手を負かすのは、武力で倒すよりも時間がかかるかもしれないが、少なくともその結果は相手自身の憲法によって保障される」[62]。リュデッケはヒトラーの方向転換を、「理想主義の真北《しんぽく》から現実主義の磁北」への転換と呼んだ[63]。その瞬間は「党にとってまさに転換点だった」と、リュデッケは一九三八年に書いている。[64]

これはヒトラーの取り巻きの一部にとっては不愉快な転換だった。ヒトラーはすぐにフォプケと話し、「いまも選挙への参加には抗《あらが》っているが、経験から多くを学んだのだ」と言い聞かせた。[65] 律儀なフォプケは、この混乱した曖昧な言い分を北ドイツナチスの関係者に伝えた。秋になると、ヒトラーはあからさまになり、『わが闘争』第一巻の終盤に新たな金言を書いた。議会はひどい代物だが、われわれはそこに加わり、それを滅ぼさなければならない、と。「われわれの運動は反議会主義であり、議会制度への参加も、それを滅ぼすという目的を果たすためでしかない」[66]。一九三〇年代、彼はその言葉どおりに行動する。

『わが闘争』の第一巻を完成させると、ヒトラーの自信は一気に高まった。彼は、「シンプルな表現」によって「下層民」と知識階級のどちらも感化することができる、巧みなプロパガンディストの力を称揚した。「千人の演説家の中でも一人しかいないのではないか。鍵屋と大学教授に同時に話をし……そのどちらからも拍手喝采の嵐を集められる者は[67]」。これが誰のことを言っているかは明らかだ。

自分はドイツを取り戻すことができる唯一の人間だという考えは魅惑的だった――少なくともランツベルク刑務所においては。男たちは、若者を含め、ヒトラーが会食や庭の散歩に加わったとき、その説得力に引き込まれた。「信じられないだろう、アドルフ・ヒトラーからどれだけ大きな力と刺激的な情熱が発せられていたか、そして僕らがどれだけ彼に熱烈な愛と敬意を抱いていたか」と、受刑者のパウル・ヒルシュベルクは、二十三歳の誕生日にヒトラーと二時間ほどお茶を飲みながら談笑したあとに書いている[68]。プッチのかなり前からヒトラーの側近だったヘスでさえ、「本当に彼のことを知ったのはここ」、刑務所でだったと言っている。「いまでは、ドイツの『来たるべき男』と並んで歩いているのだという特別な感覚がある[69]」。もちろん、ヒトラーの救世主《メサイア》的振る舞いと若者たちへの影響を素晴らしいことだと考える人ばかりではなかった。受刑者のハンス・クルーガーは父親から手紙をもらい、ヒトラーの教えに注意するよう言われた。「物事が違って見えるだろう、そこから出て、ほかの人たちの話を聞けるようになれば。裁判所がお前たちをヒトラーのような男と一緒に投獄したのは信じられない。彼はどこかに独りで閉じ込められるべきだ[70]」

八月の終わりになると、ヒトラーは執筆の最終段階に入ったと考えていた。「校正を手伝ってほしいと正式に頼まれた」と、ヘスはその月の初めに書いている[71]。自分の名前が載る本のデザインのことで色めき立ってきたヒトラーは、ヘスにページを金縁にしようと言い、背の革のサンプルと表紙の色をチェックしてほしいとも頼んだ。ヒトラーの目には完成品が映っていた。

九月初め、彼は一ヵ月先を見ていた。十月一日に仮釈放の資格が得られる。彼は釈放を望んでいたが、厄介な法律問題、特にオーストリア追放の危険性について悩んでいた。本については、即座に出版したかった。すぐに金が必要になることは分かっていたが、それは弁護士のためだけではなかった。彼はすでに別のあるものに気持ちが向いていた。

第十二章　二度目のチャンス

「ヒトラーは、フェルキッシュ運動の魂として、国外追放されなくてはならない」

——ミュンヘン市副警察長

アドルフ・ヒトラーに世俗的快楽への偏愛が——オーストリア人らしい甘党ということ以外に——あったとしたら、それは高級車好きということだった。政治の世界に足を踏み入れたばかりのころから、彼は上等な自動車が欲しくてたまらなかった。それに乗ってミュンヘンを回り、不足していた心の慰めと名声を同時に得たいと思っていた。ヘッドライトが突き出た、折り畳み式ほろ屋根付きの、新しいばかでかいマシンを持つことが、重要なステータスだったのである。ときに時代に逆行するような政治をし、反モダニストの姿勢を取っていた——大都市の「金融暴政」を非難し、コンテンポラリーアートを嫌っていた——にもかかわらず、ナチスの指導者はハイテク狂で、豪華なツーリングカーの淀みなく動くメーターを愛していた。[1] この自動車熱は、壮大なアウトバーンの建設や、「国民車」フォルクスワーゲンへの関心にもつながることになる。

ヒトラーは運転はしなかった。習いはしたが、敵が交通事故を仕掛けてくるのを恐れ、その技術を実践することはなかったという。しかし車に乗るのは楽しく、お抱え運転手の運転で市内を回ったり、愛するアルプスに行ったりするのが大好きだった。彼は、自ら語っていることだが、面倒な同乗者で、しきりにスピードの上げ下げを命じ、しきりに運転技術の知識をひけらかした。特に好んだマシンは、カール・ベンツ（ベンツ）やゴットリープ・ダイムラー（メルセデス）などの起業家が製造する高い技術のものだった（一九二六年、ベンツとダイムラーは合併してメルセデス・ベンツを製造するようになる）。政治人生最大の夜——一九二三年のミュンヘン一揆の夜——ヒトラーは大きな赤いメルセデスでビュルガーブロイケラーに到着した。しかし、プッチが失敗し、医者の車でプッツィ・ハンフシュテングルの邸宅に行って以来、自動車の席に座ってすらいなかった——警察のヴァンを除いて。

一九二四年九月中旬、ヒトラーは依然としてランツベルク刑務所での生活を余儀なくされており、十月一日の仮釈放を期待していた。しかし、釈放されるかどうかはまったくもって不透明だった。刑務所に入れておけ、あるいは、オーストリアに追放しろ、という圧力が高まっていた。警察も検察もヒトラーの再犯の可能性をはっきりと認識しており、彼を街やビアホールから遠ざけたいと思っていた。そこでまもなく、仮釈放のチャンスを取り消す動きを起こそうとしていた。状況が不安定だと分かっていたヒトラーは、何ヵ月にもわたって、ライボルト所長や看守たちと良好な関係を念入りに維持し、完璧な「素行良好」の報告がなされることを期待していた。しかしながら、新しい車を渇望する気持ちが思わぬ過失をもたらし、期待と計画を狂わせかねない事態になる。

九月十二日の金曜日、ヒトラーはミュンヘンのベンツのディーラー、ヤコブ・ワーリンを刑務所に呼び出した。ワーリンの「ベンツ・ガレージ」（彼の代理店の呼び名）は、シェリング通りの「フェルキッシャー・ベオバハター」のオフィスに近い便利な場所にあった。ランツベルク刑務所の面会室でのヒトラーとワーリンの様子は、想像することしかできないが、上質紙を使ったベンツのパンフレットが広げられていたのだろう。それはまさに現代世界のどこのショールームでも見られる光景である――わずかな違いは、窓に格子があり、客に金がなかったということだ。ヒトラーにあったのは、本の原稿、溜まった期待、図太さだけだった。唯一の問題は四十馬力にするか五十馬力にするかだけだと、彼はワーリンに言った。そして、揺れ動きながらある決断をするが、それがまもなく彼を悩ませることになる。

　ワーリンが刑務所の敷地を出ないうちから、ヒトラーは彼宛ての手紙を打ち始めた――『わが闘争』を書いたタイプライターは、今度は高級車を安く買うための嘆願書を書いていた。ヒトラーは車のセールスマンと手紙で値切り交渉をしていたのである。ヒトラーの夢の車となっていたベンツは、二万六千マルクだった。[2] 彼はまず選択肢を検討した。「実際、十一／四十馬力は目下の私のニーズを満たすと思います。ひとつだけ気がかりなのは……十六／五十馬力よりも三百ｒｐｍ速いということです」。ヒトラーが懸念していたのは、パワーの低い車は熱くなりやすく、頻繁に買い替えが必要になるのではないかということだった。「二、三年に一度のペースで新車を買う余裕はないでしょう」と泣き言を言った。世界中の自動車購入者と同じように、彼も金が足りないと言って値引きを試みた。「十月一日に釈放されたとしても、作品［本］で大きな収入が得られるのは十二月中旬以降となる見込みです。ローンかアドバンスをどこかで申し込まなければならなくなります。そのため、数千マルクは大きな違いなのです。しかも、裁判費用も払わなければなりませんが、その額にはすでにぎょっとしています。……値引きが可能かどうか問い合わせていただければありがたく存じます」

ヒトラーはワーリンに上層部に行ってほしかった――ライン川沿いの工業都市マンハイムのベンツ本社に。ワーリンが月曜日にそこに電話するか訪問する予定であることをヒトラーは知っていた。有名なナチスの指導者ヒトラーへの割引が認められるか否かは、本社にかかっていた。彼はその月曜日の会議の前に嘆願書をワーリンの手に届けたかった。そして、車を手に入れたいと狂ったように急ぐ中で、急場しのぎの方法を取った。面会に来たヴォルフラム・クリーベル（クリーベル中佐の若い息子）に手紙を渡したのである。月曜日にミュンヘンで郵送すれば、その日のうちにワーリンのもとに届くことになる。

それは向こう見ずな過ちだった。刑務所を出ていく面会者に手紙を渡すのは、刑務所に出入りするすべての手紙は調べられなければならないという検閲規定に露骨に違反していた（ヒトラーへの手紙の多くは検閲官に没収されており、その中には、「ムショのかんぬきを壊してやろう」などという詩が含まれたものもあった）。規定を破ったことで、ヒトラーは一年の模範的行動、数ヵ月の熱心な執筆作業を台無しにしようとしていた。ランツベルク刑務所での満期五年の服役を余儀なくされれば、政治勢力としてのヒトラーは消え去り、過去の人になってしまう。世界大戦の惨禍から抜け出そうとしていた国に発作的に現れた過激派として記憶されるだけになってしまう。それに、刑務所の外のナチ運動はすでに自己破壊を起こしていたため、ヒトラーの不在が続けば、インフレが収まり、政治基盤を見つけ始めていたドイツにおいて、党員たちはほぼ間違いなく通行人のような存在になってしまう。

最初、ヒトラーの手紙はレーダーに引っかからなかった。手紙が郵送されたまさにその日――九月十五日――ライボルト所長は花形受刑者の服役状況に関する報告書をバイエルン裁判所に送っていた。「彼は秩序と規律の男」で、「施設の規則を厳守しようと最大限の努力をしている」と、ライボルトは書いた。以前のハンガーストライキと怒鳴り合いをふまえ、「間違いなく以前よりも分別があり落ち着いている」とも書いた。それだけではない。釈放されれば大人しく振る舞うだろうとも記していた。その理由は、「一九二三年十一月に計画を挫《くじ》いた反対陣営の役人に報復するという考えがない」ということだった。ヒトラーの刑務所長との何ヵ月もの直接対話は、明らかに効果を発揮していた。ライボルトは、それまでにも多くの人がそうなったように、ヒトラーの力場《りきば》に引きずり込まれていた。

とはいえ、誰もがヒトラーの政治行動や政治目的に感銘を受けていたわけではなかった。刑務所の外では、仮釈放を阻もうという主張が声高になっていた。九月二十三日、ミュンヘン市副警察長が裁判所に痛烈な警告状を提出し、釈放されればヒトラーはすぐに以前のような悪さをするだろうと釘を刺した。彼が政治の場に戻れば、活動禁止中のナチ党やフェルキッシュ団体が低迷から救われる。「彼は国の内外の安全に対する永久の危険を体現している」と、その警告文には書かれていた。「釈放するという議論はあるべきではない」。不幸にも仮釈放となった場合、「ヒトラーは、フェルキッシュ運動の魂として、国外追放されなくてはならない」。

警察の報告書が提出されるとともに、ヒトラーの仮釈放がわずか一週間後に見込まれる中、その釈放を防ごうとする新たな一撃が加わった。それを放ったのは、ヒトラーを訴追したシュテングライン州検事である。彼はヒトラーだけでなくヴェーバーとクリーベルの仮釈放にも反対した。「被告人たちが犯罪の意思を捨てたという議論はありえない」と彼は書いた。そして、プッチのあいだの暴力、誘拐、窃盗に言及した。ヒトラーが政治指導者のオットー・バラーシュテットへの暴行で一九二二年に有罪になっていたことにも触れた。彼は禁錮三ヵ月の判決のうち一ヵ月服役しただけで仮釈放となっていたが、クーデターを試みたことで明らかにその執行猶予規定を破っていた。さらに、禁止された民兵を「フロントバン」という新たな名のもとに再建しようというレーム大尉の最近の企てにヒトラーが関わっているとも、検事は主張した。

　この集中攻撃のさなかに、シュテングラインはヒトラーの違法な手紙の持ち出しや、ヴェーバーとクリーベルの類似の行為について知った。彼は憤慨してライボルト所長に説明を求めた。ライボルトはすぐに調査を行い、報告書を作成した。それには、過去数ヵ月のクリーベルとヴェーバーによる違法な手紙の持ち出しと、ヒトラーによる一度きりの違反について書かれていた。だが、このような不穏な事態にもかかわらず、九月二十五日、裁判所は警察と検察の両方を無視し、ヒトラー、クリーベル、ヴェーバーの、十月一日付けでの仮釈放を認めた。

　シュテングラインの検事局はすぐさま仮釈放を阻む行動に出た。週末を費やして、検察官たちは――おそらくハンス・エーハルト副検事の主導で――裁判所に対する長い抗議文をまとめた。これは手紙の違法持ち出しの件（全部で九件）で始まっていたが、[3]レームのフロントバンへのヒトラーの密かな関与についても触れられていた。アパートで押収された文書によれば、レームは外的な政治活動において「アドルフ・ヒトラーから指示を受けて」動いており、ヒトラーは新組織の憲章の起草を手伝ったということだった。ライボルトも、自ら掘った穴から抜け出そうと必死になり、考えがぐらつき始めていた。「私たちの囚人が禁止されている組織を奨励しようとしていたということに関して、あらかじめ警察の疑念を知っていたならば、私たちははるかに厳しく手紙の取り締まりをしていただろう」と彼は述べた。[4] 結局、シュテングライン の抗議は意図したとおりの効果を上げた。ヒトラーの念願の十月一日の釈放はなくなり、バイエルン最高裁判所が検討に入ることになったのである。

一方、国外追放をめぐる話は深まりを見せていた。まず、バイエルンの使節がウィーンに行き、ヒトラーの本国送還への同意を求めた。しかし、オーストリアのイグナーツ・ザイペル首相は拒否した。そちらが無理やり国境から押し出したとしても、こちらとしてはヒトラーを受け入れるつもりはない、と。ヒトラーはドイツ軍で戦ったのだから、もはやオーストリア人ではないということだった。この主張は、法的には疑わしかったとはいえ、ヒトラー国外追放の望みを完全に消すことになった。抜け目ないオーストリア人はバイエルン人を出し抜き、送り返されることがないうちにヒトラーを出生地から追放したのである。その知らせがランツベルク刑務所に届くと、ヒトラーは「大喜びだった」と、ヘスは書いている。二人はその夜をグラス一杯のワインで祝った。

十月六日、バイエルン最高裁判所はシュテングラインの訴えを認めず、下級裁判所に差し戻した。警察と検察の厳しい（のちに正しいと分かる）警告をあっさりと退け、すでにヒトラー寄りの決定をしていた裁判所にボールを投げ返した。司法が次に動くまでにはあと二ヵ月あった。ヒトラーは一時的に宙ぶらりんの状態になった。

刑務所には憂鬱が広がっていた。早秋の雨と霧がランツベルクを覆い、監房と廊下は寒く、湿っぽく、すきま風が入るようになっていた。屋外の散歩や庭いじりはなくなり、荒くれ者たちの乱暴な心、一部の者の早期釈放の希望、聖なるナチスの使命の再建も消えた。若者を中心とした衝撃隊の隊員たちは、ついに現実に直面していた。ランツベルクには彼らを閉じ込めている壁とかんぬきがあり、いくらガチャガチャやってみてもそれを動かすことはできなかったのである。「灰色のメランコリー、神経を破壊するような退屈さ、単調な時間が襲いかかってきて、受刑者の心にのしかかった」と、カレンバッハは書いている。

ある種の「刑務所精神病」が流行り始めていたとも彼は言っている。「われわれは燃え尽きてからっぽだと感じ始めていた」。長い沈黙に陥る者もいた。やかましく議論したり、喧嘩に近いことをしたりして、ほかの囚人たちと隔てられる者もいた。看守のヘムリヒも、囚人たちのあいだの「あからさまな刺々しい静けさ」について書いている。受刑者のフォッシュ――これはカエルという意味であるため、彼のニックネームは「フレッシュル」や「フロッギー」だった――は、奇妙な振る舞いを見せ始め、夢中歩行をしたり、子供のようにバスタブで水をまき散らしたりした。彼は気が狂ったと思われた。

熱血な隊員たちでさえ、企て全体の目的に疑問を感じ始めていた。多くの者が実家から悪い知らせを受けていた。彼らの家族にしてみれば、一家の大黒柱が刑務所に行ってしまったのである。投獄された愚かな過激派という悪評に苦しむ場合もあった。一部の妻たちは、家政婦の仕事をして家計をやりくりしなければならなくなった。夫に会いにランツベルクに行くための列車代などまずなかった。ヒトラーの歩兵の何人かは、ある受刑者がランツベルク刑務所に着いた直後に書いたこのような気持ちを共有していたかもしれない。「『ヒトラーがこうした、ヒトラーがああした』、『俺は俺たちのためにこうした』、『俺はああした』――それがここの仲間の一部から一日中聞かされることだ。……反吐が出そうだ。……これを最後に政治にはいっさい関わらない。外で一日中『ハイル！』と叫んでいる連中は壁に頭をぶつけそうだが、知ったことじゃない。ここを出たら、俺はとにかく仕事、妻、家族だ」。偉大なる男その人への疑念を表明する者も出てきた。カレンバッハの話によれば、ある囚人はこう訴えた。「俺は何も疑っちゃいない。……けど、なあ、ボスだって間違うことがあるだろ？　その場合はどうするんだ？」この若者たちにとって、未来はどうしようもなく暗く不透明に見えた。

ヘスの手紙でさえ、もはやヒトラーをやたらと称賛したり、本の原稿の個人的な読み聞かせに言及したりしなくなっていた。二人のあいだに何か気まずい空気が生じていた。ヘスが書いていることによれば、ヒトラーとの「ひどい事態」がいっそう悪化したのは、次のような事実のためだった。「モーリスは当然ながらご主人様の味方をする。そして、W［ヴェーバー］とK［クリーベル］は問題を何も分かっていないが、だからといって『実践者』の擁護をやめたりはしない（彼は優れた設計者で建設者かもしれないが、技術についてはまったく何も知らない。それなのにそのことでいつも僕を責めるのだ）」。このようなきつい言葉を、最近までほかの誰よりヒトラーにへつらっていた男、そして第三帝国の時代にヒトラーの事実上のオルターエゴとなる男が放ったのである。何が二人のあいだに亀裂を生じさせたのかははっきりしていないが、束の間のことではなかったようである。ヘスはこう書いている。「僕たちのあいだはどんどん悪くなっていく」

仮釈放に関する次の司法行為を待つ一方で、ヒトラーは別の不確定要素にも直面していた。本の出版のことである。十月十六日までに、プッチで死んだ十六人の部下に捧げる献辞を書き、「署名」していた。全員の名前が記載され、その中には巻き添えを食らって死んだ唯一の見物人も含まれていた――彼は「殉教者」のリストに入れられ、ナチス支持者として歴史に残ることになった。献辞のページに署名したということは、約三百七十ページの原稿が完成したということであり、ヒトラーはすでに第二巻を計画していた。原稿の一部は発行人のマックス・アマンのもとに届いていた。しかしアマンは困っていた。金がなかったのである。

「必要な資金を集めるのは不可能に思えた」と、アマンはのちに書いている。[5] 書籍市場はハイパーインフレのあいだに崩壊しており、まだ完全に回復していなかった。しかも、政治的に偏向した出版業者、特に右翼系のそれは、商品をさばいたり宣伝したりするのに大規模集会に大きく依存していたが、プッチ以来、ナチスをはじめとするフェルキッシュ団体は禁止処分を受けており、大規模集会は開かれていなかった。「無数の出版社、多くの新聞社が廃業し、フェルキッシュ刊行物は立ち消えになった。そういった本が売れる集会がなかったからである」と、出版人のユリウス・レーマンは書いている。[6]

要塞棟の二階では、重苦しい秋からの唯一の救いとなるものが、またしてもヒトラーの気が利く天使、ヘレーネ・ベヒシュタインによってもたらされた。今回彼女が持ってきたのは蓄音機で、レコードも幅広く取り揃えられていたようだ。「何か穏やかな曲、それから目が覚める軍隊行進曲！」と、ヘスはプレールに宛てて書いている。「回る回るワルツ、心地良い声で歌われるシューベルトの『君はわが憩い』、リヒャルト・ワーグナーの『悩み』。目を閉じれば、数分間は自分がいる場所を忘れられる」[7]

ランツベルクの誰もが裁判所の仮釈放の決定を待ち望む中、刑務所での囚人たちの気楽な生活や違法な政治活動についての噂が、社会主義の「ミュンヘナー・ポスト」に漏れた。同紙は、「州立のランツベルク刑務所がナチスの無法者のまぎれもない政治拠点となっている」のは「恥ずべき状況」だとして、刑務所と所長を強く非難した。[8] 同紙の攻撃を受けて、ライボルトは自己防衛に走り、ヒトラーの素行をさらに称えるという行動に出た。検察のシュテングラインとエーハルトは直ちに新たな声明で反撃し、ヒトラーがディーラーのワーリンに宛てた違法な手紙を、「素行良好」というのがうわべだけのポーズであることの証拠として挙げた。それに対してライボルトは、あらためてヒトラーの「優れた自己統制と振る舞い」に太鼓判を押し、彼を「仲間の受刑者たちの模範」と呼んだ。[9]

それから、唐突に、ヒトラーの政治的違反と手紙の違法持ち出しの問題は払いのけられた。十二月十九日、バイエルン最高裁判所が最終決定を下し、ヒトラーは直ちに仮釈放されることになったのである。彼は政治人生に戻るフリーパスを手に入れた。裁判所の決定はシュテングライン州検事に伝わり、彼はその命令を実行しなければいけなかった。間違いなく大きな悔しさを感じながら、ランツベルクのライボルトに電報を送った。「最高裁判所は州検事の不服申し立てを退けた。……ヒトラーに……通知し、直ちに釈放することを求める」[10]

午後十時を迎えようというとき、ライボルトが要塞棟の七号室に現れた。ヒトラーはのちにこう振り返っている。「何度か探りを入れ、ためらいを見せたあと、彼は『あなたは自由だ！』と言った。私はほとんど信じられなかった」[11]。翌日の一九二四年十二月二十日、クリスマスの五日前に釈放されることになった。ヒトラーの刑務所での一年は終わった。

朝までに、釈放の話は要塞を駆け巡っていただけでなく、ミュンヘンの支持者にも届いていた。

ヒトラーが何かする間もなく、グレゴール・シュトラッサーとアントン・ドレクスラーが車で迎えにきた。午前半ばに到着した彼らは、面会室でヒトラーと会うと、真っすぐルーデンドルフのもとへ行って政治案件に関する話し合いをするという計画を告げた。ヒトラーはそれを受け流した。「彼には行く気はさらさらなかった」とヘスは手紙に書いている。「とても怒っていた！　まず何より休息を欲していたのだ」

憤慨しながらも、ヒトラーはほくそ笑んでいたに違いない。取り巻きたち、さらにはルーデンドルフのような指導者の地位を争う者までもが、帰還する英雄を真っ先に出迎えようとしていたのだから。「彼をめぐる争いは予想以上に早く始まっている」とヘスは書いている。[12]しかしヒトラーはそんなことを求めていなかった。ルーデンドルフについては、ヘスにこう言っていた。「可能であれば彼の名前をこの運動から消してしまいたい。彼がいることで私は労働者の支持が得にくくなるのだ[13]」

ヒトラーは、勝手に迎えにきたシュトラッサーとドレクスラーに身を委ねはせず、非政治的な友人のアドルフ・ミュラーを迎えに呼んだ。ミュラーは「フェルキッシャー・ベオバハター」を印刷している業者で、やはりシェリング通りに店を構えていた。ミュラーとともにもう一人男が来たが、それはいまでは好きなようにヒトラーのまわりにいられるようになったらしい写真家、ハインリヒ・ホフマンだった。かつてのヒトラーのボディーガードとの衝突は遠い記憶となり、瞬く間にボスのお抱え写真家となっていた。

正午、ヒトラーは仲間たちに別れを告げた。カレンバッハが書いているが、もちろん誰もが深く心動かされた。ヒトラーによれば、多くの刑務所職員も涙を流しながら一列に並び、城のような正

出所後、ランツベルクの市門の前でポーズを取るヒトラー。この車でミュンヘンに帰ったが、彼はこのような豪華なツーリングカーがお気に入りだった。（Yad Vashem）

門の前で別れの言葉を言ったという。「私が去ったとき、誰もが泣いた、ムフティーも、医者も、看守たちも――私以外は全員だ！……われわれは彼ら全員をわれわれの運動に惹きつけたのだ！」[14]

刑務所の記録には、ライボルトがヒトラーの判決の残り期間を記していた。「三年、三百三十三日、二十一時間五十分。」「一九二八年十月一日まで仮釈放期間」。その残りの日々も刑務所で服役しなければならなかったとしたら、彼が出所したのは一九二八年となり、そのころのドイツにははるかに安定した政治と経済の基盤ができていた。

ヒトラーは十二時十五分に正式に自由の身になった。ワーリンから豪華なベンツの割引オファーがあったかどうかは不明だが、それと同じくらい立派な車で迎えられた。ミュラーとホフマンが乗っていたの

Preis 15 Pfennig

Preis 15 Pfennig

Der Nationalsozialist

1. Jahrgang

Hitler frei!

Parteigenossen! Parteigenossinnen!

Hitler frei!

「ヒトラー自由の身！」と、ナチスの新聞はヒトラーの釈放を高らかに伝えた。（Fotoarchiv Heinrich Hoffman, Bayerische Staatsbibliothek）

は、ぴかぴかの黒いコンヴァーティブルで、スポークホイールと白いサイドウォールのタイヤを備えていた――まさにヒトラーが買いたがっていたタイプの車だった（彼はグレーのものを希望していたが）。快適なツーリングカーに乗り込むと、ホフマンは出発写真を撮るための場所を見つけようと言った（ライボルトは刑務所前での撮影を禁じていた）。三人は古いランツベルクの市門のところで止まった。そこは大きなアーチ道があり、城の入口のようだった――刑務所の入口のようでもあった。ヒトラーはぴかぴかの黒い車の横に立ち、片手をドアの枠に当てた。決意に満ちた真剣な表情を浮かべており、いまこそ自分の人生が再び始まる瞬間だと分かっていたに違いない。

十三ヵ月にわたる集中砲撃――少なくともひとつは実弾――をかわし、ついに二度目のチャンスをつかもうとしていた。

しかし、この歴史的な瞬間においても、彼は少し妙な雰囲気だった。ベルトを締めたトレンチコートの下から、脚が枝のように突き出ていた。一年の刑務所生活からの釈放の日、アドルフ・ヒトラーはズボンではなくニーソックスを履いていたのである。トレンチコートの中には、バイエルンらしいレーダーホーゼンを着ていたに違いない――十二月だったにもかかわらず。写真撮影は長くはならなかった。

「さっさと終わらせよう、ホフマン」とヒトラーは言った。「ひどく寒い」

第十三章　再出発

「もはや私のことを知らないと言える者はなく、それゆえわれわれには再始動のための土台が与えられている」[1]

——アドルフ・ヒトラー、一九二四年クリスマスイブ

ミュンヘンのあちこちで、炎のような赤色のポスターが、金曜日の夜のヒトラーの演説を告知していた。会場はビュルガーブロイケラー、十六ヵ月前にプッチを実行したのと同じビアホールである。釈放後初めて、彼は信奉者たちに話す用意ができていた。ランツベルクを出たあと、党内のいざこざや自身の思惑をめぐる憶測に巻き込まれるのを避け、二ヵ月待たせていたが、ついに人々の前に姿を見せ、政治の世界に戻るのである。人々は、獄中で一年以上過ごしたあとのヒトラーがどうなっているかを知りたくてたまらなかった。出所時に「ニューヨーク・タイムズ」が見出しに書いたように、「刑務所で大人しくなったか？」あるいは、以前のままの扇動家で、群衆を鼓舞し、敵対者、共産主義者、彼が言うところの「体制」に雷を落とすのか？　そして何より、分裂したナ

チ党とフェルキッシュ運動をどうするのか？　弱体化した運動をどのように主導するのか？

これらの問いに自分の中で答えるだけでも数週間がかかった。十二月二十日にティールシュ通りのアパートで小さな歓迎会が開かれ、花輪をかけられた――また、喜んだ飼い犬のジャーマンシェパードに階段から落とされそうになった[2]――とき以来、ヒトラーは目立たないように静かにしていた。さまざまな推測が飛び交っていた。ヒトラーは最初に誰を訪ねたか――ルーデンドルフか、別の誰かか？　ヒトラーは休息と回復（Erholung）のためにバルト海沿岸の田舎の隠遁地に消えたのか？　ヘルマン・エッサーの新聞「ナツィオナルゾチアリスト」はこの憶測に怒りを見せ、ヒトラーは「Erholung に行く時間も金もない」と言っていたと伝えた[3]。ヒトラーは何をたくらんでいるのか、なぜ人前で話さないのかは、謎のままだった。「ヒトラーの見かけ上の消極性は、フェルキッシュ運動に混乱と不安をまき散らしている」と、警察情報部の報告書にも書かれた。

クリスマスイブだけは、一時的に馴染みの世界に戻った。ハンフシュテングル夫妻の家である。裕福な二人は、緑豊かなヘルツォーク公園地区の優雅な邸宅に引っ越していた。「お帰り、ドルフおじさん！」と、四歳のエゴン・ハンフシュテングルがドアのところで言った。プッツィは、上機嫌で新居を見せびらかし、ヒトラーを広いメインの応接間に案内した。部屋の大部分を占めていたのは、ブリュートナーのグランドピアノだった。その素晴らしい楽器を見るなり、ヒトラーは振り返って言った。「ハンフシュテングル、『愛の死』を弾いてくれ」。彼は『トリスタンとイゾルデ』の悲劇的な最終パートをリクエストした。数分のうちに、二人は音楽の絆を蘇らせ、ヒトラーはワーグナー風の空想にふけった。

ハンフシュテングル一家との夕べは、ミュンヘン生活へのちょうどいい復帰の機会になった。小さなエゴンに向かって、ヒトラーは第一次世界大戦の大砲の音真似をした。夜遅くの議論では、政治の話に触れた。「政治とはたんなる提案や計画ではなく、長期にわたるタフな仕事であり、最終的に、未知の人物が政治思想と同一視されるようになる。私はその地点に到達したと思う。だから、プッチは何らかの面でわれわれの運動に役立ったのだ。もはや私のことを知らないと言える者はなく、それゆえわれわれには再始動のための土台が与えられている」[4]

ミュンヘンはまもなく出るというヒトラーの本の情報にじらされていた。顕著な情報の少なさは、狡猾なヒトラーが計画したかのようで、本の神秘性を高め、人々の好奇心を誘っていた。社会主義の「ミュンヘナー・ポスト」は、一月下旬に意地悪くこう書いた。「ヒトラーの回想録は、昨年末に仰々しく告知され、『臆病、愚行、犯罪に対する四年間の戦い』をテーマにしているというが、実際にはまだ書かれていないし、これから書かれることもないだろう」。エッサーの「ナツィオナルゾチアリスト」はこれに腹を立てた。「この虚偽の主張を受け、われわれはここに報告する。ヒトラーの包括的な著作はエーア・フェアラークにあり、すでに活字になっている」。同紙は本の広告も載せたが、タイトルが新しくなっていた。『わが闘争』——短く、パンチがあり、まもなく世界的に有名になるタイトルが、ここで初めて登場した。[5]とはいえ、このような騒ぎの中で、本は依然として遅れていた。書店の棚に並ぶのは七月十八日のことである。

ヒトラーに対して、フェルキッシュ政治の渦の中で適切な立ち位置に立てという圧力が高まっていた。彼にとって不可欠な第一歩は、ナチ党と機関紙「フェルキッシャー・ベオバハター」の禁止処分を取り消させることだった。ヒトラーはへりくだった態度で、バイエルン州首相のハインリヒ・ヘルトと二度の会談を持った。唯一できることと言えば、自分を放蕩息子のように見せることだった。彼は、過去の罪を深く後悔している、いまでは暴力を政治の一部だとは考えていない、という姿勢を見せた。州検事に敬意を払わなければいけないと言った。そして何より、「プッチは起こさない」と約束した。ヘルトはヒトラーの確約を受け入れ、党と機関紙への禁止処分を解くことに同意した。「野獣はコントロールされている」とヘルトは言った。「鎖を外しても大丈夫だ」[6]

ヒトラーは復活の日を一九二五年二月二十七日に定めた。ビュルガーブロイケラーを選んだのは、予想どおりではあったが、効果的でもあった。ヒトラーによる人質事件が起きた一九二三年十一月のグスタフ・カールの演説の夜と同じく、警察はビアホールのまわりの道を封鎖しなければならなかった。一九二三年のときと同じように、期待と感情が高まりを見せていた。しかし、プッチの夜とは違い、天井への発砲、人質事件、政府転覆の宣言はない。代わりにあるのは、高度に演出されたカムバックだ。

1925年に刊行された『わが闘争』の初期の版は、シンプルな見た目で、「Eine Abrechnung」（清算）という副題が表紙に書かれていた。(Hermann Historica)

演説の前にヒトラーは、「フェルキッシャー・ベオバハター」に論説を書き、何より求めているのは、張り合っている党派間の即座の和解、そして自分への無条件の服従だと言っていた。彼の支配――運動の支配と瞬間の支配――の感覚は極まり、いかなる条件も受け付けなくなっていた。誰もが再建された党に再加入しなければならないし、以前の党員の身分は引き継がれない。まったく新しい始まりとなるのである。指導任務の分担や、共同での意思決定、特別な人々の特別な役割に関する話はなかった。ヒトラーが絶対権力を持つのである。

しかし、演説の夜、彼は自ら仕掛けた罠に足を踏み入れたかのようで、人々の期待感は応えきれないほどになっていた。ルーデンドルフ将軍、グレゴール・シュトラッサー、エルンスト・レームはこの壮大なショーに参加しなかった。アルフレート・ローゼンベルクも出席を拒んだ。彼はそのような場でヒトラーは「兄弟のキス」を要求するだろうと考え、「茶番」だと一蹴したのである。しかしヒトラーはアントン・ドレクスラーに、元々のドイツ労働者党の創設者として司会を頼んだ。しかし彼は、憎きヘルマン・エッサーを追放する場合にかぎって受け入れると言い、ヒトラーはそれを拒否した。最終的に、優れた実業家だが一流の弁士ではないマックス・アマンが司会となり、大イベントをスタートさせた。

聴衆の期待と賛美を考えれば、ヒトラーが何を言おうと関係なかっただろう。彼はいつものスタイルだった。二時間にわたって演説し、過去数年の過ちをすべて繕った。また、ユダヤ・マルクス主義との戦いに可能性は二つしかないという考えを強調した――「敵がわれわれの死体の上を歩くか、われわれが敵の上を歩くかだ」。かつてのヒトラーが戻り、暴力がいまも選択肢にあるという兆候を示した（その結果、数日後にヘルト首相は再び党の活動を禁止する）。

ヒトラーは、彼を抑えつけたいと思っているだろうライバルたちへの警告も発した。「何らかの条件を付けて党へ再加入できると思っている者は、私のことをよく分かっていない」と言い放ち、拍手喝采を呼んだ。「私がすべての責任を負うかぎり、ほかの者が私に条件を課すことを認めるつもりはない。そして私は、この運動で起こるすべてのことに全責任を負う！」ヒトラーが話し終えると、昔と同じように、歓声と「ハイル！」の大合唱が起きた。彼はまだ聴衆を興奮させることができた。驚いたことに、一年後に党員の期待に応えられていなければ辞職するという約束までした。ヒトラーは勝負を挑んだ。誰でもかかってこいというように。

そこで、この夜の核心となる劇的な出来事が起きた。ヒトラーは、反目する党派に争いを忘れるよう求め、ときに苦々しい敵同士となる者たちを壇上に呼んだ。元からこのイベントに姿を見せていた者だけではあったが、ゴットフリート・フェーダー、ヴィルヘルム・フリック、ルドルフ・ブットマンなど、フェルキッシュ運動の中でも議会への参加に賛成する人々と、エッサー、ユリウス・シュトライヒャー、アルトゥア・ディンターなど、それに反対する人々が含まれていた。ほかにもさまざまな人が壇上に立った。ヒトラーは、十五ヵ月前にこの場で三人の人質にやらせたのと同じように、またしても心からの握手と見つめ合いを求めた。聴衆に向けた、感情的、政治的誓約のジェスチャーである。陳腐な芸術家は、一致団結の壮大な絵を、自分をその中心人物として描き、何千人もの人に披露した。そして、プッチの夜と同じように、パフォーマンスは三千人の「ドイツよ、ドイツよ、すべてのものの上にあれ」の合唱でクライマックスを迎えた。

ビュルガーブロイケラーの活気に満ちた夜は、ヒトラーの凱旋式となった。粗もあった――何人かの大物が不在だったし、党の活動が再び禁止されることになった――が、ヒトラーはこの舞台を、以前いた場所に戻るためだけでなく、前例のない指導力と支配力を得るための踏み台とした。自らを神格化し、信者たちもそれを受け入れた。内部闘争の終わりとはならなかった――一部は一九三〇年代まで続く――が、ヒトラーの〈Führerpartei〉、指導者支配の党の再始動を告げた。彼はこれを個人的な道具として利用し、独裁体制を築いていく。そして、美辞麗句と崇拝の夜は、追放、裁判、復活というヒトラーの旅の終わりにもなった。回復と進化を遂げ、破滅的なプッチを遠い過去のものにした彼は、権力への長い行進を始めたのである。

エピローグ　その後に起きたこと

「一万二千人から一万五千人のヘブライ人の壊乱者が毒ガスを浴びていたとしたら……戦場での数百万人の犠牲は無駄ではなかっただろう」[1]

——アドルフ・ヒトラー、『わが闘争』

カムバック演説の七ヵ月後、ヒトラーはお気に入りのベルヒテスガーデンに引きこもった。そのアルプスの町で、レイシストとしての憎しみ、大げさな考え、芝居じみた世界計画を引き続き書き連ねるためである。プラッターホーフ・ホテル（元のペンション・モリッツ）を所有する友人のビュヒナー夫妻から借りたコテージで快適に暮らしながら、ヒトラーは『わが闘争』の第二巻を書き上げた。今回は秘書に口述した。いつもどおり、執着していたのは第一次世界大戦でのドイツの敗北のことだった。それこそがヒトラーの幻想の中では歴史の始まりだった。背後の一突きをしたユダヤ人、ドイツの敗北で暴利をむさぼった人々を非難し、ユダヤ人に関する辛辣で毒々しい言葉を相変わらず繰り返した。一万二千人から一万五千人のユダヤの「悪漢」が「適切なときに片づけられていたら」と、彼は書いた。「数百万人相当の正しいドイツ人の命が救われていただろう」[2]。これは、『わが闘争』の中で唯一、ヒトラーが現代的な手段でユダヤ人を皆殺しにする考えを持っていたことを示唆する文章である。もっとも、大半の歴史家は、ガス室を備えた大規模な死の収容所がすでに計画されていたとは考えていない。とはいえ彼の言葉には、大量虐殺を行う可能性がはっきりと見てとれる。

一万二千人から一万五千人のユダヤ人をガスで殺すという話は、彼の実際の犯罪歴の中では脚注程度のものになる。独裁者、軍司令官、大量殺人者として彼がしたことは、ランツベルク刑務所で練り上げ、『わが闘争』で明確にした傲慢な計画を裏付けた。西方での戦争全体――アメリカ人が考えるところの第二次世界大戦――が、実のところ、東方への衝動のための〈Rückendeckung〉、後ろ盾に過ぎなかった――『わが闘争』で説明されているとおりである[3]。ランツベルクを出たときから人生最後のときまで、ヒトラーは二つのことにとりつかれていた。ロシアから「生存圏」を奪うことと、世界からユダヤ人を駆除すること。彼が「生存圏」の概念を採用したのは、ランツベルクで『わが闘争』を書いていたときだった。また、ユダヤ人に対して「最も厳しい武器」を使わなければならないと決心したのも刑務所にいたときで、チェコのナチ党員クーフレルとの会話でそう明かしている。その二十一年後、自殺の前日に書き上げた政治的遺言の中で、ヒトラーはドイツ国民に「全民族の毒殺者たる国際的ユダヤ人に容赦なく抵抗」することを説く。これが彼が最後に書いた言葉だった。

ヒトラーのランツベルク刑務所での一年は、まもなく、拡がりつつあったヒトラー神話の一部になった。失敗に終わったプッチと同じように、獄中での一年は、未来の指導者（Führer）の「闘争の年月」という伝説に巧みに混ぜ込まれた。一九三三年に権力を握ったあと、彼の「監房」――要塞棟の七号室――は聖地となり、ドアに大きな記念板が取り付けられ（「アドルフ・ヒトラーはここに収容された」）、鉤十字の旗が机の上に載せられた。古い直立型のタイプライター――『わが闘争』の執筆に使われた持ち運び式のものではない――が本物らしく部屋に置かれた。数多のドイツ人がここを訪れ、ヒトラーの部屋の開いたドアの前に数秒間立った。ランツベルク刑務所は観光名

ヒトラーの監房は、記念板と月桂樹の葉で飾られ、1930 年代に巡礼の場所となった。「ヒトラー・ツーリズム」が流行し、1938 年には 10 万人がこの部屋を訪れた。（Archiv Manfred Deiler）

所となり、週末には二千人が乗車できる特別列車が到着した。人々は刑務所の壁の向こう側に行く長い列に並んだ。一部の敬虔な信者は、北ドイツから歩いて訪れ、ヒトラーが一年を過ごした神聖な地に足を踏み入れたという。一九三四年、獄中暮らしの十年後、ヒトラー自身も刑務所を訪れた。昔の部屋を視察し、あらためて格子窓の外を眺めた。そして訪問者のために「黄金の書」にサインし、一緒に訪れた元囚人仲間のエミール・モーリスとともにその場所を聖化した。

ランツベルクの町は、注目を浴びて繁栄した。一九三七年と三八年には、ナチ党大会のあとに、ヒトラーユーゲントの代表団がニュルンベルクからランツベルクまで百九十キロの行進をした。市の長老たちは、「ヒトラーの町」、「国家社会主義の哲学が生まれた地」としてランツベルクを売り出し始めた。そして一九四四年、この町に新たな人々が到着する。アウシュヴィッツから追いやられたユダヤ人の捕虜たちである。二万三千人以上が、四ヵ月にわたり、半盲の動物のように、土でできた小屋や土の屋根が付いた半地下のバラックで過ごすことを強いられた。そこは寒く、暗く、湿っぽく、すし詰め状態だった。奴隷労働者の即席の強制収容所は、ランツベルクと近隣のカウフェリングに設けられ、ヒトラーの土壇場の試み、世界初のジェット戦闘機「メッサーシュミット262」の建造を行う場所となった。狂乱の十ヵ月のあいだに、少なくとも六千人のユダヤ人奴隷が、過重労働、飢餓、処刑、チフスで死んだ。さらに数百人が、一九四五年、米軍がミュンヘンに接近した際の死の行進で命を落とした。

第二次世界大戦のあと、ランツベルクはユダヤ人迫害に果たした役割を断固として黙殺した。ブルドーザーで文字どおり過去を葬り、かつて多くのバラックがあったところに商業地区を建設した。「バラックは市の歴史の汚点だと思われた」と、ランツベルクのヨーロッパ・ホロコースト記念財団理事長、マンフレート・ダイラーは言う。この財団は、現存するバラックを、戦争末期の「私たちの近くで起きた大量殺戮」の記憶を伝えるものとして保存している。この市民活動家たちの取り組みに対して、ユダヤ人を捕虜とされたヨーロッパの十ヵ国の首脳から追悼の墓石が送られた――ヴァーツラフ・ハヴェル、ボリス・エリツィンらが名前を貸した。現在、ある一画は、ビジター向けの場所、資料センターになろうとしている。「この種の収容所のドイツに残る最後の遺構です」とダイラーは言う。

それはまた、ランツベルクのヒトラーとの複雑な関わりを示す最後の痕跡でもある。

ヒトラーは1934年にランツベルク刑務所の監房を再訪した。そこで過ごし、『わが闘争』を書いた10年後のことで、彼はいまやドイツの独裁者になっていた。（Yad Vashem）

ヒトラーの刑務所生活の最もはっきりとした遺産は、『わが闘争』だ。この本は珍しい軌跡をたどったと言われている。[4] 一九二五年の第一巻の初刷りは、一万部が順調に、少なくとも真の信奉者には売れた。「アマンは『わが闘争』で儲け始めている」と、ハンフシュテングルは十二月に書いているが、そのころには第二刷として新たに一万部が印刷され始めていた。[5] 第二巻は、一九二六年十二月に発売されたが、売れ行きは芳しくなかった。のちに両巻が一冊にまとめられ、〈Volksausgabe〉(普及版)と呼ばれるようになった。とはいえ、その仰々しい文体とイデオロギー的固執——また、以前のプッチの惨めな失敗——から、高尚な出版物の政治評論家たちは、ヒトラーを「終わったもの」として一蹴した。「アドルフ・ヒトラーは一日ですべての武器を使い果たした」と、もったいぶった「フランクフルター・ツァイトゥング」は論じた。[6]

『わが闘争』への関心が高まったのは、ヒトラーの政治運が急上昇した一九三〇年代初頭のことで、一九三三年一月に彼が首相に就任するまでに二十四万部が売れた。[7] それから売れ行きは最高点に達し、その年の年末までに百万部が売れた。ドイツの公共図書館でも大量に購入された。[8] ヒトラーが自殺する一九四五年までに、『わが闘争』は千二百万部が売れ、十八の言語に翻訳された。

そしてこの本は、ドイツの家庭の本棚のたんなる飾りや義務的なものではなかった。実際に読まれたのである。学者のプレッキンガーは、『わが闘争』の執筆、出版、反響に関する六百三十二ページの綿密な研究で、『わが闘争』は史上最大の読まれていないベストセラーだという長年の神話を論破している。たとえば、ドイツの図書館記録の調査を通して、この本が活発に貸し出されていたことを明らかにし、見栄で買っていたとか、結婚のお祝い品だったとかいう話は誤りだと示している。人々は進んで『わが闘争』を読んでいたのである。[9]

『わが闘争』のオリジナル原稿は失われた。というより、すべての原稿（タイプ原稿）が失われた。出版前の編集と再編集の過程で、ヒトラーとさまざまな協力者によって多くの変更が加えられたと考えられているからである。ヒトラーが政治的絶頂にあったときでさえ、原稿は国家機密のように扱われていた。ヒトラー自身がコピーを所有してはいたが、一九四〇年の年次党大会で「ドイツの偉大さへの闘争」を祝す展示会が開かれた際、いかなるページも——それを写真に撮ったものも含めて——個人的に提供を拒んでいる。[10] ヘレーネ・ベヒシュタインはヒトラーからコピーを渡されたと言われているが、返却したか、ベルリン空襲の際に焼失したらしい——この話はでっち上げかもしれないが。ヒトラーの個人的文書のほぼすべてが、ベルリン、ミュンヘン、ベルヒテスガーデンで、戦争の最後の週に副官のユリウス・シャウプによって燃やされた。多くの元文書は、戦争の最後の数日にナチスの文書係が大量の所有物を炉に入れたときに、煙に消えた。第九章（「世界再編」）で述べたとおり、のちに原稿の最初の五ページと十八ページの概要だけが見つかった。

『わが闘争』の1930年代の版は、派手な表紙で、副題はない。（著者の所有物）

　第二次世界大戦後、『わが闘争』は奇妙な宙ぶらりんの状態に置かれた。アメリカ当局は一九四五年にヒトラーとナチ党の残った資産を押収した。その中には、マックス・アマンの出版社、エーア・フェアラークも含まれていた。

しかし当局はまもなく、復活したバイエルン州政府に所有権を譲った。ミュンヘンのナチ党の温床としての役割、ヒトラーが言ったところの「運動の首都」としての役割に神経質になっていたバイエルン州は、直ちに『わが闘争』を極秘とし、以後七十年にわたってそれを貫いた。著作権は七十年有効であり、ヒトラーの本のドイツでの再出版をめぐる議論はバイエルン当局によって妨げられた。ドイツの戦後初の大統領テオドール・ホイスが、若い世代への教訓とすることを勧めていたにもかかわらずである。古書店の裏部屋や研究目的の図書館でしか手に入らなかった『わが闘争』は、禁断の木の実、ドイツ史上最悪の時期の悪魔的残骸となった。一般の人々は見つけるのが難しかったが、当時はほとんど誰も求めていなかった。それが変わったのは、もちろん、インターネットが登場したときで、主にネオナチのグループの手によってオンラインで入手可能になった。だが、公開されたとはいえ、読みたいと思うのはごく少数の右翼だけだった。どれだけの人が実際にあの冗長で尊大な文章を読み通したかは分からない。

バイエルン州政府によるドイツでの『わが闘争』の締めつけは、二〇一五年末に著作権が切れることで終わる見通しとなっていた。二〇〇九年、ドイツにおけるナチ期研究の中心機関であるミュンヘンの現代史研究所（Institut für Zeitgeschichte）が、ヒトラーの本の注釈付き「批評版」――第二次世界大戦後初のドイツ語版――の制作に取り組み始めた。研究所はすでに、歴史研究を目的として、ヒトラーの数千の演説、文章、命令を集めた十二巻本、ヨーゼフ・ゲッベルスの日記の二十五巻本を出版していたほか、一九六一年には、ヒトラーが『わが闘争』の第三巻として構想していた新発見の原稿を発表していた（これは『ヒトラー第二の書』として刊行された）。「ヒトラーの思想を知る最も重要な手がかりである『わが闘争』を出版し、空白を埋めることは、私たちにしてみれば道理にかなったことでした」と、研究所のプロジェクトリーダー、クリスチャン・ハルトマンは言っている。

学術的な分析と注釈がほぼ全ページに付く、二巻組、二千ページの、新しい『わが闘争』は、憎まれ恐れられているがほとんど何も知られていないヒトラーの著作を「非神話化」するだろう、というのがハルトマンの考えだった。現代の学識にしっかり支えられた版を出版することで、そのままの形で出版する可能性のある通俗的な出版社の機先を制するという意図もあった。ホロコースト記念館「ヤド・ヴァシェム」の国際研究部長であるイスラエルの歴史家ダン・ミックマンは、研究所の再出版プロジェクトを支援し、『わが闘争』の新版は「タルムード〔訳註　ユダヤ教の口伝律法、解説を集成したもの〕のようになるだろう」と述べた。

しかしながら、出版プロジェクトはまもなく思わぬ障害にぶち当たり、国際的な論争となった。ホロコースト生存者の団体が反対したほか、極右政治を掻き立て、憎悪を煽るために使われるのではないかと懸念する人もいた。それでも研究所は強行し、二〇一六年一月に新版を出版する計画を立てた。表紙はアカデミックな地味なものにし、一九三〇年代のようにヒトラーの顔と大きな赤い斜線を入れることはしないと決めた。『わが闘争』は新たな生を受けるのである。一九二〇年代や一九三〇年代のそれとはまったく異なる生を。分析が加わることで、まとまりがなく、繰り返しが多く、ときに理解しにくいヒトラーのテキストがそのまま読めるようになる――それは、プロジェクトリーダーのハルトマンが言うように、強迫観念に駆られた未来の独裁者の政治論、「プロパガンダ」ではあるが[11]、学者のツェーンプフェニヒが言っているように、内部的に一貫し、予言的な、ヒトラーの未来の行動への「ロードマップ」でもある[12]。そして、ホイス大統領が一九五九年に提案したとおり、『わが闘争』はついにドイツの学校や大学で歴史教育のツールとして使われうることとなる。

ヒトラーのプッチ、裁判、刑務所生活は、どんよりと渦巻いていた人と状況をひとつにまとめ、結果としてそれが第三帝国の時代に大きな役割を果たすことになった。プッチで重傷を負ったヘルマン・ゲーリングは、ヒトラーの殺人政権のナンバー2となり、ニュルンベルク裁判で死刑を言い渡された。彼は絞首刑執行人を欺き、隠し持っていたシアン化合物を飲んだ。プッチの夜にエルンスト・レーム大尉の軍旗を掲げていた、眼鏡をかけた農学者のハインリヒ・ヒムラーは、ヒトラーの殺人マシンの中でも最も多くの死を招いた組織、SS(親衛隊)の指導者となった。彼は捕まった直後に毒を飲み、ニュルンベルク裁判所をも欺いた。レームはかなり早くに死んだ。一九三四年の「長いナイフの夜」に、ヒトラーの命令で粛清されたのである。

ヒトラーの最も忠実なおべっか使いのルドルフ・ヘスは、ナチ党の副総統となり、入閣もした。しかし、ランツベルク刑務所のボズウェルだった男は、一九四一年にボスに反抗し、イギリスと和平を結ぶために小型飛行機でスコットランドに向かった。情緒不安定とみなされた彼は、すぐに拘禁され、ニュルンベルクでは終身刑を宣告された。その後、四十一年間をベルリンのシュパンダウ刑務所で過ごし、一九八七年に自殺した。

出世を果たした末にニュルンベルクの絞首台で最期を遂げたほかのプッチ参加者は、アルフレート・ローゼンベルク(バルト系のイデオローグ、著述家で、ウクライナを含む東部占領地域大臣となった)、ヴィルヘルム・フリック(元ミュンヘン警察の役人で、内務大臣となり、第三帝国のユダヤ人に対する法律の大半を起草した）、ハンス・フランク（ヒトラーの個人法律顧問で、ポーランド総督として精力的かつ残忍に仕えた）である。絞首台が建てられることとなる体育館の近くの監房で処刑を待ちながら、フランクは千ページの手書きの回想録を書いた。それには、ヒトラーとの数多くの会話や同行から導かれた見識が含まれていた。この本は、『Im Angesicht des Galgens』（『絞首台を前にして』）という適切なタイトルが付けられた。

ランツベルク刑務所の看守の一人、オットー・ルーカーも、絞首台で最期を迎えた。刑務所の仕事を辞めてヒトラーのSSに入ったルーカーは、オーストリアへ派遣され、やがてマリボル強制収容所で少なくとも千人のスロヴェニア人の処刑を取り仕切った。一九四九年、彼はリュブリャナで裁かれ、絞首刑になった。

一九二三年時点のヒトラーの側近の中で、総統の懲罰もニュルンベルク裁判も免れたのは、背の高いドイツ系アメリカ人のエルンスト・ハンフシュテングルである。二股をかけようとした彼は、ヒトラー人気に乗じて国際的スポークスマンという注目を集める地位を得ながらも、折にふれて、一九三三年以降のナチスの支配の過激さを和らげようとしていた。しかし、一九三七年ごろになると、主にゲーリングなどから誹謗の対象にされていることに気づき、逃げなければならなくなった。ほとんど排除されそうだった、と彼は書いている。パラシュートでスペイン内戦に向かうことを命じられたのである。しかし彼はスイスに逃れ、最終的にイギリスに渡った。そこで敵性外国人として抑留され、のちにカナダ、米国に移送された。そして、ヴァージニアの荒れ果てたプランテーションに拘留されながら、ローズヴェルト政権の秘密アドバイザーとなった。戦後は、ミュンヘンの近くで余生を送り、回想録を書いた。その本は当然のように利己的ではあったが、それでも一九二三年のプッチに至るヒトラーのミュンヘン生活を知る手がかりとなった。彼は一九七五年に八十八歳で死去した。

一九二三年から二四年の出来事に関わった人物の中には、ヒトラーとの結び付きによって大きな利益を得る者もいた。エーア出版の社長となった元軍曹のマックス・アマンは、『わが闘争』と「フェルキッシャー・ベオバハター」の売り上げの急増で出版帝国を築いた。ヒトラーは彼を全国出版院と新聞院の指導者に任命し、ドイツ国内の全出版事業を管理する巨大な権力を与えた――これにより当局の命令に従わない事業は廃業させられることとなる。ヒトラーに反逆罪裁判を仕切らせ、「要塞収監」(六ヵ月で仮釈放)という軽い「名誉の」判決を下したヤギ髭の裁判官、ゲオルク・ナイトハルトも、ヒトラーが権力を握ったことで恩恵を受けた。バイエルン最高裁判所判事の地位を与えられたのである。一九四一年に彼が没したとき、ヒトラーは葬式に行き、総統の名のもとに大きな花輪を直々にたむけた。

裁判でヒトラーとその野望に最も頑なに抵抗した男、グスタフ・フォン・カールは、悲惨な運命をたどった。一九三四年の「長いナイフの夜」の際、すでに引退していた元総督は、アパートから引きずり出され、SS隊員たちに拷問にかけられ、最終的に殺された。切断された遺体は、ダッハウ強制収容所の近くの沼で発見された。ヒトラーの共謀者、共同被告人だったエーリヒ・ルーデンドルフ将軍は、ヒトラーからの支持を急速に失ったのち、ユダヤ人と同様にキリスト教徒も非難する神秘主義的な政治活動に入り、政界の奇人となった。ヒトラーとは疎遠になり、敵対すらするようになった。彼は一九三七年に死去した。

ビアホールのビュルガーブロイケラーは、プッチの夜にヒトラーの手下たちに荒らされたが、ナチスとの結び付きによって莫大な利益を得た。一九三三年にヒトラーが権力を握るまでに、失敗に終わったプッチは英雄伝説になっていた。ナチスの犠牲者は公式に殉教者として崇められることとなり、オデオン広場で大きな記念板と永久儀仗兵によって追悼された。彼ら十六人が埋葬されたのは、その近くのギリシャ式「名誉の神殿」だった。毎年、十一月八日のプッチの記念日になると、ヒトラーはオデオン広場からビュルガーブロイケラーまで儀式的な行進を行い、最後にそこで演説をした。

しかし、この壮大なセレモニーの規則正しさは、ヒトラーを滅ぼしかけることにもなった。一九三九年、ヒトラーのポーランド侵攻で第二次世界大戦が始まったわずか二ヵ月後、ビュルガーブロイケラーは暗殺未遂事件の舞台となり、ヒトラーの悪夢が終わるすんでのところまでいったのである。二ヵ月にわたってビアホール閉店後の夜に準備をしていた怜悧な大工のゲオルク・エルザーは、「労働者の境遇を改善し、戦争を回避したい」という思いから、ビュルガーブロイケラーの演壇の真うしろの支柱に時限爆弾を仕掛けた。彼は、ヒトラーがいつも午後八時半から最低一時間話すことを知っていた。そこで、九時二十分に爆発するように設定した。しかしその夜、ミュンヘンの空港が霧で使用不能となっていたため、ヒトラーは通常より早い午後八時に演説を始めた。一時間七分にわたって話したあと、九時七分にビュルガーブロイケラーを去り、ベルリンに戻る列車へ急いだ。十三分後、エルザーの爆弾が炸裂し、八人の死者と六十人の負傷者が出た。ヒトラーが十三分前に立っていた場所は壊滅した。「この十三分は二十世紀の歴史の中で最も手痛いものだった」と、ドイツの作家クラウス・クリスチャン・マルツァンは書いている[13]。ビュルガーブロイケラーはもう残っていない――戦時中の爆撃、その後の放置、都市開発の犠牲になったのである。唯一残っているのは、支柱が立っていた場所の記念板で、エルザーを追悼している。

今日、ランツベルク刑務所はやはりバイエルンの州立刑務所であり、五百人以上を収容している。ヒトラーの部屋は、要塞棟のほかのすべての「監房」とともに、第二次世界大戦後に解体された。内壁が取り払われた広々とした部屋は、刑務所が建てられた当初の役割――刑務作業の場――に戻った。しかし、建物の外壁はいまも残っている。変わっていないのは、格子が少し腐食した高い窓――ヒトラーが毎日外を眺めていたものだ。二〇一五年、筆者はこの建物の二階へ上り、ヒトラーの窓のところへ行ってみたが、そのとき、ざらざらとした格子越しに、彼の眼前に毎日広がっていたのと同じ素朴な緑の景色が見えた。ヒトラーが暮らし、眠り、働いた場所に立つと、ヒトラーの空間にいるという不気味な感覚に襲われた。未来の独裁者の邪悪な考えの多くが書きとめられた、その場所にいるのだと感じられた。彼がそこを去って九十年が経っていたが、その魂はどうしたものか、築百六年の古い要塞棟に居残っていた。この場所から、あの男から、人の手による史上最大の惨劇が生まれたのだ。多くのことが、この小さな部屋で考え出されたのである。

絞首台に荘重さはなかった。平凡な木製の台で、一方に階段、下に閉じた部屋があり、ぶら下がった遺体は見られない。十七～十八世紀のロンドンで行われていた大々的な公開絞首刑や、パリのコンコルド広場の護送車とギロチンのような処刑の舞台ではなかった。不名誉な最期だった。死刑囚はみな質素な服で、工場に仕事に行くかのようだった。みな険しい顔をしていた。両手が縛られていた。無言で階段を上らされた。その上にはスーツ姿の男がいて、縄を握っていた。司祭もいた。その衣装はカトリック地域のバイエルンの伝統的なもので、レースで縁取られた白いサープリスをまとい、黒い本を手にしていた。四隅には男たちが立っていたが、彼らの軍服がこの手続きが何たるかを示していた。彼らは米軍の兵士で、憲兵のマークが描かれた礼装用ヘルメットをかぶっていた。

バイエルンの施設だったランツベルク刑務所は、米軍の第一戦犯刑務所となっていた。その目的は、第二次世界大戦の最悪の犯罪者たちに罰を与えることだった。その仕事のひとつとして、戦時中の人道に対する罪――主に強制収容所での大量殺人――で有罪になったドイツ人の息の根を止めるということがあった。一九四六年から五一年までに、二百五十九人が、ヒトラーたちがいた要塞棟からわずか十五メートルのところに建てられた絞首台にかけられた（別の二十七人は、銃殺隊によって処刑された）。くすんだドイツの朝にこの絞首台に上った男たちは、ヒトラーが二十年前に第七監房で着手した悪事の最後の報いを受けていた。ヒトラーのその長いドラマの始まりには何ヵ月もの取り組みがあった――二十五日間の反逆罪裁判、長い執筆の日々、囚人仲間への講義、十三ヵ月の獄中生活。しかし、彼のあとを追って奈落に沈んだ者には、ほんの一瞬の時間しかなかった。判決が読まれ、祝禱《しゅくとう》がなされ、黒いフードを頭にかけられ、絞殺された。彼らにとって、戦争が終わったのは、まさにそれが始まった場所、人種的純粋と領土獲得のビジョンを世に放った男が壮大な妄想を抱いた場所だったのである。

第二次世界大戦後、ランツベルク刑務所は米軍第一戦犯刑務所になった。人道に対する罪で有罪を宣告された259人のドイツ人が、ヒトラーが1924年を過ごした建物からわずか15メートルのところで絞首台にかけられた。(National Archives)

謝辞

リサーチに基づいた本を書く特別な喜びは、職業人生の多くをそのテーマに捧げている尊敬すべき学者たちとの出会いにある。何度となく、私は幸運に恵まれ、以下の方々から惜しみないアドバイスと手引きを受けた。ザルツブルクのオトマール・プレッキンガー、ミュンヘンのパウル・ホーザー、クリスチャン・ハルトマン、メリーランドのジェフリー・ハーフ、ヴァーモントおよびミュンヘンのアラン・E・シュタインヴァイス。同時に、ドイツの政治と歴史の理解に関しては、何年にもわたって以下の方々から恩恵を受けている。ロバート・ジェラルド・リヴィングストン、ジャクソン・ジェーンズ、ジェレマイア・リーマー。そのほか、快く時間と経験を提供してくれた学者、専門家は以下の方々である。ロマン・トゥッペル、ラインハルト・ヴェーバー、デイヴィッド・クレイ・ラージ、クリストフ・ザファリング、ダン・ミックマン、ヤコブ・ゾルマン。

ローレンス・ラトゥレットとジョナサン・M・ワイスゴールは、実に思慮深い作家気質な男たちで、私の原稿を読み、気前が良すぎるほどに助言と励ましを与えてくれた。

そのすべての根底にあるのは、以下に挙げるドイツの最良の作家やジャーナリストとの恵まれた友達付き合いである。クラウス・クリスチャン・マルツァン、ガボール・シュタインガルト、グレゴール・ペーター・シュミッツ、ヘンリク・ブローダー。シュミッツのおかげで、「デア・シュピーゲル」の才能あるリサーチャー、ハウケ・ヤンセン、コニー・ノイマンらの協力も受け、理解しにくい文書を徹底的に研究することができた。ミュンヘンの写真家ヴォルフガング・ヴェーバーは、貴重な話に細部の情報を加えてくれた。

支えてくれる仕事仲間の中でも特別なのは、ベルリン在住のアメリカ人作家で、ドイツについて書くすべての人を導くことができる比類なき人物、マイケル・S・カレンだ。彼は硬派な歴史書やエッセイをドイツ語で書いており、私の約五十年来の親友である。

リサーチャーはみなアーキビストや図書館員に依存している。本書の執筆中に手引きと、ときに戒めを与えてくれたクラウス・ランクハイトは、ヒトラーと第三帝国に関する深い知識を蓄えた人物で、ミュンヘンのなくてはならない機関、Institut für Zeitgeschichte（現代史研究所）のチーフアーキビストである。同研究所では、シモーネ・パウルミヒルからも学者とのコンタクトや資料へのアクセスの手助けを受けた。米国議会図書館のデイヴィッド・モリス、マーク・ディミュネーション、アンバー・パラニック、米国国立公文書館のホリー・リード、シャロン・カリー、ワシントン・ドイツ歴史研究所のエーフィ・ハルトマン、バイエルン中央公文書館のシルヴィア・クラウス、ヨハン・ペルンバッハー、ヨーゼフ・アンカー、ミュンヘン公文書館のクリストフ・バッハマンと彼の優秀なスタッフ、ニュルンベルク公文書館のペーター・フライシュマン、ミュンヘンの巨大で豊かなバイエルン州立図書館（BSB）の多くの職員からも時宜を得たサポートをいただいた。BSBの素晴らしい写真アーカイブ室のアンジェリカ・ベッツに特別な感謝を申し上げる。

これらの機関で私が効率良く仕事に取り組めたのは、ルートヴィヒ・マクシミリアン大学ミュンヘンの才能ある大学院生、コートニー・マリー・バレルの優れたリサーチ協力のおかげである。また、ヘラルド・アイヒンガーには、刑務所長のモニカ・グロスとともに、ランツベルク刑務所の施設と、ヒトラーが生き、働き、寝ていた場所を案内してもらい、おかげで多くのことを知ることができた。バイエルン州首相ホルスト・ゼーホーファーのスポークスパーソンであるダニエラ・フィリッピには、刑務所訪問を可能にしてくれたこと、引退した刑務所歴史家のクラウス・ヴァイヒェルトには、私の質問に快く答えてくれたことにお礼申し上げる。

しかし、ランツベルクの中で特別に感謝すべき人物が一人いる。マンフレッド・ダイラーは、第二次世界大戦末期のユダヤ人奴隷労働者への虐待に関するランツベルクの役割を徐々に暴いてきた、勇敢な、ときに孤立した、市民活動家と歴史家の団体のリーダーである。ダイラーと仲間たちは二十年にわたり、死を運命づけられた捕虜たちを収容していた土のバラックの遺構の保存に取り組んでいる。その中でダイラーは、ヒトラーのランツベルク刑務所での生活と、ヒトラーの権力掌握後の同所の聖地化に関するデータや文書を蓄えた。彼は私を家に迎え入れ、蔵書の山を案内してくれたうえに、質問に何度も答えてくれた。その高潔な仕事については、http://www.buergervereinigung-landsberg.org を見ればよくわかる。

難しいテーマに新たな窓を開くという、ときに手ごわい作業をするにあたり、物書きには物書きの友人や支援者が必要だ。私のかけがえのない支援者は以下の方々である。ジェームズ・レストン・ジュニア、ローレンス・リーマー、ロジャー・M・ウィリアムズ、アーラ・ズウィングル、マーク・オルシェイカー、アン・ブラックマン、マイケル・プッツェル、マーク・ペリー、ジョエル・スワードロウ、ダン・モールデア。

本の生まれ方はいくつもある。本書は「ニューヨーク・タイムズ」の評論記事から始まった。執筆と掲載に尽力してくれた編集者のクレイ・ライズンに感謝している。優れたエージェントと編集者がいなければ出版は何も進まないが、私はその両方に恵まれた。ロス・ユーン・エージェンシーのゲイル・ロスとダラ・ケイ、リトル・ブラウンのジョン・パースリーとジーン・ガーネット。彼らは書き手をフィニッシュラインに導く達人だ。

最後に、妻リンダ・ハリスの、日頃からの、鋭い編集センスのある、献身的なサポートがなかったら、私の取り組みはいまも願望のままだったか、失敗に終わっていただろう。いつもながら、私は彼女に最大の恩義を感じている。

訳者あとがき

本書は Peter Ross Range, *1924: The Year That Made Hitler* の全訳である。

著者のピーター・ロス・レンジは、政治や国際情勢などを取材している米国のベテランジャーナリストで、ドイツで特派員をしていた経験を持つ。これまでに Kindle 向けの短いノンフィクションを二作発表しているが、本格的な著書は本作が初である。

レンジはなぜ、ヒトラーを、そして一九二四年という年を書くことにしたのか？ プロローグに彼はこう書いている。「明らかに歴史的意味が大きいにもかかわらず、この一年［一九二四年］はナチスの歴史の中で最も論じられていない、最も理解されていない時期のひとつだ」

なぜ、この一年は論じられていないのか？ その大きな理由は、ヒトラーが表立った活動をしていないということだろう。前年にミュンヘン一揆を起こしたヒトラーは、この一年の大半を刑務所で過ごした。「政治から身を引く」と宣言し、外界との接触を減らした。ナチスの激動の歴史の中では、たしかに地味な一年に思える。

しかしレンジに言わせれば、この一年こそが「ヒトラーを作った年」なのである。「一九二四年はヒトラーの焦点を革命から選挙へと移し、彼の信念を強固なものにし、乗り越えられないと思われた敗北からの見事なカムバックへの土台を作った」。ミュンヘン一揆の失敗によって、暴力的な革命は得策ではないと学んだヒトラーは、徐々に選挙への参加を考えるようになった――のちに彼が国政に進出し、やがてドイツの首相となることは言うまでもない。また、支持者たちから熱烈な崇拝を受け、自らを唯一絶対の存在とみなすようになった――ここから指導者原理(Führerprinzip)が発展していく。そして、自らの信念や思想を文章に表した――『わが闘争』である。

レンジはこの重要な一年(およびその前年)のヒトラーの動きを、膨大な資料をもとに、緻密に、鮮やかに、再現していく。バイエルン当局との駆け引き、ミュンヘン一揆の準備と実行、逮捕後の憂鬱、反逆罪裁判での熱弁、快適な刑務所暮らし、仲間や信奉者との交流、『わが闘争』の執筆。特に、詳細に描かれる反逆罪裁判の場面は、臨場感があり、本書のハイライトと言っていいだろう。この裁判がいかに異常なものであったかが、まざまざと伝わってくる。

もちろん、これまでいくつも出版されているヒトラーの評伝にも、一九二四年のことは書かれている。たとえば、著者も特に参考にしたというイアン・カーショー『ヒトラー(上)1889-1936 傲慢』(川喜田敦子訳、石田勇治監修、白水社)には、「今から振り返れば、一九二四年という年は、はるかに強い組織へと変革されて結束を固めたナチ党を完璧に統率する絶対的な指導者となるべく、衰退して分裂した民族至上主義運動の廃墟からヒトラーが姿を現しはじめたときだったと分かる」という記述があり、この一年の重要性が語られている。

しかし、ヒトラーの一生を網羅した大著の中でこの一年に触れるのと、時期を絞った本書の中でそれに触れるのとでは、受ける印象がやや異なるのではないだろうか。本書のプロローグに、

「アドルフ・ヒトラーの研究は豊富にあるが、その力点はやはり第三帝国の痛ましい十二年間、一九三三年から一九四五年にある」と書かれているが、包括的な評伝を読んだとき、序盤にそれほど多くないページで語られる一九二四年という年は、ともするとあまり印象に残らないかもしれない。それに対し、一九二四年およびその前年が大半のページを占める本書を読むと、この年の持つ大きな意味に否応なく気づかされる。その焦点の当て方、切り取り方に、本書の独自の面白さ、鋭さがあると言えるだろう。

本書はさまざまな文献に基づいた研究ではあるが、決してアカデミックなものではなく、あくまでジャーナリスティックなものである。ジャーナリスト、作家としてのレンジの力量は、裁判の場面のほか、刑務所生活の描写にも見てとれる。ナチスの下っ端たちが職員を言いくるめて酒を手に入れる話や、部下のボクシングの試合を見てヒトラーが興奮する話などは、ヒトラーやナチスの歴史の中では些細なことかもしれないが、一九二四年の彼らをリアルに、ある意味で身近に感じさせてくれる。

そしてこうした詳細な描写は、著者の意図したことかどうかはさておき、別の効果を上げているようにも思う。それは、対象をとことん具体的に書くことによって、逆にその対象が普遍的なものに見えてくるということである。本書はもちろんヒトラーの話だが、それと同時に、ある一人の男が力を獲得していく話としても読むことができるだろう。ここで語られていることは、現代にも起こりうるのではないだろうか。

レンジはいくつかの記事や講演で、ヒトラーとドナルド・トランプの類似点について語っている。たとえば、「ワシントン・ポスト」の「ドナルド・トランプとアドルフ・ヒトラーに共通する政治的リーダーシップ論」（二〇一六年七月二十五日）[1]では、現代の政治家とヒトラーを比較することの危うさを認め、両者の相違点を指摘しながらも、自分だけが国を危機から救うことができるという考えが二人の政治家に共通していると論じている。また、「USAトゥデイ」の「トランプの自伝『The Art of the Deal』には少しばかりの『わが闘争』がある」（二〇一六年三月三十一日）[2]でも、国の偉大さを強調していること、議会制民主主義を軽視していることなど、複数の類似点を挙げている。

　こうした現代との共通性は米国の読者のあいだでも語られており、ネット上の本書のレヴューには、「今日の状況との類似性に驚くだろう」、「投票の前に読むべき」〔本書の原著は大統領選挙より前の二〇一六年一月に発売された〕などのコメントが見られる。そういった意味で、本書は現代への警告の書としても読まれているわけだが、その警告は、米国とは事情が異なるとはいえ、日本においても有効であるに違いない。

　一九二四年の時点では、第三帝国の悪夢を未然に防ぐことができたかもしれなかった。レンジはプロローグに、「［一九二四年は］本来ならば彼［ヒトラー］のキャリアを終わらせるはずだった」と書いている。また、あるインタヴュー[3]では、多くの歴史のもしがあると言っている。「もしヒトラーが、隣にいた男に命中した銃弾に当たっていたら？　ボディーガードが彼を守っていなかったら？　ハンガーストライキで、あるいは逮捕時の自殺の試みで死んでいたら？　きちんとした裁判を受け、重い判決を下されていたら？　法律の規定どおり、国外追放になっていたら？」

　これらのもしのうち、最後の二つは、人々——司法関係者、そして世論——の取り組み次第で変えられた可能性のあることだ。

　第三章に書かれているとおり、この時期にヒトラーは、「民主主義はジョークだ」という発言をしている。そしてその約十年後、民主主義を徹底的に破壊し始めるのである。あらためて民主主義のあり方が問われているいま、この前世紀の歴史について考えるのは意味のあることだろう。

本書の翻訳にあたっては、亜紀書房の小原央明さんに大変お世話になった。心より感謝申し上げます。

二〇一八年一月

菅野楽章

1 https://www.washingtonpost.com/posteverything/wp/2016/07/25/the-theory-of-political-leadership-that-donald-trump-shares-with-adolf-hitler/?utm_term=.86788828cf96

2 https://www.usatoday.com/story/opinion/2016/03/31/donald-trump-hitler-political-instinct-greatness-apocalypse-elections-2016-column/82350670/

3 https://www.npr.org/templates/transcript/transcript.php?storyId=463028807

参考文献

Abel, Theodore. *Why Hitler Came Into Power.* Cambridge, MA: Harvard University Press, 1938. セオドル・アベル『ヒトラーとその運動　血盟六百の部下は斯く語る』小池四郎訳、実業之日本社、1940年

Arendt, Hannah. *Eichmann in Jerusalem: A Report on the Banality of Evil.* New York: Penguin, 1964.ハンナ・アーレント『エルサレムのアイヒマン　悪の陳腐さについての報告（新版）』大久保和郎訳、みすず書房、2017年

Baynes, N. H., ed. *Speeches of Adolf Hitler: Early Speeches, 1922–1924, and Other Selections.* New York: Howard Fertig, 2006.

Beierl, Florian, and Othmar Plöckinger. "Neue Dokumente zu Hitlers Buch *Mein Kampf.*" *Vierteljahrshefte für Zeitgeschichte* 57, no. 2 (2009): 261–279.

Berchem, Otto Freiherr von, in Gritschneder Nachlass, 238–258, Bayerisches Hauptstaatsarchiv, author's notes.

Bessel, Richard. *Germany After the First World War.* Oxford: Clarendon Press, 1993.

Bonn, M. J. *Wandering Scholar.* London: Cohen and West, 1949.

Boone, J. C. *Hitler at the Obersalzberg.* Self-published, 2008.

Bullock, Alan. *Hitler: A Study in Tyranny.* 1952. Rev. ed., New York: Konecky and Konecky, 1962. アラン・バロック『アドルフ・ヒトラー』大西尹明訳、みすず書房、1958–1960年

Bytwerk, Randall L., ed. *Landmark Speeches of National Socialism.* College Station: TX: A&M University Press, 2008.

Chamberlain, Houston Stewart. *Die Grundlagen des neunzehnten Jahrhunderts* (The Foundations of the Nineteenth Century). 1899. Translated by John Lees. 1911. Reprinted facsimile of 1899 edition, Chestnut Hill, MA: Adamant Media Corporation, 2003.

Craig, Gordon A. "Engagement and Neutrality in Weimar Germany." *Journal of Contemporary History* 2, no. 2 (Literature and Society) (1967): 49–63.

Craig, Gordon A. *The Germans.* New York: Meridian, 1983. ゴードン・A・クレイグ『ドイツ人』真鍋俊二訳、みすず書房、1993年

Craig, Gordon A. *Germany 1866–1945.* Oxford: Oxford University Press, 1978.

Cullen, Michael S. *Der Reichstag.* Berlin: Bebra Verlag, 1999.

Davidson, Eugene. *The Making of Adolf Hitler: The Birth and Rise of Nazism.* New York: Macmillan, 1977.

Deiler, Manfred. Archiv Manfred Deieler.

De Jonge, Alex. *The Weimar Chronicle: Prelude to Hitler.* New York: New American Library, 1978.

Deuerlein, Ernst. *Hitler: Eine politische Biographie.* Munich: List Verlag, 1959.

Deuerlein, Ernst. *Der Hitler-Putsch: Bayerische Dokumente zum 8./9. November 1923* (Sonderdruck aus Band 9). Stuttgart: Deutsche Verlags-Anstalt, 1962.

Deuerlein, Ernst. "Hitlers Eintritt in die Politik und die Reichswehr: Dokumentation." *Vierteljahrshefte für Zeitgeschichte* 7, no. 2 (1959).

Dietrich, Otto. *The Hitler I Knew: Memoirs of the Third Reich's Press Chief.* New York: Skyhorse Publishing, 2010.

Domarus, Max. *The Essential Hitler: Speeches and Commentary,* ed. Patrick Romane. Mundelein, IL: Bolchazy-Carducci, 2007.

Ehard, Hans. Nachlass (Ehard Papers), Bayerisches Hauptstaatsarchiv no. 94.

"Eindrücke eines Augenzeugen," *Münchener Zeitung,* front page, November 9, 1923.

Esser, Hermann documents (postwar interviews), Institut für Zeitgeschichte, ED 561/5-3.

Evans, Richard J. *The Coming of the Third Reich.* New York: Penguin, 2004.

Fest, Joachim C. *The Face of the Third Reich: Portraits of the Nazi Leadership*. 1970. Reprint, New York: Da Capo Press, 1999.

Fest, Joachim C. *Hitler.* New York: Harcourt Brace Jovanovich, 1973. ヨアヒム・フェスト『ヒトラー』赤羽龍夫・関楠生・永井清彦・佐瀬昌盛・鈴木満訳、河出書房新社、1975年

Fest, Joachim C. *Plotting Hitler's Death: The Story of the German Resistance.* Translated by Bruce Little. New York: Henry Holt, 1996.

Fleming, Gerald. *Hitler and the Final Solution.* Berkeley: University of California Press, 1982.

Forever in the Shadow of Hitler? Original documents of the Historikerstreit, the controversy concerning the singularity of the Holocaust. Translated by James Knowlton and Truett Cates. New Jersey: Humanities Press, 1993.

Fraenkel, Heinrich. *The German People Versus Hitler*. New York: Routledge, 1940.

Frank, Hans. *Im Angesicht des Galgens: Deutung Hitlers und seiner Zeit auf Grund eigener Erlebnisse und Erkenntnisse. Geschrieben im Nürnberger Justizgefängnis.* Munich: Friedrich Alfred Beck Verlag, 1953.

Frey, Alexander Moritz. *The Cross Bearers.* New York: Viking, 1930.

Friedrich, Otto. *Before the Deluge: A Portrait of Berlin in the 1920s.* New York: Harper and Row, 1972.

Gassert, Philipp, and Daniel S. Mattern. *The Hitler Library: A Bibliography.* Westport, CT: Greenwood Press, 2001.

Gay, Peter. *My German Question: Growing Up in Nazi Berlin.* New Haven: Yale University Press, 1998.

Gerlich, Fritz. *Ein Publizist gegen Hitler: Briefe und Akten 1930–1934.* Paderborn: Ferdinand Schöningh, 2010.

Gilbert, G. M. *Nuremberg Diary*. New York: Signet, 1947.

Goldensohn, Leon, ed. *Nuremberg Interviews: An American Psychiatrist's Conversations with the Defendants and Witnesses.* New York: Knopf, 2004. レオン・ゴールデンソーン『ニュルンベルク・インタビュー』ロバート・ジェラトリー編、小林等・高橋早苗・浅岡政子訳、河出書房新社、2005年

Gordon, Harold, J. Jr. *Hitler and the Beer Hall Putsch.* Princeton: Princeton University Press, 1972.

Görtemaker, Heike B. *Eva Braun: Life with Hitler.* Translated by Damion Searls. New York: Knopf, 2011. ハイケ・B・ゲルテマーカー『ヒトラーに愛された女　真実のエヴァ・ブラウン』酒寄進一訳、東京創元社、2012年

Gregor, Neil. *How to Read Hitler.* London: W. W. Norton and Company, 2005.
Gritschneder, Otto. *Bewährungsfrist für den Terroristen Adolf H.: Der Hitler-Putsch und die bayerische Justiz.* Munich: Verlag C. H. Beck, 1990.
Gritschneder, Otto. *Der Hitler-Prozess und sein Richter Georg Neithardt: Skandalurteil von 1924 ebnet Hitler den Weg.* Munich: Verlag C. H. Beck, 2001.
Gritschneder Nachlass, Bayerisches Hauptstaatsarchiv, Boxes 238–258.
Gruchmann, Lothar. "Hitlers Denkschrift an die Bayerische Justiz vom 16. Mai 1923," *Vierteljahrshefte für Zeitgeschichte* 39, no. 2 (1991).
Gruchmann, Lothar, and Reinhard Weber, eds., assisted by Otto Gritschneder. *Der Hitler-Prozess* (trial transcript): *Wortlaut der Hauptverhandlung vor dem Volksgericht München* 1, part 1–4. Munich: K. G. Saur, 1997 [cited in endnotes as *Hitler-Prozess* (trial transcript)].
Haffner, Sebastian. *Defying Hitler: A Memoir.* Translated by Oliver Pretzel. New York: Farrar, Straus and Giroux, 2000.
Haffner, Sebastian. *The Meaning of Hitler.* Cambridge, MA: Harvard University Press, 1983. セバスチャン・ハフナー『ヒトラーとは何か』瀬野文教訳、草思社文庫、2017年
Hamann, Brigitte. *Hitler's Vienna: A Dictator's Apprenticeship,* New York: Oxford University Press, 1999.
Hamann, Brigitte. *Winifred Wagner: A Life at the Heart of Hitler's Bayreuth.* New York: Harcourt, 2005. ブリギッテ・ハーマン『ヒトラーとバイロイト音楽祭　ヴィニフレート・ワーグナーの生涯』鶴見真理訳、吉田真監修、アルファベータ、2010年
Hanfstaengl, Ernst. *15 Jahre mit Hitler: Zwischen Weissem und Braunem Haus.* 1970. Reprint, Munich: R. Piper & Co. Verlag, 1980.
Hanfstaengl, Ernst. *Hitler: The Memoir of a Nazi Insider Who Turned Against the Führer.* 1957. Reprint, New York: Arcade, 2011.
Hanfstaengl, Ernst. "I Was Hitler's Closest Friend," *Cosmopolitan,* March 1943, p. 43.
Hanser, Richard. *Putsch! How Hitler Made Revolution*. New York: Peter H. Wyden, 1970.
Hant, Claus. *Young Hitler.* London: Quartet, 2010.
Harris, Robert. *Selling Hitler: The Extraordinary Story of the Con Job of the Century—The Faking of the Hitler "Diaries."* New York: Pantheon Books, 1986. ロバート・ハリス『ヒットラー売ります　偽造日記事件に踊った人々』芳仲和夫訳、朝日新聞社、1988年
Hauner, Milan. *Hitler: A Chronology of His Life and Time.* New York: St. Martin's, 1983.
Hayman, Ronald. *Hitler and Geli.* New York: Bloomsbury, 1997.
Heiden, Konrad. *The Führer.* Edison: Castle Books, 2002 (from editions of 1934–1939).
Heiden, Konrad. *Hitler-Biographie.* Vol. 1, *Adolf Hitler: Das Zeitalter der Verantwortungslosigkeit.* Zürich: Europaverlag, 1936.
Heinz, Heinz A. *Germany's Hitler.* London: Hurst and Blackett, 1934.
Hemmrich, Franz. "Adolf Hitler in der Festung Landsberg," handwritten, Institut für Zeitgeschichte, ED 153; Archiv Manfred Deiler.
Herf, Jeffrey. *The Jewish Enemy: Nazi Propaganda During World War II and the Holocaust.* Cambridge, MA: Harvard University Press, 2006.
Herf, Jeffrey. *Nazi Propaganda for the Arab World.* New Haven: Yale University Press, 2009. ジェフリー・ハーフ『ナチのプロパガンダとアラブ世界』星乃治彦・臼杵陽・熊野直樹・北村厚・今井宏昌訳、岩波書店、2013年

Herf, Jeffrey. *Reactionary Modernism: Technology, Culture, and Politics in Weimar and the Third Reich.* New York: Cambridge University Press, 1984. ジェフリー・ハーフ『保守革命とモダニズム 第三帝国のテクノロジー・文化・政治』中村幹雄・谷口健治・姫岡とし子訳、岩波書店、2017年

Hess, Rudolf. *Briefe 1908–1933: Herausgegeben von Wolf Rüdiger Hess.* Munich: Georg Müller Verlag, 1987.

Historisches Lexikon Bayerns, http://www.historisches-lexikon-bayerns.de/artikel/artikel_44472.

Hitler, Adolf. *Mein Kampf.* Translated by Ralph Manheim. Introduction by Konrad Heiden. 1943. Reprint, Boston: Houghton Mifflin, 1971.

Hitler, Adolf. *Mein Kampf: Zwei Bände in einem Band. Ungekürzte Ausgabe.* 851st–855th printing. Munich: Zentralverlag der NSDAP, Frz. Eher Nachf., 1943. アドルフ・ヒトラー『わが闘争』平野一郎・将積茂訳、角川文庫、1973年

Hitler, Adolf. *Monologe im Führerhauptquartier 1941–1944: Die Aufzeichnungen Heinrich Heims, ed. Werner Jochmann.* Hamburg: Albrecht Knaus, 1980.

Hitler, Adolf. "Warum musste ein 8. November kommen?" *Deutschlands Erneuerung*, April 1924.

"Hitler-Ludendorff Prozess," Akten, Auswärtiges Amt, Presse-Abteilung, Politisches Archiv des Auswärtigen Amts, Bd. 1, R 122415.

Hitler: Reden, Schriften, Anordnungen, Institut für Zeitgeschichte, Munich. 14 vols. (thus far). Munich.

Hitler's Secret Conversations, 1941–1944. Introduction by H. R. Trevor-Roper. New York: Farrar, Straus and Young, 1953.

Hoegner, Wilhelm (pseud). *Hitler und Kahr: Die bayerischen Napoleonsgrössen von 1923: Ein im Untersuchungsausschuss des Bayerischen Landtags aufgedeckter Justizskandal,* parts 1 and 2. Munich: Landesausschuss der S.P.D. in Bayern, 1928.

Hoegner, Wilhelm. *Die Verratene Republik: Deutsche Geschichte, 1919–1933.* 1958. Reprinted, Munich: Nymphenburger Verlagshandlung, 1979.

Hoffmann, Heinrich. *Hitler Was My Friend: The Memoirs of Hitler's Photographer.* 1955. Reprint, London: Frontline Books, 2011.

Hofmann, Hanns Hubert. *Der Hitlerputsch: Krisenjahre deutscher Geschichte 1920–1924.* Munich: Nymphenburger Verlagshandlung, 1961.

Horn, Wolfgang, "Ein unbekannter Aufsatz Hitlers aus dem Frühjahr 1924." *Vierteljahrshefte für Zeitgeschichte* 16, no. 3 (1968): 280–94.

Hoser, Paul. *Die politischen, wirtschaftlichen und sozialen Hintergründe der Münchner Tagespresse zwischen 1914 und 1934* 2 (series 3, *Europäische Hochschulschriften,* vol. 447). Frankfurt am Main: 1990 (diss. University of Munich, 1988).

Hoser, Paul. "Die Rosenbaum–Krawalle von 1921 in Memmingen." In *Geschichte und Kultur der Juden in Schwaben III. Zwischen Nähe, Distanz und Fremdheit,* edited by Peter Fassl, 95–110. Augsburg, 2007.

Jablonsky, David. *The Nazi Party in Dissolution: Hitler and the Verbotzeit 1923–1925.* London: Frank Cass, 1989.

Jäckel, Eberhard. *Hitlers Weltanschauung: Entwurf einer Herrschaft*. 1969. Rev. ed., Stuttgart: Deutsche Verlags-Anstalt, 1981. エバーハルト・イエッケル『ヒトラーの世界観　支配の構想』滝田毅訳、南窓社、1991年

Jäckel, Eberhard, and Axel Kuhn, eds. *Hitler: Sämtliche Aufzeichnungen, 1905–1924.* Stuttgart: Deutsche Verlagsanstalt, 1980.

Jetzinger, Franz. *Hitler's Youth.* Westport, CT: Greenwood Press, 1976.

Jochmann, Werner. *Nationalsozialismus und Revolution: Ursprung und Geschichte der NSDAP in Hamburg, 1922–1933: Dokumente.* (Veröffentlichungen der Forschungsstelle für die Geschichte des Nationalsozialismus in Hamburg, Bd. III). Frankfurt a. M.: Europäische Verlagsanstalt, 1963.

Junge, Traudl. *Until the Final Hour: Hitler's Last Secretary.* London: Weidenfeld and Nicolson, 2003.トラウデル・ユンゲ『私はヒトラーの秘書だった』足立ラーベ加代・高島市子訳、草思社、2004年

Kaes, Anton, Martin Jay, and Edward Dimendberg, eds. *The Weimar Republic Sourcebook.* Berkeley: University of California Press, 1994.

Kallenbach, Hans. *Mit Adolf Hitler auf Festung Landsberg.* Munich: Verlag Kress & Hornung, 1939.

Kellerhoff, Sven Felix. "Adolf Hitler wurde spät zum Antisemiten." *Die Welt,* March 3, 2009.

Kellerhoff, Sven Felix. 'Mein Kampf': *Die Karriere eines Buches.* Stuttgart: Klett-Cotta, 2015.

Kellerhoff, Sven Felix. "*Mein Kampf* zeigt Hitler als systematischen Denker." *Die Welt* (interview with Barbara Zehnpfennig), January 17, 2012.

Kempe, Frederick. *Father/Land: A Personal Search for the New Germany.* Bloomington: Indiana University Press, 1999.

Kempka, Erich. *I Was Hitler's Chauffeur: The Memoirs of Erich Kempka.* London: Frontline Books, 2010. エリヒ・ケムカ『ヒットラーを焼いたのは俺だ』長岡修一訳、同光社磯部書房、1953年

Kershaw, Ian. *Hitler: 1889–1936: Hubris.* London, New York: W. W. Norton, 1998. イアン・カーショー『ヒトラー（上）1889−1936　傲慢』川喜田敦子訳、石田勇治監修、白水社、2015年

Kershaw, Ian. *Hitler: 1936–1945: Nemesis.* London, New York: W. W. Norton, 2000. イアン・カーショー『ヒトラー（下）1936−1945　天罰』福永美和子訳、石田勇治監修、白水社、2016年

Klemperer, Victor. *I Will Bear Witness 1933–1941: A Diary of the Nazi Years.* Translated by Martin Chalmers. New York: Modern Library, 1999. ヴィクトール・クレンペラー『私は証言する　ナチ時代の日記（1933−1945年）』小川-フンケ里美・宮崎登訳、大月書店、1999年

Korn, Salomon. *Geteilte Erinnerung.* Berlin: Philo, 1999.

Kubizek, August. *The Young Hitler I Knew.* London: Greenhill Books, 2006. アウグスト・クビツェク『アドルフ・ヒトラー　我が青春の友』船戸満之・宗宮好和・桜井より子・宍戸節太郎訳、MK出版社、2004年／アウグスト・クビツェク『アドルフ・ヒトラーの青春　親友クビツェクの回想と証言』橘正樹訳、三交社、2005年

Lambert, Angela. *The Lost Life of Eva Braun.* New York: St. Martin's, 2006.

"Landsberg im 20. Jahrhundert." Bürgervereinigung zur Erforschung der Landsberger Zeitgeschichte. (Citizens' Association to Research Landsberg's Contemporary History). http://www.buergervereinigung-landsberg.de/gedenkstaette/landsberg.htm.

Laqueur, Walter. *Weimar: A Cultural History. 1918–1933.* New York: Putnam, 1974. ウォルター・ラカー『ワイマル文化を生きた人びと』脇圭平・八田恭昌・初宿正典訳、ミネルヴァ書房、1980年

Large, David Clay. *Where Ghosts Walked: Munich's Road to the Third Reich.* New York, London: W. W. Norton, 1997.

Larson, Erik. *In the Garden of Beasts: Love, Terror, and an American Family in Hitler's Berlin.* New York: Crown Publishers, 2011. エリック・ラーソン『第三帝国の愛人　ヒトラーと対峙したアメリカ大使一家』佐久間みかよ訳、岩波書店、2015年

Linge, Heinz. *With Hitler to the End: The Memoirs of Adolf Hitler's Valet.* London: Frontline Books, 2009.

Lipstadt, Deborah E. *The Eichmann Trial.* New York: Schocken Books, 2011.

Ludecke [Lüdecke], Kurt G. W. *I Knew Hitler: The Lost Testimony of a Survivor from the Night of the Long Knives.* 1938. Reprint, Barnsley, South Yorkshire: Pen & Word, 2013.

Lurker, Otto (SS-Sturmführer). *Hitler hinter Festungsmaurern: Ein Bild aus trüben Tagen.* Berlin: E. S. Mittler & Sohn, 1933.

Maier, Charles S. *The Unmasterable Past: History, Holocaust, and German National Identity.* Cambridge, MA: Harvard University Press, 1997.

Malzahn, Claus Christian. *Deutschland, Deutschland: Kurze Geschichte einer geteilten Nation.* Munich: Deutscher Taschenbuch Verlag, 2005.

Maser, Werner. *Adolf Hitler, Mein Kampf: der Fahrplan eines Welteroberers: Geschichte, Auszüge, Kommentare.* Esslingen: Bechtle, 1974.

Maser, Werner. *Hitlers* Mein Kampf: *Entstehung, Aufbau, Stil, Änderungen, Quellen, Quellenwert, kommentierte Auszüge.* Munich: Bechtle Verlag, 1966.

Maser, Werner. *Der Sturm auf die Republik: Frühgeschichte der NSDAP.* Stuttgart: Deutsche Verlags-Anstalt, 1973.

Maser, Werner, ed. *Hitler's Letters and Notes.* New York: Bantam, 1976.

Mommsen, Hans. *Aufstieg und Untergang der Republik von Weimar 1918–1933.* Berlin: Ullstein, 1989–2009.

Mommsen, Hans. *The Rise and Fall of Weimar Democracy.* Chapel Hill: University of North Carolina Press, 1989. ハンス・モムゼン『ヴァイマール共和国史　民主主義の崩壊とナチスの台頭』関口宏道訳、水声社、2001年

Moorhouse, Roger. *Killing Hitler: The Plots, the Assassins, and the Dictator Who Cheated Death.* New York: Bantam Dell, 2006. ロジャー・ムーアハウス『ヒトラー暗殺』高儀進訳、白水社、2007年

Müller, Karl Alexander von. *Im Wandel einer Welt, Erinnerungen, 1919–1932.* Munich: Süddeutscher Verlag, 1966.

Müller, Karl Alexander von. *Mars und Venus: Erinnerungen 1914–1919.* Stuttgart: Verlag Gustav Klippert, 1954.

Nagorski, Andrew. *Hitlerland: American Eyewitnesses to the Nazi Rise to Power.* New York: Simon and Schuster, 2012. アンドリュー・ナゴルスキ『ヒトラーランド　ナチの台頭を目撃した人々』北村京子訳、作品社、2014年

Nerdinger, Winifried, Hans Günter Hockerts, Marita Krauss, Peter Longerich, Mirjana Grdanjski, and Markus Eisen, eds. *Munich and National Socialism: Catalogue of the Munich Documentation Center for the History of National Socialism.* Munich: C. H. Beck, 2015.

Nicholls, A. J. *Weimar and the Rise of Hitler,* 4th ed. New York: St. Martin's, 2000. A・J・ニコルズ『ヴァイマール共和国とヒトラーの台頭』関口宏道訳、太陽出版、1983年

Noakes, J., and G. Pridham, eds. *Nazism: A History in Documents and Eyewitness Accounts 1919–1945. Vol. 1, The Nazi Party, State and Society 1919–1939.* New York: Schocken Books, 1983.

O'Donnell, James P. *The Bunker: Hitler's Last Days and Suicide.* New York: Bantam Books, 1979.

Ott, Alois Marie. "Aber plötzlich sprang Hitler auf..." *Bayern Kurier,* November 3, 1973.

Persico, Joseph E. *Nuremberg: Infamy on Trial.* New York: Penguin, 1994. ジョゼフ・E・パーシコ『ニュルンベルク軍事裁判』白幡憲之訳、原書房、2003年

Phelps, Reginald H. "Hitler als Parteiführer im Jahre 1920," *Vierteljahrshefte für Zeitgeschichte* 11, no. 3 (1963).

Plöckinger, Othmar. *Geschichte eines Buches: Adolf Hitlers "Mein Kampf" 1922–1945: Eine Veröffentlichung des Instituts für Zeitgeschichte.* Munich: R. Oldenbourg Verlag, 2006.

Plöckinger, Othmar. *Unter Soldaten und Agitatoren: Hitlers prägende Jahre im deutschen Militär, 1918–1920.* Paderborn: Ferdinand Schöningh, 2013.

Pommerin, Reiner. "Die Ausweisung von 'Ostjuden' aus Bayern 1923," *Vierteljahrshefte für Zeitgeschichte* 34, no. 3 (1986).

Rabenau, Friedrich von Seeckt. *Aus seinem Leben 1918–1936.* Leipzig: Hase, 1941.

Rauschning, Hermann. *Hitler Speaks: A Series of Political Conversations with Adolf Hitler on His Real Aims.* London: Thornton Butterworth, 1939. ヘルマン・ロウシュニング『ヒットラーは語る』新興之日本社、1940年

Read, Anthony. *The Devil's Disciples: Hitler's Inner Circle.* New York, London, 2003.

Remak, Joachim, ed. *The Nazi Years: A Documentary History.* New York: Simon and Schuster, 1969.

Reuth, Ralf Georg. *Goebbels.* Translated by Krishna Winston. New York: Harcourt Brace, 1993.

Rhodes, Richard. *Masters of Death: The SS-Einsatzgruppen and the Invention of the Holocaust.* New York: Knopf, 2002.

Rosenbaum, Ron. *Explaining Hitler: The Search for the Origins of His Evil.* New York: Harper Perennial, 1999.

Rosenbaum, Ron, ed. *Those Who Forget the Past: The Question of Anti-Semitism.* New York: Random House, 2004.

Rosenberg, Alfred. *Memoirs of Alfred Rosenberg, with commentaries by Serge Lang and Eric Posselt.* Chicago: Ziff-Davis, 1949.

Rosenberg, Alfred. *The Myth of the Twentieth Century: An Evaluation of the Spiritual-Intellectual Confrontations of our Age.* 1930. Reprint, Torrance, CA: Noontide Press, 1982.アルフレート・ローゼンベルク『二十世紀の神話　現代の心霊的・精神的な価値争闘に対する一つの評価』吹田順助・上村清延訳、中央公論社、1938年

Ryback, Timothy W. *Hitler's Private Library: The Books that Shaped His Life.* New York: Knopf, 2008. ティモシー・ライバック『ヒトラーの秘密図書館』赤根洋子訳、文春文庫、2012年

Sales, Raoul de Roussy de, ed. *Adolf Hitler: My New Order.* New York: Reynal and Hitchcock, 1941.

Schroeder, Christa. *He Was My Chief: The Memoirs of Adolf Hitler's Secretary.* London: Frontline Books, 2009.

Sherratt, Yvonne. *Hitler's Philosophers.* New Haven: Yale University Press, 2013. イヴォンヌ・シェラット『ヒトラーと哲学者　哲学はナチズムとどう関わったか』三ツ木道夫・大久保友博訳、白水社、2015年

Shirer, William L. *Berlin Diary. The Journal of a Foreign Correspondent 1934–1941.* New York: Knopf, 1941. ウィリアム・L・シャイラー『ベルリン日記　1934−1940』大久保和郎・大島かおり訳、筑摩書房、1977年

Shirer, William L. *The Rise and Fall of the Third Reich: A History of Nazi Germany.* New York: Simon and Schuster, 1960. ウィリアム・L・シャイラー『第三帝国の興亡』松浦伶訳、東京創元社、2008–2009年

Sigmund, Anna Maria. *Des Führers bester Freund: Hitler, seine Nichte Geli Raubal und der "Ehrenarier" Emil Maurice—eine Dreiecksbeziehung.* Munich: Wilhelm Heyne Verlag, 2005.

Sigmund, Anna Maria. *Women of the Third Reich*. Richmond Hill, ON: NDE Publishing, 2000. アンナ・マリア・ジークムント『ナチスの女たち』西上潔・平島直一郎訳、東洋書林、2009年

Smith, Truman. *Berlin Alert: The Memoirs and Reports of Truman Smith.* Stanford, CA: Hoover Institution Press, 1984.

Snyder, Louis L. *Encyclopedia of the Third Reich.* New York: Paragon House, 1989.

Snyder, Timothy. *Bloodlands: Europe Between Hitler and Stalin.* New York: Basic Books, 2010. ティモシー・スナイダー『ブラッドランド：ヒトラーとスターリン　大虐殺の真実』布施由紀子訳、筑摩書房、2015年

Sommer, Karl. *Beiträge zur bayerischen und deutschen Geschichte in der Zeit von 1910–1933.* Munich: Selbstverlag der Erben, 1981 (Bayerische Staatsbibliothek).

Speer, Albert. *Erinnerungen.* Berlin: Propyläen Verlag, 1969. アルベルト・シュペーア『第三帝国の神殿にて　ナチス軍需相の証言』品田豊治訳、中公文庫、2001年

Steger, Bernd, "Der Hitlerprozess und Bayerns Verhältnis zum Reich 1923/24." *Vierteljahrshefte für Zeitgeschichte* 25, no. 4 (1977): 44–66.

Steinweis, Alan E. *Studying the Jew: Scholarly Antisemitism in Nazi Germany.* Cambridge, MA: Harvard University Press, 2006.

Stern, Fritz. *The Politics of Cultural Despair: A Study in the Rise of the Germanic Ideology.* Berkeley: University of California Press, 1961. フリッツ・スターン『文化的絶望の政治　ゲルマン的イデオロギーの台頭に関する研究』中道寿一訳、三嶺書房、1988年

Sturm, Reinhard. "Weimarer Republik. Informationen zur politisichen Bildung." Vol. 261. Bonn: Bundeszentrale für politische Bildung (2011). ISSN 0046-9408.

Toland, John. *Adolf Hitler.* Vols. 1 and 2. New York: Doubleday, 1976. ジョン・トーランド『アドルフ・ヒトラー』永井淳訳、集英社文庫、1990年

Toland, John. *Hitler: The Pictorial Documentary of His Life.* New York: Ballantine Books, 1976.

Trevor-Roper, H. R. *The Last Days of Hitler.* New York: Macmillan, 1947. H・R・トレヴァ゠ローパー『ヒトラー最期の日』橋本福夫訳、筑摩書房、1975年

Tyrell, Albrecht. *Führer befiehl... Selbstzeugnisse aus der "Kampfzeit" der NSDAP.* Düsseldorf: Droste Verlag, 1969.

Tyrell, Albrecht. *Vom 'Trommler' zum 'Führer': Der Wandel von Hitlers Selbstverständnis zwischen 1919 und 1924 und die Entwicklung der NSDAP*. Munich: Fink, 1975.

Ullrich, Volker. *Adolf Hitler: Biographie:* Vol. 1, *Die Jahre des Aufstiegs 1889–1939.* Frankfurt am Main: S. Fischer Verlag, 2013.

Viereck, George Sylvester. "Hitler: The German Explosive." *American Monthly,* October 1, 1923.

Von Below, Nicolaus. *At Hitler's Side: The Memoirs of Hitler's Luftwaffe Adjutant 1937–1945.* Translated by Geoffrey Brooks. London: The Military Book Club, 2001.

"Von guter Selbstzucht und Beherrschung." *Der Spiegel,* April 17, 1989, p. 61.

Waite, Robert G. L. *The Psychopathic God: Adolf Hitler*. New York: Basic Books, 1977.

Weber, Thomas. *Hitler's First War: Adolf Hitler, the Men of the List Regiment, and the First World War.* Oxford: Oxford University Press, 2010.

Wehler, Hans-Ulrich. *Scheidewege der deutschen Geschichte.* Munich: Beck, 1995.

Weinberg, Gerhard, L., ed. *Hitler's Second Book: The Unpublished Sequel to* Mein Kampf *by Adolf Hitler.* New York: Enigma Books, 2003. アドルフ・ヒトラー『ヒトラー第二の書　自身が刊行を禁じた「続・わが闘争」』立木勝訳、成甲書房、2004年／アドルフ・ヒトラー『続・わが闘争　生存圏と領土問題』平野一郎訳、角川文庫、2004年

Weinberg, Gerhard L., ed. *Hitler's Table Talk 1941–1944: His Private Conversations.* London: Enigma Books, 2000–2008. アドルフ・ヒトラー『ヒトラーのテーブル・トーク　1941−1944』ヒュー・トレヴァー゠ローパー解説、吉田八岑監訳、三交社、1994年

Winkler, Heinrich August. *Germany: The Long Road West. Vol. I, 1789–1933.* Translated by Alexander J. Sager. Oxford: Oxford University Press, 2006–2007. ハインリヒ・アウグスト・ヴィンクラー『自由と統一への長い道（1）　ドイツ近現代史1789−1933年』後藤俊明・奥田隆男・中谷毅・野田昌吾訳、昭和堂、2008年

Wucher, Albert. *Die Fahne hoch: Das Ende der Republik and Hitlers Machtübernahme.* Munich: Süddeutscher Verlag, 1963.

Zehnpfennig, Barbara. *Adolf Hitler: Mein Kampf: Weltanschauung und Programm: Studienkommentar.* Paderborn: Wilhelm Fink, 2011.

Zehnpfennig, Barbara. "Ein Buch mit Geschichte, ein Buch der Geschichte: Hitler's 'Mein Kampf,' " *Aus Politik und Zeitgeschichte,* Bundeszentrale für politische Bildung, 2015.

Zentner, Christian. *Adolf Hitlers* Mein Kampf: *Eine kommentierte Auswahl.* Munich: Paul List Verlag, 1974.

参照したドイツの新聞・雑誌（1924年、ヒトラーの裁判の期間）

Allgemeine Rundschau
Allgemeine Zeitung
Augsburger Postzeitung
Bayerischer Kurier
Berliner Tageblatt
Darmstädter Tagblatt
Das Bayerische Vaterland
Der Bund (Bern)
Der Oberbayer
Deutsche Presse
Frankfurter Zeitung
Grossdeutsche Zeitung
Hamburger Fremdenblatt
München-Augsburger-Abendzeitung
Münchener Zeitung
Münchner Neueste Nachrichten
Münchener Post
Neue Freie Presse (Vienna)

Neue Freie Volkszeitung
Neues Münchener Tagblatt
Saarbrücker Zeitung
Süddeutsche Zeitung
Völkischer Beobachter
Völkischer Kurier
Vorwärts
Vossische Zeitung

風刺出版物

Fliegende Blätter
Ulk
Lachen Links
Kladderadatsch

その他

New York Times
The Times (London)
Le Temps (Paris)
Le Petit Parisien (Paris)

註

プロローグ　不可解な躍進

1. Richard Hanser, *Putsch! How Hitler Made Revolution* (New York: David McKay Co., 1970), 389.
2. Karl Sommer, *Beiträge zur bayerischen und deutschen Geschichte in der Zeit von 1910–1933* (Bayreuth: Hopf, 1991), 197.
3. Hans Frank, *Im Angesicht des Galgens* (Munich: Alfred Beck Verlag, 1953), 46–47.
4. Hanser, *Putsch!*, 396.
5. Heinrich August Winkler, *Germany: The Long Road West, Volume I: 1789–1933* (New York: Oxford University Press), 2006–2007, 2.
6. Frank, *Im Angesicht*, 25.
7. Robin Blick, "Fascism in Germany," 1975, https://www.marxists.org/subject/fascism/blick/ch13.htm.

第一章　ミッション発見

1. Ian Kershaw, *Hitler: 1889–1936: Hubris* (New York: W. W. Norton & Company, 1998), 73.
2. Ernst Deuerlein, "Der Hitler-Putsch: Bayerische Dokumente zum 8./9. November 1923 (Sonderdruck aus Band 9)," 79.
3. Wilhelm Hoegner (anon.), *Hitler und Kahr: Die bayerischen Napoleonsgrössen von 1923: Ein im Untersuchungsausschuss des Bayerischen Landtags aufgedeckter Justizskandal*, parts 1 and 2 (Munich, 1928), 53.
4. *Hitler-Prozess* (trial transcript), part 1, 49.
5. Hans Mommsen, *Aufstieg und Untergang der Republik von Weimar 1918–1933* (Berlin: Ullstein Taschenbuch, 1989–2009), 645–47.
6. Reinhard Sturm, "Weimarer Republik Informationen zur politischen Bildung," 261 (2011), Bundeszentrale für politische Bildung: Bonn (ISSN 0046-9408).
7. David Clay Large, *Where Ghosts Walked: Munich's Road to the Third Reich* (London: W. W. Norton, 1997), 159.
8. Kershaw, *Hitler: 1889–1936*, 170–71.
9. David Jablonsky, *The Nazi Party in Dissolution: Hitler and the Verbotzeit 1923–1925* (London: Routledge, 1989), 7.
10. Eugene Davidson, *The Making of Adolf Hitler: The Birth and Rise of Nazism* (New York: Macmillan, 1977), 186, citing Otto Gessler, *Reichswehrpolitik in der Weimarer Zeit* (Stuttgart: Deutsche Verlags-Anstalt, 1958), 248.
11. Gordon A. Craig, *Germany: 1866–1945* (New York: Oxford University Press, 1978), 434.
12. *Hitler-Prozess* (trial transcript), part 1, 61.

13. Brigitte Hamann, *Hitler's Vienna: A Dictator's Apprenticeship* (New York: Oxford University Press, 1999), 164; Kershaw, *Hitler: 1889–1936*, 54–56.
14. Volker Ullrich, *Adolf Hitler: Biographie: Band I: Die Jahre des Aufstiegs 1889–1939* (S. Fischer; Frankfurt am Main, 2013), 52, with footnote to his letter to the magistrate of Linz, January 21, 1914; Kershaw, *Hitler: 1889–1936*, 52.
15. Adolf Hitler, *Mein Kampf: Zwei Bände in einem Band, Ungekürzte Ausgabe*, 851st–855th. (Munich: Zentralverlag der NSDAP, Frz. Eher Nachf., 1943), 137.
16. Hitler, *Mein Kampf*, 13.
17. Hitler, *Mein Kampf*, 83–86.
18. Hitler's outline for *Mein Kampf*, Blatt 10, Florian Beierl and Othmar Plöckinger, "Neue Dokumente zu Hitlers Buch *Mein Kampf*." *Vierteljahrshefte für Zeitgeschichte* 57, no. 2 (2009): 310. 著作権上の理由から、18ページの原本は印刷版でしか見ることができず、オンライン版では閲覧できない。
19. Hitler, *Mein Kampf*, 44–45.
20. Hitler, *Mein Kampf*, 59.
21. Kershaw, *Hitler: 1889–1936*, 61–62. ヒトラーの反セム主義が芽生えたのは後年、第一次世界大戦後のミュンヘンであったと論じる歴史家たちもいる。Sven Felix Kellerhoff, "Adolf Hitler wurde spät zum Antisemiten," *Die Welt*, March 3, 2009参照。
22. 著者のインタヴュー（2015年2月2日）。
23. Hitler, *Mein Kampf*, 139.
24. Hitler, *Mein Kampf*, 138.
25. Ullrich, *Adolf Hitler*, 63.
26. Milan Hauner, *Hitler: A Chronology of His Life and Time* (New York: Milan Hauner, 1983), 12.
27. ハインリヒ・ホフマンによる群衆写真。"Hitler—wie ich ihn sah," part 1, ZDF History, https://www.youtube.com/watch?v=vw356iha8so, 20–47 seconds, television documentary.
28. Hitler's outline for *Mein Kampf*, Blatt 9, Beierl and Plöckinger, "Neue Dokumente," 304.
29. Kershaw, *Hitler: 1889–1936*, 73.
30. Frank, *Im Angesicht*, 46; Thomas Weber, *Hitler's First War: Adolf Hitler, the Men of the List Regiment, and the First World War* (New York: Oxford University Press, 2010), 140.
31. Weber, *Hitler's First War*, 139.
32. Kershaw, *Hitler: 1889–1936*, Illustration 8, 162–63.
33. Gerhard L. Weinberg, ed., *Hitler's Table Talk 1941–1944: His Private Conversations* (New York: Enigma Books, 2000–2008), 177.
34. Weber, *Hitler's First War*, 139–41, from U.S. interrogators.
35. Weber, *Hitler's First War*, 142–43.
36. Weber, *Hitler's First War*, 53.
37. Hitler, *Mein Kampf*, 223.
38. Hitler, *Mein Kampf*, 64.
39. Hitler, *Mein Kampf*, 224.
40. Hauner, *Hitler*, 16.
41. Winifried Nerdinger, Hans Günter Hockerts, Marita Krauss, Peter Longerich, Mirjana Grdanjski, and Markus Eisen, eds., *Munich and National Socialism: Catalogue of the Munich Documentation Center for the History of National Socialism* (Munich: C. H. Beck, 2015), 52.
42. Kershaw, *Hitler: 1889–1936*, 124.

43. Kershaw, *Hitler: 1889–1936,* 123; Ernst Deuerlein, "Hitlers Eintritt in die Politik und die Reichswehr: Dokumentation," *Vierteljahrshefte für Zeitgeschichte,* 7, no. 2 (1959): 179–84; Karl Alexander von Müller, *Mars und Venus: Erinnerungen 1914–1919* (Stuttgart, 1954), 338. ミュラーは評判の高い学者だが、第三帝国期にナチスの「シンパ」となった問題のある人物でもある。彼はナチ党に加入し、何人かの重要な反セム論者を教育し、その職業的地位で政権に貢献した。とはいえ、自身では下卑た文章を書かないようにしていた。ナショナリスト的な傾向が強く、1930年代にヒトラー政権を支持したとはいえ、1920年代のヒトラーの出世の時代の目撃者としてミュラーの信用性を割り引いて考える理由はないと、歴史家たちは考えているようだ。
44. Hitler, *Mein Kampf,* 235.
45. Deuerlein, "Hitlers Eintritt," 200.
46. Hitler, *Mein Kampf,* 3.
47. August Kubizek, *The Young Hitler I Knew* (London: Greenhill Books, 2006), 37; Kershaw, *Hitler: 1889–1936,* 21.
48. Kershaw, *Hitler: 1889–1936,* 132.
49. Albrecht Tryell, *Führer befiehl... Selbstzeugnisse aus der "Kampfzeit" der NSDAP* (Düsseldorf, 1969), 20. ドレクスラーは、「わが政治的目覚め」について書いた手紙の中で、いまも*Schraubstock*で働いていると言っている。
50. Hauner, *Hitler,* 17–18.
51. Hitler, *Mein Kampf,* 237–38.
52. Hitler, *Mein Kampf,* 238.
53. Mommsen, *Aufstieg und Untergang,* 205–6.
54. Ernst Hanfstaengl, *Hitler: The Memoir of a Nazi Insider Who Turned Against the Führer* (New York: Arcade Publishing, 1957), 2011, 39.
55. Hitler, *Mein Kampf,* 239.
56. Kershaw, *Hitler: 1889–1936,* 126.
57. Konrad Heiden, *Adolf Hitler: Das Zeitalter der Verantwortungslosigkeit,* vol.1 (Zurich: Europaverlag, 1936), 76–77.
58. Hoegner, *Hitler und Kahr,* part 2, 102.

第二章　魅了された集団

1. Joachim C. Fest, *Hitler* (New York: Harcourt Brace Jovanovich, 1973), 165.
2. Raoul de Roussy de Sales, ed., *Adolf Hitler: My New Order* (New York: Reynal and Hitchcock, 1941), 6.
3. Reginald H. Phelps, "Hitler als Parteiführer im Jahre 1920," *Vierteljahrshefte für Zeitgechichte* 11, no 3 (1963): 295, from police report.
4. Hitler, *Mein Kampf,* 527.
5. Hitler, *Mein Kampf,* 524.
6. Kershaw, *Hitler: 1889–1936,* 152.
7. ヒトラーの演説（1922年4月12日）。Roussy de Sales, *Adolf Hitler,* 22.
8. Hanfstaengl, *Hitler,* 51 and 89.
9. Hermann Esser, documents (interviews), Institut für Zeitgeschichte, ED 561/5–3.
10. ヴュルテンベルクの使節。Mommsen, *Aufstieg und Untergang,* 209.
11. Hitler, *Mein Kampf,* 556.
12. Hitler, *Mein Kampf,* 542.

13. Hagen Schulze, *Freikorps und Republik 1918–1920* (Boppard am Rhein: H. Boldt, 1969); Robert Gerwarth and John Horne, *War in Peace: Paramilitary Violence in Europe After the Great War* (Oxford: Oxford University Press, 2012), 70.
14. Trevor-Roper, *Hitler's Secret Conversations, 1941–1944* (New York: Farrar, Straus and Young, 1953), 126.
15. Othmar Plöckinger, *Geschichte eines Buches: Adolf Hitlers "Mein Kampf" 1922-1945: Eine Veröffentlichung des Instituts für Zeitgeschichte* (Munich: R. Oldenbourg Verlag, 2006), 52.
16. Frank, *Im Angesicht,* 31.
17. Plöckinger, *Geschichte,* 13.
18. Kershaw, *Hitler: 1889–1936,* 158.
19. Truman Smith, *Berlin Alert: The Memoirs and Reports of Truman Smith* (Stanford: Hoover Institution Press, 1984), 46.
20. Hanfstaengl, *Hitler,* 36–37.
21. Hanfstaengl, *Hitler,* 47–51.
22. Kershaw, *Hitler: 1889–1936,* 189.
23. Hanfstaengl, *Hitler,* 42.
24. Adolf Hitler, *Monologe im Führerhauptquartier 1941–1944: Die Aufzeichnungen Heinrich Heims,* ed. *Werner Jochmann* (Hamburg: Albrecht Knaus, 1980), 43.
25. Historisches Lexikon Bayerns, http://www.historisches-lexikon-bayerns.de/artikel/artikel_44472.
26. Fest, *Hitler,* 165.
27. Eberhard Jäckel and Axel Kuhn, eds., *Hitler: Sämtliche Aufzeichnungen, 1905-1924* (Stuttgart: Deutsche Verlagsanstalt, 1980), 728.

第三章　高まる圧力

1. Hanser, *Putsch!,* 319.
2. Ullrich, *Adolf Hitler: Biographie,* 156.
3. Kershaw, *Hitler: 1889–1936,* 193.
4. http://en.wikipedia.org/wiki/Reichswehr.
5. Davidson, *The Making of Adolf Hitler,* 189.
6. Hanfstaengl, *Hitler,* 86.
7. Hauner, *Hitler,* 39; Hanfstaengl, *Hitler,* 85–86.
8. Phelps, "Hitler als Parteiführer," 274–97.
9. Hanfstaengl, *Hitler,* 52.
10. Tryell, *Führer befiehl,* 48.
11. Heinrich Hoffmann, *Hitler Was My Friend: The Memoirs of Hitler's Photographer* (London: Frontline Books, 1955, 2011), 45.
12. Hanfstaengl, *Hitler,* 34.
13. Hanfstaengl, *Hitler,* 70.
14. Ernst Deuerlein, *Hitler: Eine politische Biographie* (Munich: List Verlag, 1959), 165–66.
15. J. Noakes and G. Pridham, eds. *Nazism: A History in Documents and Eyewitness Accounts 1919–1945, Vol. 1: The Nazi Party, State and Society 1919–1939* (New York: Schocken Books, 1983), 25–26.
16. Roussy de Sales, *Adolf Hitler,* xiii. 1933～36年、ドイツの支配者となったあとも、ヒトラーは時間を見つけて600回の演説を行った。
17. Phelps, "Hitler als Parteiführer," 286.

18. Sven Felix Kellerhoff, *Mein Kampf: Die Karriere eines deutschen Buches* (Stuttgart: Klett-Cotta, 2015), 211.
19. Kellerhoff, *Mein Kampf: Die Karriere,* 76.
20. Jeffrey Herf, *The Jewish Enemy: Nazi Propaganda During World War II and the Holocaust* (Cambridge, MA: Harvard University Press, 2006), viii.
21. George Sylvester Viereck, "Hitler: The German Explosive," *The American Monthly,* October 1, 1923.
22. Plöckinger, *Geschichte,* 13.
23. Hanfstaengl, *Hitler,* 80.
24. Ernst "Putzi" Hanfstaengl, "I Was Hitler's Closest Friend," *Cosmopolitan,* March, 1943, 43.
25. Lothar Gruchmann, "Hitlers Denkschrift an die Bayerische Justiz vom 16. Mai 1923," *Vierteljahrshefte für Zeitgeschichte,* 39, no. 2 (1991): 324.
26. George Sylvester Viereck, "Hitler: The German Explosive," *The American Monthly,* October 1, 1923; Hauner, *Hitler,* 42.
27. Konrad Heiden, *The Führer: Hitler's Rise to Power* (New York: Carroll & Graf, 1999), 224.
28. Rudolf Hess, *Briefe 1908–1933: Herausgegeben von Wolf Rüdiger Hess (Munich: Georg Müller Verlag, 1987),* 299.
29. Hanfstaengl, *Hitler,* 83.

第四章　熱い秋

1. Mommsen, Hans, *Aufstieg und Untergang,* 212.
2. *New York Times,* September 3, 1923; Read, *The Devil's Disciples: Hitler's Inner Circle* (New York: W. W. Norton, 2003), 86.
3. Anthony Read, *The Devil's Disciples: Hitler's Inner Circle (New York: W. W. Norton, 2003),* 86, by police estimates.
4. Hauner, Hitler, 42, reference to *New York Times,* September 3, 1923.
5. Hauner, *Hitler,* 42; Read, *The Devil's Disciples,* 87.
6. Large, *Where Ghosts Walked,* 172; Reiner Pommerin, "Die Ausweisung von 'Ostjuden' aus Bayern 1923," *Vierteljahrshefte für Zeitgeschichte,* 34, no. 3 (1986): 311.
7. 1924年の反逆罪裁判でヒトラーは、ゼークトの妻はユダヤ人ではないと分かったと言った。「フェルキッシャー・ベオバハター」は撤回の声明を出そうとしたが、ほかの出来事が重なり、発表されなかった。*Hitler-Prozess* (trial transcript), 39.
8. Wilhelm Hoegner, *Die Verratene Republik: Deutsche Geschichte, 1919–1933* (Munich: Nymphenburger Verlagshandlung, 1979), 171.
9. Hoegner, *Die Verratene Republik,* 171.
10. Hanns Hubert Hofmann, Der *Hitlerputsch: Krisenjahre deutscher Geschichte 1920–1924* (Munich: Nymphenburger Verlagshandlung, 1961), 124.
11. Hofmann, *Der Hitlerputsch,* 128, based on Friedrich von Rabenau, *Seeckt: Aus seinem Leben 1918–1936* (Leipzig: Hase & Koehler, 1940), 370.
12. Hoegner, *Hitler und Kahr,* 85.
13. Hoegner, *Hitler und Kahr,* 13.
14. Read, *The Devil's Disciples,* 91; Hoegner, *Die Verratene Republik,* 176.
15. Hofmann, *Der Hitlerputsch,* 284–94.
16. *Hitler-Prozess* (trial transcript), 162.
17. Hoegner, *Hitler und Kahr,* 114–15.

18. Hoegner, *Hitler und Kahr,* 114–15.
19. 「ベルリン日報」によれば、ザイサーは裁判の証言の中で、どちらの発言も「誠実でなく、勝手なでっち上げ」だったと言った。"Die Verfassungsverstösse," *Berliner Tageblatt,* March 12, 1924.
20. *Hitler-Prozess* (trial transcript), 1005.
21. Jäckel and Kuhn, *Hitler: Sämtliche Aufzeichnungen,* 1032.
22. Otto Freiherr von Berchem, in Gritschneder *Nachlass (Papers), Bayerisches Hauptstaatsarchiv,* 238–58, author's notes. Hoegner, *Hitler und Kahr*, 116–17も参照。
23. *Hitler-Prozess* (trial transcript), 791.
24. Hoegner, *Hitler und Kahr,* 80.
25. Hoegner, *Hitler und Kahr,* 79–80. とはいえ彼は裁判でこの点に関し、「ロッソウ、ザイサー、私には、ベルリンに対して軍事行動等を行うという案はなかった」ときっぱり主張している。*Hitler-Prozess* (trial transcript), 792.
26. Hoegner, *Hitler und Kahr,* 80.
27. Hanfstaengl, *Hitler,* 88–89.
28. Robert Schauffler, "Munich—A City of Good Nature," *Century,* 56 (1909), 71.
29. Hoegner, *Hitler und Kahr,* 53.
30. Hoegner, *Hitler und Kahr,* 53.
31. Hoegner, *Hitler und Kahr,* 52.
32. "Wir müssen diese Leute hineinkompromettieren." Hanfstaengl, *Hitler,* 88.
33. Hoegner, *Hitler und Kahr,* 81.
34. Hofmann, *Der Hitlerputsch,* 143.
35. Hoegner, *Hitler und Kahr,* 127.
36. Hoegner, *Hitler und Kahr,* 121.
37. Hoegner, *Hitler und Kahr,* 136–38.
38. Hoegner, *Hitler und Kahr,* 136–37.
39. ヘグナーはこう書いている。「ここ数年、バイエルン政府が頻繁に流れるプッチの噂をきっぱりと……嘲笑うように否定するのは、おきまりの遊びになっている」。Hoegner, *Hitler und Kahr,* 136.

第五章　ミュンヘン一揆（プッチ）

1. Karl Sommer, *Beiträge zur bayerischen* (author's files), 197.
2. "Eindrücke eines Augenzeugen," *Münchener Zeitung,* November 9, 1923 (front page).
3. H. Francis Freniere, Lucie Karcic, Philip Fandek (translators), *The Hitler Trial before the People's Court in Munich* (Arlington, VA: University Publications of America, 1976), 65.
4. *Hitler-Prozess* (trial transcript), part 1, 50.
5. *Hitler-Prozess* (trial transcript), part 1, 309.
6. *Hitler-Prozess* (trial transcript), part 1, 50.
7. Hofmann, *Der Hitlerputsch,* 162.
8. Hanfstaengl, *Hitler,* 36.
9. "Die Ereignisse des gestrigen Abends," *Münchener Zeitung,* November 9, 1923.
10. John Toland, *Adolf Hitler,* vol. 1 (New York: WHS Distributors, 1976), 166.
11. Hofmann, *Der Hitlerputsch,* 164–65.
12. 歴史家たちは、ルーデンドルフが状況を正確に分かっていた証拠があると考えている。ルーデンドルフの継息子によれば、狡猾な将軍はのちに、最初はわざとビュルガーブロイケラーに行かないでいたと言っていたという。Hoegner, *Hitler und Kahr*, 196. 老将軍は三巨頭に対し、私もあなたたちと同じようにこれは気に食わない、と言ったのかもしれない。それはシンプルな理由からだ。ルー

デンドルフは自らトップに立ちたかった――軍の指揮官ではなく、絶対権力者になりたかった。プッチのわずか2日前に、彼はある来客にそう語っていた。Hoegner, *Hitler und Kahr*, 112.

13. Hofmann, *Der Hitlerputsch,* 166.
14. Freniere, *The Hitler Trial,* 67.
15. Otto Gritschneder, *Der Hitler-Prozess und sein Richter Georg Neithardt* (Munich: C. H. Beck, 2001), 23; *Münchener Zeitung,* front page, November 9, 1923.
16. Hoegner, *Hitler und Kahr,* 168.
17. Hans Kallenbach, *Mit Adolf Hitler auf Festung Landsberg* (Munich: Verlag Kress & Hornung, 1939), 28.
18. Kallenbach, *Mit Adolf Hitler,* 27.
19. Kershaw, *Hitler: 1889–1936,* 174.
20. Harold J. Gordon. Jr., *Hitler and the Beer Hall Putsch* (Princeton: Princeton University Press, 1972), 271–73.
21. Hoegner, *Hitler und Kahr,* 149.
22. Hoegner, *Hitler und Kahr,* 149.
23. Frank, *Im Angesicht,* 61.
24. ビュルガーブロイケラーはのちに、ナチ党に対して、「ビール、ソーセージ、食べ物、コーヒー、破損した備品、割れたビアマグ、譜面台、盗まれたカトラリー148セット」の未払い請求書、ヒトラーに対して、卵、茶、ミートローフの特別請求書を送った。Gritschneder, *Der Hitler-Prozess,* 140.
25. Ernst Hanfstaengl, *15 Jahre mit Hitler. Zwischen Weissem und Braunem Haus* (München: Piper, 1980), 141.
26. Gritschneder Nachlass, Box 239, document from printing house.「彼らの一団は強力だったため、われわれが抵抗するのは不可能だった。500億マルク紙幣29万枚、1京4500兆マルク相当と、10億マルク紙幣10万5千枚、105兆マルク相当を持っていった。われわれにできたのは、管理者に引き渡しを監督させ、その額の領収書を受け取ることだけだった」。
27. *Hitler-Prozess* (trial transcript), 62.
28. *Hitler-Prozess* (trial transcript), 57.
29. Gordon, *Hitler and the Beer Hall Putsch,* 353.
30. Hoegner, *Die Verratene Republik,* 186.
31. Indictment against "Joseph Berchthold and comrades" in "little Hitler trial," People's Court Munich 1, May 29, 1924, reprinted in Kallenbach, *Mit Hitler,* 29.
32. Gordon, *Hitler and the Beer Hall Putsch,* 353.
33. *Hitler-Prozess* (trial transcript), 62.
34. Gordon, *Hitler and the Beer Hall Putsch,* 358.
35. Freniere, *The Hitler Trial,* 70.
36. Ullrich, *Adolf Hitler: Biographie,* 180, from Detlev Clemens, *Herr Hitler in Germany* (Göttingen: Vandenhoek and Ruprecht, 1996), 80.
37. "Der vierte Tag des Hitlerprozesses," *Süddeutsche Zeitung,* February 29, 1924.
38. Gordon, *Hitler and the Beer Hall Putsch,* 360.
39. *Hitler-Prozess* (trial transcript), part 3, 1177.
40. Esser, documents.
41. Ullrich, *Adolf Hitler: Biographie,* 178.
42. Hanfstaengl, *Hitler,* 27–29.
43. Hanfstaengl, *15 Jahre,* 61.
44. Hanfstaengl, *Hitler,* 106–9.
45. Jablonsky, *The Nazi Party,* 43.
46. Hanfstaengl, *Hitler,* 108.

第六章　どん底

1. Alois Maria Ott, "Aber plötzlich sprang Hitler auf...," *Bayern Kurier,* November 3, 1973.
2. Prison history, "100 Jahre JVA Landsberg am Lech," 30; Heinz A. Heinz, *Germany's Hitler* (London: Hurst and Blackett Ltd., 1934), 170.
3. Franz Hemmrich, "Adolf Hitler in der Festung Landsberg," handwritten, Institut für Zeitgeschichte, ED 153; Archiv Manfred Deiler, 4.
4. Otto Lurker (SS-Sturmführer), *Hitler hinter Festungsmaurern: Ein Bild aus trüben Tagen* (Berlin: E. S. Mittler & Sohn, 1933), 14. 皮肉なことに、「要塞」は2015年時点で再び刑務作業（ソリッドステートボードや口紅の包装など）に使われていた。著者の訪問は2015年2月10日。
5. Professor George Sigerson, M.D., "Custodia Honesta for Political Prisoners: Custom in Foreign Nations," *Votes for Women,* April 26, 1912.
6. Kallenbach, *Mit Adolf Hitler,* 50.
7. 刑務所歴史家クラウス・ヴァイヒェルトから著者への手紙（2015年7月13日）。
8. Hemmrich, "*Adolf Hitler,*" 3.
9. 相互の要求により、ランツベルクの2人の有名な囚人は顔を合わせることがなかった。アルコ゠ファーライはヒトラー勢力の激しい敵対者だった。From prison history, "100 Jahre JVA Landsberg am Lech," 30.
10. Hemmrich, "Adolf Hitler," 14.
11. Trevor-Roper, *Hitler's Secret Conversations,* 281.
12. Kallenbach, *Mit Adolf Hitler,* photograph, 112b.
13. Hemmrich, "Adolf Hitler," 5–6.
14. Gritschneder, *Der Hitler-Prozess*, Fritz Wiedemann, *Der Mann, der Feldherr werden wollte* (Vellberg und Kettwig: Verlag S. Kappe, 1964), 55.
15. バイエルン州首相オイゲン・フォン・クニリング、隣接するバーデン゠ヴュルテンベルクの使節に対して。Plöckinger, *Geschichte,* 21.
16. Hemmrich, "Adolf Hitler," 11.
17. Ullrich, *Adolf Hitler: Biographie,* 180.
18. Hemmrich, "Adolf Hitler," 18.
19. Esser, documents.
20. Toland, *Adolf Hitler,* vol. 1, 190.
21. Ernst Deuerlein, *Der Aufstieg der NSDAP in Augenzeugenberichten* (Munich: Deutscher Taschenbuch Verlag, 1989), 202.
22. Plöckinger, *Geschichte,* 29.
23. Deuerlein, *Aufstieg,* 202.
24. Plöckinger, *Geschichte,* 21.
25. Hemmrich, "Adolf Hitler," 13.
26. アロイス・マリア・オットからヴェルナー・マーザーへの手紙（1973年12月12日）。Institut für Zeitgeschichte, ED 699/42.
27. オットからヴェルナー・マーザーへの手紙。ED 699/42.
28. このセクション全体は以下に拠る。 Alois Maria Ott, "Aber plötzlich sprang Hitler auf...," *Bayerischer Kurier,* November 3, 1973; "Von guter Selbstzucht und Beherrschung," *Der Spiegel* 16 (1989): 61.
29. Hanfstaengl, *Hitler,* 113.
30. Hemmrich, "Adolf Hitler," 15.

31. Plöckinger, *Geschichte,* 32.
32. Nachlass Gritschneder (Papers), Bayerisches Hauptstaatsarchiv, Boxes 238–58.
33. 元々ドイツ語で書かれた彼の著書『19世紀の基礎』(*Grundlagen des neunzehnten Jahrhunderts*)は、20世紀初めのとりわけ重要なレイシスト論であり、アーリア人、特に北方人種は自ずから世界の支配者であるという過激な思想を打ち立てた。
34. Brigitte Hamann, *Winifred Wagner: A Life at the Heart of Hitler's Bayreuth* (New York: Harcourt, 2002, 2005), 70–71.
35. エーハルトはこの直後、対話全体を詳細に文章化した。Bayerisches Hauptstaatsarchiv, Nachlass Ehard (Ehard Papers), no. 94; *Hitler-Prozess* (trial transcript), appendix 5, part 1, 299–307.
36. Nachlass Ehard (Ehard Papers), 710.
37. *Hitler-Prozess* (trial transcript), 301.
38. Otto Gritschneder, *Bewährungsfrist für den Terroristen Adolf H.: Der Hitler-Putsch und die bayerische Justiz* (Munich: C. H. Beck, 1990), 42.
39. 送り主は*Liebesgaben*と呼んだ。
40. Plöckinger, *Geschichte,* 33, footnote to Paula Schlier, *Petras Aufzeichnungen,* (Innsbruck: Brenner-Verlag, 1926), 136.
41. Hemmrich, "Adolf Hitler," 16.
42. Facsimile of letter in Toland, *Adolf Hitler,* 224–25.
43. Hess, *Briefe,* 332.
44. Hemmrich, "Adolf Hitler," 12.
45. Lurker, *Hitler hinter,* 8. ヴレーデの詳細はJablonsky, *Dissolution*, 181参照。
46. Lurker, *Hitler hinter,* 8.
47. Hemmrich, "Adolf Hitler," 12.
48. Prison files in Staatsarchiv München, JVA 12417.
49. Plöckinger, *Geschichte,* 14–15.
50. Gordon, *Hitler and the Beer Hall Putsch,* 474.
51. Wikipedia, https://en.wikipedia.org/wiki/Dietrich_Eckart.
52. Jäckel und Kuhn, *Hitler: Sämtliche Aufzeichnungen,* 1038.
53. Hemmrich, "Adolf Hitler," 25.
54. Hemmrich, "Adolf Hitler," 22–23.
55. *Hitler-Prozess* (trial transcript), 308.
56. Kubizek, *The Young Hitler,* 179–80.
57. Kubizek, *The Young Hitler,* 179–80.
58. Alan E. Steinweis, *Studying the Jew: Scholarly Antisemitism in Nazi Germany* (Cambridge, MA: Harvard University Press, 2006), 25.
59. Frank, *Im Angesicht,* 46.
60. Timothy W. Ryback, *Hitler's Private Library: The Books that Shaped His Life* (New York: Knopf, 2008), frontispiece.
61. Hamann, *Hitler's Vienna,* 74–75.
62. Kellerhoff, *Mein Kampf,* 67.
63. Hitler, *Mein Kampf,* 36–38.
64. Frank, *Im Angesicht,* 47.
65. Plöckinger, *Geschichte,* 20. このメモは見つかっていないが、ヒトラーの裁判中に大いに言及された。
66. Plöckinger, *Geschichte,* 21.

第七章　反逆罪裁判

1. Gritschneder, *Der Hitler-Prozess und sein Richter Georg Neithardt,* 13.
2. 共和国軍の歩兵学校になる前、この建物は旧バイエルン軍の訓練学校だった。入口には「戦争学校」（*Kriegsschule*）と記されていた。写真はGritschneder, *Der Hitler-Prozess*, 124参照。
3. Thomas R. Ybarra, “Lossow Admits Fooling Plotters,” *New York Times,* March 11, 1924.
4. “Ludendorff Cool as Trial Begins,” *New York Times,* February 27, 1924.
5. *Münchener Zeitung,* February 28, 1924.
6. Freniere, *The Hitler Trial,* xxix.
7. Gordon, *Hitler and the Beer Hall Putsch,* 457.
8. Hanfstaengl, *Hitler,* 113.
9. *Süddeutsche Zeitung,* February 26, 1924.
10. *Münchener Post,* February 29, 1924.
11. “Der vierte Tag des Hitler-Prozesses,” *Süddeutsche Zeitung,* February 30, 1924. ［切り抜きにはこうあるが、2月29日のことだろう］。
12. Dr. Carl Misch, *Vossische Zeitung,* February 26, 1924.
13. “Der vierte Tag des Hitler-Prozesses,” *Süddeutsche Zeitung,* February 30, 1924. ［切り抜きにはこうあるが、29日のことだろう］。
14. *Hitler-Prozess* (trial transcript), illustration 1, sketch 12a.
15. Dr. Carl Misch, “Gerichtstag,” *Vossische Zeitung,* February 26, 1924.
16. *Münchener Zeitung,* February 29, 1924.
17. “Die Sitzung ist eröffnet,” *Vossische Zeitung,* February 26, 1924.
18. *Neues Münchener Tagblatt,* March 12, 1924.
19. Dr. Carl Misch, “Gerichtstag,” *Vossische Zeitung,* February 26, 1924.
20. Deuerlein, *Aufstieg,* 205.
21. Gritschneder, *Bewährungsfrist,* 63.
22. Gritschneder, *Der Hitler-Prozess,* 54.
23. *Hitler-Prozess* (trial transcript), 17.
24. Gritschneder, *Der Hitler-Prozess,* 43.
25. *Hitler-Prozess* (trial transcript), 1223.
26. Gritschneder, *Der Hitler-Prozess,* 65.
27. 「ロンドン・タイムズ」は「4時間近く」と言っている。“Munich Treason Trial,” February 27, 1924.「フォシッシェ・ツァイトゥング」も同様。“Zweiter Tag im Hitler-Prozess,” February 28, 1924. 3月4日のバイエルン閣僚評議会の会議記録にもそうある。Deuerlein, *Aufstieg*, 215–16. しかし、裁判記録によれば約3時間のようである。
28. “Es sei unmöglich den Redestrom Hitlers zu hemmen.” ギュルトナーの閣議での発言。Deuerlein, *Aufstieg,* 16.
29. Kershaw, *Hitler: 1889–1936,* 23–54.
30. *Hitler-Prozess* (trial transcript), 20. ヒトラーはのちに『わが闘争』でこれとほぼ同じように話を始める。
31. Deuerlein, *Hitler,* 71.
32. *Berliner Tageblatt,* Nr. 97, Abend-Ausgabe, February 26, 1924.
33. これをはじめ、ヒトラーの冒頭演説からの引用はすべて、*Hitler-Prozess* (trial transcript), 20–65に拠る。
34. Freniere, *Hitler Trial,* 70.
35. “Hitlers Verteidgungsrede,” *Frankfurter Zeitung,* February 26, 1924.
36. “En allemagne, Le procès Hitler-Ludendorff,” *Le Temps,* March 1, 1924.

37. Gritschneder, *Der Hitler-Prozess,* 56–57.
38. "Das neue Mekka," *Vossische Zeitung,* February 27, 1924.
39. Deuerlein, *Aufstieg,* 205.

第八章　歴史の裁き

1. *Hitler-Prozess* (trial transcript), 161.
2. "Public Excluded at Munich," *London Times,* February 29, 1924.
3. *Hitler-Prozess* (trial transcript), 195.
4. *Hitler-Prozess* (trial transcript), part 1, 39.
5. *Hitler-Prozess* (trial transcript), 194–200.
6. "Münchner Eindrücke—Aus dem Gerichtssaal von unserem besonderen Vertreter," *Pressebüro Krauss,* March 23, 1924.
7. "Munich Trial: General Ludendorff's Story," *London Times,* March 1, 1924.
8. *Hitler-Prozess* (trial transcript), 252–85.
9. *Hitler-Prozess* (trial transcript), 277–78.
10. Frank, *Im Angesicht,* 51.
11. T. R. Ybarra, "Ludendorff's Talk at Treason Trial Dismays His Party," *New York Times,* March 2, 1924.
12. *Hitler-Prozess* (trial transcript), 203–5.
13. "Antwort des Zentrums an Ludendorff," *Berliner Tageblatt,* March 2, 1924.
14. Gritschneder, *Der Hitler-Prozess,* 113.
15. "Knallerbsen," *Münchener Post,* March 4, 1924 (dateline; no appearance date available).
16. *Hitler-Prozess* (trial transcript), 447.
17. "En Allemagne, Le procès Hitler-Ludendorff," *Le Temps,* March 1, 1924.
18. Thomas R. Ybarra, "Prosecutor Drops Ludendorff Case," *New York Times,* March 7, 1924.
19. Deuerlein, *Augstieg,* 215–16.
20. "Das Mass ist voll," *Vossische Zeitung,* March 6, 1924.
21. Gritschneder, *Der Hitler-Prozess*, 113.
22. Thomas R. Ybarra, "Prosecutor Drops Ludendorff Case," *New York Times,* March 7, 1924.
23. Nachlass Ehard (Ehard Papers) 99, Bayerisches Hauptstaatsarchiv, 40–41.
24. "Konnte Dr. Ehard den Aufstieg Hitlers verhindern?" *Süddeutsche Zeitung,* June 1949, in Ehard Nachlass (Ehard Papers), 98, Bayerisches Hauptstaatsarchiv.
25. Deutsche Wetterzentrale. http://www.wetterzentrale.de/cgi-bin/webbbs/wzconfig1.pl?read=93.
26. "Entweder bedingungslose Unterwerfung oder Kampf," *Deutsche Presse,* March 12, 1924.
27. "Der Hochverratsprozess in München," *Berliner Tageblatt,* March 10, 1924.
28. "Ermittlungsverfahren gegen Kahr-Lossow," *Vossische Zeitung,* March 11, 1924.
29. *"Räuberunwesen"* in *"Der seltsame Prozess,"* by Dr. Ernst Feder, *Berliner Tageblatt,* March 15, 1924.
30. *Hitler-Prozess* (trial transcript), part 2, 737.
31. "Die Aussage Lossows," *Neues Münchener Tagblatt,* March 12, 1924.
32. *München-Augsburger Abendzeitung,* March 12, 1924.
33. "Seisser," *Süddeutsche Zeitung,* March 13, 1924.

34. Mommsen, *Aufstieg und Untergang*, 212.
35. "The Munich Trial: Von Kahr Cross-examined," *London Times*, March 13, 1924.
36. *Hitler-Prozess* (trial transcript), 964–65.
37. "Kahr," *Deutsche Presse*, March 13, 1924.
38. Weinberg, *Hitler's Table Talk*, 170.
39. "Moralität und Legalität," *Völkischer Kurier*, March 15, 1924.
40. "Moralität und Legalität," *Vossische Zeitung*, March 15, 1924.
41. "Moralität und Legalität," *Völkischer Kurier*, March 15, 1924.
42. *Hitler-Prozess* (trial transcript), 1034.
43. "Der Vorhang fällt," *Münchener Post*, March 28, 1924.
44. Deuerlein, *Augstieg*, 221.
45. "Das Schlusswort im Prozess," *Allgemeine Zeitung*, March 31, 1924.
46. Thomas R. Ybarra, "Ludendorff Exalts Himself with Gods," *New York Times*, March 28, 1924.
47. Thomas R. Ybarra, "Ludendorff Exalts Himself with Gods," *New York Times*, March 28, 1924.
48. "Trommeln," *Vossische Zeitung*, March 28, 1924.
49. "Der Vorhang fällt," *Münchener Post*, March 28, 1924.
50. "Höhnische Verherrlichung des Hochverrats," *Münchener Post*, March 27, 1924.
51. Thomas R. Ybarra, "Munich in Ferment, Awaiting Verdict," *New York Times*, March 29, 1924.
52. Author's notes from Staatsarchiv München.
53. Thomas R. Ybarra, "Munich in Ferment, Awaiting Verdict," *New York Times*, March 29, 1924.
54. Thomas R. Ybarra, "Munich in Ferment, Awaiting Verdict," *New York Times*, March 29, 1924.
55. Thomas R. Ybarra, "Munich in Ferment, Awaiting Verdict," *New York Times*, March 29, 1924.
56. "Kahr, Lossow, Seisser zur 'Erholung' in Italien," *Allgemeine Zeitung*, March 29, 1924.
57. "Der scharzweissrote Wimpel," *Vossische Zeitung*,` April 1, 1924.
58. Otto Strasser, *Hitler and I* (trans. from Hitler et moi), 1940, http://mailstar.net/otto-strasser-hitler.html.
59. "Ludendorff est acquitté," *Le Petit Parisien*, front page, April 2, 1924.
60. *Hitler-Prozess* (trial transcript), 297.
61. *Hitler-Prozess* (trial transcript), 364.
62. Gritschneder, *Der Hitler-Prozess*, 55.
63. *Frankfurter Zeitung*, April 5, 1924に引用された。
64. "Judicial Bankruptcy," by Ernst Feder, *Berliner Tageblatt*, April 1, 1924.
65. "Verdict Called April Fool Joke," *New York Times*, April 2, 1924.
66. Gritschneder, *Der Hitler-Prozess*, 15.
67. "Deutschlands Justizschande" *Vorwärts*, April 2, 1924.
68. Toby Thacker, *Joseph Goebbels: Life and Death, 2009* (New York: Palgrave Macmillan, 2009), 33–34.

第九章　世界再編

1. Hemmrich, "Adolf Hitler," 25.

2. Hess, *Briefe,* 323.
3. 写真、U.S. Holocaust Memorial Museum, http://www.ushmm.org/propaganda/archive/hitler-landsberg/.
4. Plöckinger, *Geschichte,* 33.
5. Hemmrich, "Adolf Hitler," 41.
6. Werner Maser, *Adolf Hitler, Mein Kampf: der Fahrplan eines Welteroberers: Geschichte, Auszüge, Kommentare* (Esslingen: Bechtle, 1974), title page.
7. Jäckel and Kuhn, *Hitler: Sämtliche Aufzeichnungen,* 1216.
8. Jäckel and Kuhn, *Hitler: Sämtliche Aufzeichnungen,* 1216–27.
9. Plöckinger, *Geschichte,* 34, footnote to "Mitteilung vom 27.9.1951 in: IfZ-Archiv, Munich, ZS 137."
10. Hess, *Briefe,* 273.
11. Beierl and Plöckinger, "Neue Dokumente," 261–79.
12. Plöckinger, *Geschichte,* 42.
13. Plöckinger, *Geschichte,* 40.
14. Plöckinger, *Geschichte,* 34, and Beierl and Plöckinger, 273, footnote to *Volksruf* (Salzburg), May 17, 1924.
15. Archiv Manfred Deiler, http://www.buergervereinigung-landsberg.de/festungshaft/DokumenteHItlerFestungshaft.pdf.
16. "Abschrift. Besuche für den Gefangenen Adolf Hitler," Staatsarchiv München, No. 14344.
17. Hemmrich, "Adolf Hitler," 44.
18. 写真、Anna Maria Sigmund, *Des Führers bester Freund* (Munich: Wilhelm Heyne Verlag, 2005), 81.
19. Beierl and Plöckinger, "Neue Dokumente," 268.
20. Hess, *Briefe,* 349.
21. Hemmrich, "Adolf Hitler," 35–36.
22. Plöckinger, *Geschichte,* 406, footnote, *Völkisches Echo,* July 11, 1924.

第十章　ボス

1. Kallenbach, *Mit Adolf Hitler,* 52–53.
2. Kallenbach, *Mit Adolf Hitler,* 51.
3. Anna Maria Sigmund, *Des Führers,* 57–58.
4. Lurker, *Hitler hinter,* 23.
5. Hess, *Briefe,* 324.
6. Kallenbach, *Mit Adolf Hitler,* 61.
7. Kallenbach, *Mit Adolf Hitler,* 47–48.
8. Hemmrich, "Adolf Hitler," 58.
9. Hess, *Briefe,* 349.
10. Kallenbach, *Mit Adolf Hitler,* 96.
11. Kallenbach, *Mit Adolf Hitler,* 97.
12. Hemmrich, "Adolf Hitler," 41.
13. Hemmrich, "Adolf Hitler," 92–93.
14. Lurker, *Hitler hinter,* Illustration 17, 66–67.
15. Hemmrich, "Adolf Hitler," 33.
16. Kallenbach, *Mit Adolf Hitler,* 78.

17. プリンシュタイナー医師のランツベルク刑務所メディカルレポート（1924年4月2日）。Lurker, *Hitler hinter,* 68.
18. Hanfstaengl, *Hitler,* 114.
19. Kallenbach, *Mit Adolf Hitler,* 79.
20. Lurker, *Hitler hinter,* 41.

第十一章　聖典

1. Weinberg, *Hitler's Table Talk,* 218.
2. Werner Jochmann, *Nationalsozialismus und Revolution: Ursprung und Geschichte der NSDAP in Hamburg 1922–1933* (Frankfurt, 1963), 77–78.
3. Jäckel and Kuhn, *Hitler: Sämtliche Aufzeichnungen,* 1247, from *Völkischer Kurier,* July 7, 1924.
4. Hess, *Briefe,* 349.
5. Jochmann, *Nationalsozialismus,* 91.
6. Hitler, *Mein Kampf,* xxvii.
7. H. R. Trevor-Roper, "The Mind of Adolf Hitler," *Hitler's Table Talk 1941–1944: His Private Conversations,* London, 2000–2008, xlii.
8. Weinberg, *Hitler's Table Talk,* xxii.
9. Beierl and Plöckinger, "Neue Dokumente," 294.
10. Kershaw, *Hitler: 1889–1936,* 240.
11. Hitler, *Mein Kampf,* 64–65.
12. Hitler, *Mein Kampf,* 42.
13. Kershaw, *Hitler: 1889–1936,* and Hamann, 74.
14. Hitler, *Mein Kampf,* 177.
15. Barbara Zehnpfenning, "Nationalsozialismus als Anti-Marxismus? Hitlers programmatisches Selbstverständnis in 'Mein Kampf,'" *Die weltanschaulichen Grundlagen des NS-Regimes: Ursprünge, Gegenentwürfe, Nachwirkungen.* Tagungsband der XXIII. Königswinterer Tagung im Februar 2010, 79–99.
16. Hitler, *Mein Kampf,* 116.
17. Fest, *Hitler,* 214.
18. オットー・シュトラッサー。Kershaw, *Hitler: 1889–1936,* 242.
19. Kershaw, *Hitler: 1889–1936,* 241.
20. Eberhard Jäckel, *Hitlers Weltanschauung* (Stuttgart: Deutsche Verlags-Anstalt, 1981), 7.
21. Fritz Stern, *The Politics of Cultural Depair: A Study in the Rise of the German Ideology* (Berkeley: University of California Press, 1961, 1974), xi.
22. Zehnpfenning, "Nationalsozialismus," 82.
23. Hitler, *Mein Kampf,* 358.
24. Hitler, *Mein Kampf,* 313.
25. Hitler, *Mein Kampf,* 70.
26. Barbara Zehnpfennig, *Adolf Hitler: Mein Kampf: Weltanschauung und Programm: Studienkommentar* (Munich: Wilhelm Fink, 2011), 247.
27. Plöckinger, *Geschichte,* 50, footnote to Bundesarchiv Bern (Switzerland), Nachlass Hess (Hess Papers), 1.211–1989/148, 33.
28. Plöckinger, *Geschichte,* 142–43, 147–49; Beierl and Plöckinger, "Neue Dokumente," 261–318; Ian Kershaw, *Hitler: A Biography* (New York: W. W. Norton & Company, 2008), 147; イルゼ・ヘスからヴェルナー・マーザーへの手紙（1952年12月28日）。"Fahrplan

eines Welteroberers: Adolf Hitlers 'Mein Kampf,' " von Werner Maser, *Der Spiegel*, Nr. 32, August 1, 1966, p. 38.
29. Hanfstaengl, *Hitler,* 115.
30. Hanfstaengl, *Hitler,* 115.
31. Hess, *Briefe,* 346.
32. Barbara Zehnpfenning, "Nationalsozialismus," 79–99.
33. Hitler, *Mein Kampf,* 149.
34. Hitler, *Monologe,* 58.
35. Hess, *Briefe,* 341–43.
36. Weber, *Hitler's First War,* 28ff.
37. Hess, *Briefe,* 324.
38. Hess, *Briefe,* 330.
39. Hemmrich, "Adolf Hitler," 44.
40. Edmund A. Walsh, S. J., "The Mystery of Haushofer," *Life,* September 16, 1946, 107.
41. Frank, *Im Angesicht,* 46.
42. Hess, *Briefe,* 322.
43. Toland, *Adolf Hitler,* vol. 1, 208, footnote to testimony at Nuremberg, Oct. 7, 1945, 7.
44. Hess, *Briefe,* 345.
45. Jäckel, *Weltanschauung,* 38; Jäckel and Kuhn, *Hitler: Sämtliche Aufzeichnungen,* 96.
46. Plöckinger, *Geschichte,* 52.
47. Hitler, *Mein Kampf,* 334–337.
48. Hitler, *Mein Kampf,* 333.
49. Deuerlein, *Aufstieg,* 236.
50. Plöckinger, *Geschichte,* 53.
51. Hess, *Briefe,* 347.
52. Plöckinger, *Geschichte,* 55.
53. Plöckinger, *Geschichte,* 54.
54. Hitler, *Mein Kampf,* 229.
55. Hitler, *Monologe,* 262.
56. Beierl and Plöckinger, "Neue Dokumente," 293.
57. Beierl and Plöckinger, "Neue Dokumente," 294.
58. Hitler, *Mein Kampf,* 317.
59. Hitler, *Mein Kampf*, 324.
60. Kellerhoff, *Mein Kampf,* 86.
61. Jäckel and Kuhn, *Hitler: Sämtliche Aufzeichnungen,* 1242.
62. Noakes and Pridham, eds., *Nazism: A History*, 37.
63. Kurt G. W. Ludecke, *I Knew Hitler: The Lost Testimony by a Survivor from the Night of the Long Knives* (Barnesly: Pen & Sword, 2011 [orig. 1938]), 175.
64. Ludecke, *I Knew Hitler, 179.*
65. Jochmann, *Nationalsozialismus,* 91.
66. Hitler, *Mein Kampf,* 379.
67. Hitler, *Mein Kampf,* 376.
68. Kallenbach, *Mit Hitler,* 150.
69. Hess, *Briefe,* 338.
70. Staatsarchiv München, JVA 12437.
71. Hess, *Briefe,* 347.

第十二章　二度目のチャンス

1. Hitler, *Mein Kampf,* 256.
2. Weinberg, *Hitler's Table Talk,* 216.
3. Kershaw, *Hitler: 1889–1936,* 237.
4. Gritschneder, *Bewährungsfrist,* 116–17.
5. Plöckinger, *Geschichte,* 61, footnote, *Das Buch der Deutschen,* 3ff.
6. Plöckinger, *Geschichte,* 56.
7. Hess, *Briefe,* 353.
8. Gritschneder, *Bewährungsfrist,* 126.
9. Gritschneder, *Bewährungsfrist,* 129.
10. Gritschneder, *Bewährungsfrist,* 130.
11. Hitler, *Monologe,* 259–60.
12. Plöckinger, *Geschichte,* 62; Hess, *Briefe,* 359.
13. Plöckinger, *Geschichte,* 62.
14. Weinberg, *Hitler's Table Talk,* 217.

第十三章　再出発

1. Hanfstaengl, *Hitler,* 125.
2. Weinberg, *Hitler's Table Talk,* 217.
3. Plöckinger, *Geschichte,* 63.
4. Hanfstaengl, *Hitler,* 125.
5. Plöckinger, *Geschichte,* 67–68.
6. Large, *Where Ghosts Walked,* 203.

エピローグ　その後に起きたこと

1. Hitler, *Mein Kampf,* 772.
2. Hitler, *Mein Kampf,* 772.
3. Hitler, *Mein Kampf,* 741.
4. Kellerhoff, *Mein Kampf,* title page.
5. Plöckinger, *Geschichte,* 175.
6. "Erledigung Hitlers," *Frankfurter Zeitung und Handelsblatt (Erstes Morgenblatt),* 70, no. 841 (November 11, 1925).
7. Plöckinger, *Geschichte,* 183.
8. Plöckinger, *Geschichte,* 184–86.
9. Plöckinger, *Geschichte,* 419ff.
10. Plöckinger, *Geschichte,* 154–55.
11. 著者のインタヴュー（2014年6月12日）。
12. Sven Felix Kellerhoff, "'Mein Kampf' zeigt Hitler als systematischen Denker," *Die Welt* (interview with Barbara Zehnpfennig), January 17, 2012. http://www.welt.de/kultur/history/article13819610.
13. Claus Christian Malzahn, *Deutschland, Deutschland: Kurze Geschichte einer geteilten Nation* (Munich: Deutscher Taschenbuch Verlag, 2005), 7.

著者

ピーター・ロス・レンジ Peter Ross Range

ジャーナリスト。ドイツ事情を専門とし、戦争、政治、国際情勢などを取材する。「タイム」「ニューヨーク・タイムズ」「ナショナル・ジオグラフィック」「サンデー・タイムズ・マガジン」「プレイボーイ」などに寄稿し、「US ニューズ&ワールド・レポート」のホワイトハウス担当記者もつとめた。ワシントン DC 在住。

訳者

菅野楽章（かんの・ともあき）

1988 年東京生まれ。早稲田大学文化構想学部卒業。訳書にジョン・クラカワー『ミズーラ 名門大学を揺るがしたレイプ事件と司法制度』（亜紀書房）、ブレット・イーストン・エリス『帝国のベッドルーム』（河出書房新社）などがある。

1924: The Year That Made Hitler by Peter Ross Range
Copyright © 2016 by Peter Ross Range

This edition published by arrangement with Little, Brown and Company, New York, New York, USA through Tuttle-Mori Agency, Inc., Tokyo. All rights reserved.

亜紀書房翻訳ノンフィクション・シリーズ III-4

1924 ヒトラーが〝ヒトラー〟になった年

著者　ピーター・ロス・レンジ
訳者　菅野楽章

発行　2018年3月20日　第1版第1刷発行

発行者　株式会社　亜紀書房
東京都千代田区神田神保町1-32
TEL　03-5280-0261（代表）　03-5280-0269（編集）
振替　00100-9-144037
http://www.akishobo.com

印刷　株式会社トライ
http://www.try.sky.com

装丁　間村俊一
本文デザイン・組版　コトモモ社

Printed in Japan　ISBN978-4-7505-1536-6
Copyright © 2018 Tomoaki Kanno

乱丁本・落丁本はお取り替えいたします。
本書を無断で複写・転載することは、著作権法上の例外を除き禁じられています。

亜紀書房翻訳ノンフィクション・シリーズ　最新刊

ヒトラーの原爆開発を阻止せよ！
――〝冬の要塞〟ヴェモルク重水工場破壊工作
ニール・バスコム著
西川美樹訳

ユダヤ人を救った動物
――アントニーナが愛した命
ダイアン・アッカーマン著
青木玲訳

隠れナチを探し出せ
――忘却に抗ったナチ・ハンターたちの戦い
アンドリュー・ナゴルスキ著
島村浩子訳

13歳のホロコースト
——少女が見たアウシュヴィッツ
エヴァ・スローニム著
那波かおり訳

兵士を救え！マル珍軍事研究
メアリー・ローチ著
村井理子訳

戦地からのラブレター
——第一次世界大戦従軍兵から、愛するひとへ
ジャン＝ピエール・ゲノ編著
永田千奈訳

イスラム過激派二重スパイ

モーテン・ストームほか著
庭田よう子訳

人質460日
——なぜ生きることを諦めなかったのか

アマンダ・リンドハウトほか著
鈴木彩織訳

ハイジャック犯は空の彼方に何を夢見たのか

ブレンダン・I・コーナ著
高月園子訳

それでも、私は憎まない

――あるガザの医師が払った平和への代償

イゼルディン・アブエライシュ著

高月園子訳

アフガン、たった一人の生還

マーカス・ラトレル、パトリック・ロビンソン著

高月園子訳

独裁者のためのハンドブック

ブルース・ブエノ・デ・メスキータほか著

四本健二、浅野宣之訳

帰還兵はなぜ自殺するのか

デイヴィッド・フィンケル著
古屋美登里訳

兵士は戦場で何を見たのか

デイヴィッド・フィンケル著
古屋美登里訳

シリアからの叫び

ジャニーン・ディ・ジョヴァンニ著
古屋美登里訳